聖地日光へ

日光学

飯野 達央

アーネスト・サトウの旅

随想舎

はじめに

　2010（平成22）年4月、中禅寺湖南岸にある湖畔の最古の別荘といわれる、駐日英国大使館別荘（以下「英国大使館別荘」と表記）が栃木県に寄贈されることとなり、その担当をしていた私は、同年の5月初旬、湖畔のオオヤマザクラが満開の時期に大使館別荘を再び訪れていた。
　2階のベランダから望む中禅寺湖の風景は、湖越しに白根山が正面にそびえ、湖の周辺には、八丁出島や社山などの山々が重なり、奥行きのあるその風景に圧倒された。
　中禅寺湖畔では、「イタリア大使館別荘記念公園」や、トーマス・グラバーの別荘があった「西六番園地」などの整備を担当し、中禅寺湖の出色の風景は認識していると思い込んでいたが、ここから眺望する中禅寺湖の風景は、心を揺さぶるほどの美しさがあった。今でも鮮明にあの時の感動を思い出すことができる。

　この秀逸な風景地に、英国大使館別荘を建てた人物は、幕末・明治期にイギリスの外交官として活躍したサー・アーネスト・サトウである。彼が日本のアルピニストとして敬愛していた勝道上人は、この風景地を最初に発見した人物である。勝道上人は、弘法大師空海に依頼をして流麗な漢詩で、奥日光の自然を讃える『二荒山碑』を遺させた。この碑文は、日本最初の登山記であり、また日本最初の風景論でもある。この中で空海は、風景は人間の心の中にあり、それを観る主体である、人間の心しだいで変化して映るものであると説いている。

　本書の主人公である、アーネスト・サトウがいつ、どのような心境で、中禅寺湖畔でも秀逸となる風景地を発見し、どのようにして自らの山荘を建てていったのか、彼の心象風景とともに、その足跡をたどってみたいとの思いを強くした。
　そのためにはアーネスト・サトウが来日前に、イギリス社会の中で身につけていた人間的資質や、幕末動乱期に日本でどのような体験をして、人間的に成長していったのか。さらに、明治維新後、日本学の先駆者として日本の歴史・文化を学ぶ中で、日光の風景をどのように捉えていたのかなど、サトウと日光の関係を

中心に紐解いてみることにした。

　アーネスト・サトウは「国際観光地日光」の礎を築いた、いわば「日光の恩人」のひとりでもある。サトウの足跡をたどる中で、明治期の近代国家建設に、日光が果たしてきた役割が、おぼろげながら見えてきた。
　「国際観光地日光」は、日本の伝統文化を海外に発信する場であり、いうならば明治期の文化外交の場として、形成されてきたといっていいのだろう。またサトウたちヨーロッパの外交官などの影響で成立した、奥日光の「国際的避暑地」もその一環として定着をしている。

　ここでは、「聖地日光」の扉を開いた、駐日英国公使ハリー・パークスや、アーネスト・サトウなどの日光への旅を通じ、当時の風俗習慣など、「日本文化」や「中禅寺湖の風景」などを欧米人がどのように捉えていたのか、さらに、明治、大正、昭和の歴史の中で、日光の職人たちの手により造られていった、近代遺産ともいえる英国大使館別荘などの建築物について掘り起こすことで、表舞台には立たず、ただひたすら高みを目指す志を持ち、卓越した技術を駆使して時代に応じた建造物を造り上げてきた、日光の職人たちの技術の一部でも紹介ができればとも願っている。

　それでは、アーネスト・サトウやハリー・パークス、イザベラ・バードなど、幕末・明治・大正・昭和の時代へと思いを馳せ、アーネスト・サトウたちがたどった「聖地日光」への旅に出かけてみよう。

半月峠展望台から望む中禅寺湖と男体山

日光学 聖地日光へ アーネスト・サトウの旅　目次

はじめに 2

※第1章※ 幕末期のアーネスト・サトウ

1 外交官への道 11
　① 進化論と日本への旅立ち .... 12　② サトウ来日当時の東アジア情勢 13
2 生麦事件 15
　① 品川御殿山の公使館 .... 16　② ロバート・フォーチュンの見た江戸 ... 18
3 薩英戦争 19
4 下関戦争 20
5 兵庫開港と英国策論 23
6 大政奉還と戊辰戦争 28
7 江戸開城 31
8 会津城の落城と天皇の江戸行幸 33
9 サトウの賜暇帰国 34
10 サトウと野口富蔵 37

※第2章※ 日光を訪れた最初の欧米人

1 ハリー・パークス 46
　① パークスの経歴とオールコック卿などとの出会い 46
　② ミットフォードが見たパークス公使 ... 48　③ サトウが見たパークス公使 49
2 パークス夫妻の富士山登山と日光訪問 52
　① 富士山登山 .... 53　② アルピニズムと崇高な自然 54
　③ 富士山頂に立った最初の女性 ..... 56　④ 日光訪問 56
　⑤ 日光からの帰路 58
3 岩倉使節団 60
　① サトウへの同行打診 .... 60　② 使節団の目的 61
　③ 使節団のイギリス訪問 .... 62　④ お雇い外国人の貢献 68

4 パークス夫人とイザベラ・バード··71
　① バードの旅の目的とパークス夫人の夢···············71
　② サトウとヘボン博士の支援··············73　③ パークス公使と公使夫人·················75
　④『日本奥地紀行』後のイザベラ・バード···············76
5 パークス公使とトーマス・グラバー··77
　① 貿易商トーマス・グラバー················77　② パークスとグラバーとの交流···········79
　③ グラバーと日光······························80

第3章 アーネスト・サトウと明治初期の日光

1 日光への初めての旅···94
　① 宇都宮宿と戊辰戦争························94　② 杉並木と鉢石宿····························96
　③ 聖地中禅寺湖と風景地の発見···········99　④ 日光見学と画家ワーグマン···········102
　⑤ 日光における神仏分離··················107　⑥ 日光からの帰路····························110
　⑦ 日光案内の刊行と『日光山志』·········114

2 錦秋の日光···117
　① 鈴木ホテル·································118　② 2度目の山内見学·······················123
　③ 大英博物館の影響と日本ギャラリー125　④ 秋の奥日光·································129

3 賜暇帰国と西郷・ウィリスとの別れ··134
　① 英和口語辞典の出版·····················134　② サトウのグランド・ツアー体験·······135
　③ 西郷・ウィリスとの別れ···············138

4 日光連山の山歩き··141
　① 白根山で道に迷う························141　② 男体山登山と湖畔の変貌···············145
　③ ディキンズと伊藤圭介··················149

5 足尾銅山から日光へ···153
　① 栃木町から足尾へ························154　② 庚申山登山·································158
　③ 松平容保と保晃会························160　④ 芭蕉とワーズワース·····················164
　⑤ 賜暇帰国からバンコック総領事へ···166

6 日本での休暇···168
　① 変わりつつある足尾の山々············169　② 阿世潟峠·····································172
　③ 風景地の発見と湖畔の最初の外国人別荘174
　④ 女峰山登山·································178　⑤ 国際的避暑地の形成要因と保晃会活動179
　⑥ 栃木県庁の移転··························184

7 東京での住まいと夏の日光への旅··187
　① 東京での住まい··························187　② バードの見たサトウの自宅と演奏会189
　③ サトウの転地療法と夏の日光への旅191

8 三条実美の日光での足跡と鹿鳴館時代 ──────── 203
　① 三条公爵と日光 ──────── 203　② 鹿鳴館時代 ──────── 204
　③ 小倉山御料地と奥日光御料地 ──────── 205　④ 北岳南湖閣 ──────── 206

第4章 国際観光地日光の誕生

1 鉄道の開通と欧米人の見た宇都宮・日光 ──────── 226
　① ピエール・ロチの見た宇都宮 ──────── 227
　② キプリングが見た日光の色彩と景観保全活動 ──────── 228
　③ 日光は地上で最も美しい場所 ──────── 229
　④ 物づくりの国への警鐘とアーツ・アンド・クラフツ運動 ──────── 231
2 日光ホテルと渋沢栄一 ──────── 233
　① 日光ホテル建設と帝国ホテル ──────── 234　② 渋沢栄一の日光での足跡 ──────── 237
3 新井ホテルと鐘美館 ──────── 238
　① 新井ホテル ──────── 238　② 篠原家文書 ──────── 239
　③ 守田兵蔵と鐘美館 ──────── 239
4 金谷ホテルと日光の匠 ──────── 241
　① 金谷ホテルの開業 ──────── 241　② 日光匠による美の集大成 ──────── 242
5 日光石工と外国人別荘など ──────── 244
　① 旧ホーン家別荘 ──────── 244　② 日本聖公会日光真光教会 ──────── 246
　③ 元ルーマニア公使館別荘 ──────── 248　④ 相ヶ瀬森次棟梁 ──────── 249

第5章 サトウの山荘創建

1 サトウの山荘 ──────── 260
　① 伊藤浅次郎とサトウの山荘 ──────── 261　② サトウの山荘建設経緯 ──────── 263
2 ダヌタン公使夫妻が見た日光と山荘建設 ──────── 264
　① ダヌタン公使夫妻 ──────── 264　② ダヌタン公使夫妻の初来晃と中禅寺坂 ──────── 265
　③ ダヌタン公使夫妻が見たサトウの山荘 ──────── 267
3 イザベラ・バードの見たサトウの山荘 ──────── 270
4 山荘建設経緯の検証 ──────── 272
　① 足尾道の付け替えと石組み工事 ──────── 272　② シドモアも聞いていたベランダ工事 ──────── 273
　③ 旧英国大使館別荘調査結果からの検証 ──────── 275　④ 大工たちとその技法 ──────── 276
5 奥日光の歴史遺産 ──────── 278

6 コンドルのアドバイス　280
- ① 建築家ジョサイア・コンドル　280
- ② ジョサイア・コンドルと日光　282
- ③ サトウとコンドルの出会い　284

7 庭園工事と石垣　285
- ① 石垣工事　285
- ② 庭の造成と伊藤小右衛門　287
- ③ 庭園工事写真の謎　289
- ④ 和洋併置式庭園　290

8 暖炉に使われた煉瓦　292

9 壁材として使われた和紙　294
- ① オールコック・コレクション　294
- ② パークスの『日本紙調査報告書』と彦間紙・程村紙　295
- ③ ウィーン万国博覧会への和紙の出品　296
- ④ サトウの山荘に使用された和紙　297
- ⑤ 和紙へのこだわり　298

10 旧英国大使館別荘の復元・展示工事　298
- ① 明治期の和洋折衷住宅の復元　298
- ② 復元・展示工事　299

第6章 サトウのリゾートライフと武田久吉の日光

1 山荘でのリゾートライフ　310
- ① 金谷ホテルでの晩餐会　313
- ② ヨットレース　315
- ③ サトウの植物観察　316
- ④ 中禅寺湖での釣り　320

2 登山と武田久吉　324
- ① 武田久吉と日光　325
- ② 日光は植物研究の実学の場　326
- ③ 尾瀬への初めての旅　328
- ④ 尾瀬の保護運動　330
- ⑤ 国立公園運動　332

3 サトウの最後の日光訪問　333
- ① 日本初の本格的高山植物園　334
- ② 避暑地中禅寺湖の変貌　335
- ③ 武田久吉とサトウの想い　339

年表：アーネスト・サトウの生涯　346
参考文献　348
あとがき　355
図版等提供・協力者一覧　358

・自然公園の優れた技術者として、戦後における「観光地日光」の礎を築いた、今は亡き薗田壽男氏を偲び、感謝の念を込め本書を捧ぐるものである。
・本文中の誤謬については、どのようなものであっても著者の責任とするところである。

第1章
幕末期のアーネスト・サトウ

イギリス人外交官アーネスト・サトウ（1843〜1929）は、明治という新たな時代を築いた立役者の1人であり、日本の近代化に貢献するとともに、国際観光地としての日光の地域形成史にもその足跡を残した人物である。

　本書の主人公であるサトウが来日した幕末期を中心に、その事跡や来日前にイギリス社会で身につけていた、人間的資質などについて、サトウ自身の回顧録ともいえる『一外交官の見た明治維新』や、サトウ研究の先達でもあった萩原延壽氏の著書『遠い崖　アーネスト・サトウ日記抄』などからたどってみたいと思う。

　サトウは幕末に、イギリスの通訳生として来日し、生麦事件やその後の薩英戦争、下関戦争、兵庫開港、大政奉還、戊辰戦争など幕末維新期の動乱をつぶさに体験している。これらの動乱は、近代国家日本の誕生の糸口ともなっていった。

　サトウは、トルストイを原書で読んでいたといわれる語学の天才でもある。来日後、急速に日本語を身につけ、会話だけでなく自由に読み書きできるまでに日本語を習得していった。

　日本語を習得したサトウは、動乱期の情報収集のため、幕府側だけでなく倒幕派とも積極的に接触をはかり、勝海舟や西郷隆盛、木戸孝允(たかよし)など幕末の政局の鍵を握った人々と交流し、江戸から明治へという日本の大変革を目の当たりにしている。

　サトウに対して後年の歴史学者などは、どのように評価していたのだろうか。

　明治という時代を雄大な構想で歴史と人物を描いた作家、司馬遼太郎（1923〜1996）と日本文学の研究家で日本文学を世界に紹介したドナルド・キーン[1]により、1972（昭和47）年に行わ

18歳のアーネスト・サトウ
（横浜開港資料館所蔵）

れた対談の中で司馬遼太郎はアーネスト・サトウを次のように語っている。

「これは文学的な、あるいは文化的な人物ではないのですが、政治的な人物として最も評価すべきは、やはり幕末に来たアーネスト・サトウでしょうね。私もイギリスに留学する人には、ほかに何も調べなくていいから、アーネスト・サトウをじっくり調べて論文にしないかと三人ほどに言ったのですけれど、どうも三人とも何もしなかったようですね。最近評論家の萩原延壽さんが行って、根掘り葉掘り調べたようです。とにかくアーネスト・サトウというのは、あれは偉い人物です。アーネスト・サトウが日本の幕末の状況を変えた、といってもいいくらいです。というよりも、レールにのせたのですね。レールから列車がちょっとはずれそうになると、またのせなおしているような感じさえある」と発言し、幕末期に

アーネスト・サトウの果たした功績は大きく、日本人がもっとそれを認めなければならないと結んでいる。ここでは、政治的な人物として評価しているが、サトウは明治になると日本学者として、日本の伝統文化の紹介にも努めるなど、文化人としても大きな足跡を日本に遺している。

1　外交官への道

　アーネスト・メイスン・サトウは、1843（天保14）年6月30日、ロンドン北東部クラプトンのバクルー・テラス10番地で父デーヴィッドとイギリス人の母マーガレット（旧姓メイソン）の三男として生まれた。

　「サトウ」の姓は、ドイツ東部の小さな村「Satow」からきている。父親のデーヴィッドはドイツ系のスウェーデン人で、1846年に帰化して英国籍と

なっている。

　サトウの父親は、イギリスで金融業を営み、サトウ家はヴィクトリア朝時代の典型的な中流家庭であった。

①進化論と日本への旅立ち

　サトウが日本に憧れるようになったのは、ユニヴァーシティ・カレッジ（現ロンドン大学）に通っていた18歳の時に、兄エドワードが貸本屋から借りてきた、ローレンス・オリファントが書いた、『エルギン卿のシナ、日本への使節記』という本を読んだことがきっかけで、未知の国である日本に強い憧れを抱いていった。

進化論の発表

　サトウが学んでいたユニヴァーシティ・カレッジは、宗教・政治的思想・人種による入学差別を撤廃し、自由主義・平等主義の大学として知られ、科学分野ではイギリスの最先端を走っていた大学であった。

　チャールズ・ダーウィン（1809～1882）は、1859年に『種の起源』を出版したが、これは当時のキリスト教思想を真っ向から否定することになるため、オックスフォード大学や自らの出身校であるケンブリッジ大学でも発表することができず、唯一の無宗教大学であったユニヴァーシティ・カレッジで「進化論」を発表している。

　1859年には、サトウもユニヴァーシティ・カレッジで学んでおり、この進化論の発表は、サトウの知的感受性を強く刺激していたのだろう、その後のサトウの自然観には、この「進化論」が大きく影響している。

日本への憧憬

　1861年6月に、カレッジの図書館のテーブルの上にシナと日本の領事館へ行く3人の通訳官募集の告示が置いてあった。この日本領事館の通訳官募集

は、幕末期から多くの日本人留学生を受け入れ、伊藤博文や井上馨など日本の近代化に貢献した、いわゆる長州ファイブ[5]が1863年のイギリス留学の時には、ユニヴァーシティ・カレッジに籍を置いていたことなどと関係があるのだろう。

　日本に強い憧れを抱いていたサトウは、日本領事館の通訳官募集は絶好の機会であると思い、心配する両親を説得して、公開試験を受けたところ首席で合格し、1861年8月に日本領事部門の通訳生に任命されている。この時には、在学2年目であったが文学士の学位を取得して同年11月、サザンプトン港から青雲の志を胸に、極東の日本に向け旅立った。

　途中、上海・北京で日本語学習の準備をしている。北京での生活は語学のほか「乗馬」や「蝶の採集」など北京の自然や文化を愉しんでいるが、その眼差しは、イギリス知識人の基礎教養といわれる博物学の素養をすでに身につけていたようで、蝶の種類など日記に記録している(「アーネスト・サトウの見た奥日光」[6])。

　1862(文久2)年9月8日、横浜にあったイギリス公使館に着任し、この時の日本の印象を、「実に陽光燦々たる、日本晴れの一日であった。江戸湾を遡行する途中、これにまさる風景は世界のどこにもあるまいと思った」と、憧れの地であった日本に到着した青年の喜びを率直に書きのこしている(『一外交官の見た明治維新』[7])。ここに通算25年の滞日生活が始められていった。

②サトウ来日当時の東アジア情勢

　サトウが来日した幕末期の東アジアの情勢はどうであったのだろう。

　日本は、1858(安政5)年6月19日、貿易上の取り決めを明記した日米修好

通商条約により世界に対して再び門戸を開くこととなった。イギリスとは、この条約締結の約1カ月後に、エルギン伯爵により日英修好通商条約は結ばれているが、イギリスでは、ペリー艦隊が来航の前にすでに日本の政体や宗教・地理・植物などを恐るべき精度で把握していた。このため、中国でのアロー戦争の勃発がなければ、アメリカよりも早くイギリスが日本を開国していたといわれている。

日本を開国させたアメリカでは、リンカーンが大統領に就任して、1861年から1865年まで続く南北戦争のため、極東の日本に関心を持つ余裕がなくなっていた。そのため、幕末の政局に深く関わりを持った西欧諸国は、イギリスとフランス、ロシアであった。

フランスは東アジアでの影響力を拡大させ、イギリスに対抗するために日本では幕府を積極的に支援し、駐日公使であったレオン・ロッシュは幕府に対して、政策をアドバイスしていたが、サトウが日本に着任した1862年、ビスマルクがプロイセン王国の首相の座に就き、軍事力の強化を行い、ドイツ統一の中核となることが明らかになると、ドイツという強力な統一国家が生まれることを警戒したフランスは、日本でイギリスと張り合う状況ではなくなっていた。

戊辰戦争の最後の戦いである箱館戦線にも参加し、幕府伝習隊の軍事訓練の教官を務めていた「ラストサムライ」のモデルといわれているジュール・ブリュネ[9]など10人のフランス兵も、本国からの支援を失っている。

この結果、日本に強い関心を維持できた西欧諸国は、イギリスとロシアの2カ国となり、イギリスは対日貿易の拡大発展を、そしてロシアは不凍港を求めて領土拡大の野心を窺わせていた。

サトウが着任した頃の横浜港（ベアト[10]撮影）
（横浜開港資料館所蔵）
湾内に停泊しているのは、下関遠征前の4国連合艦隊である。

清国ではアロー戦争敗北後に天津条約・北京条約が締結されて半植民地化がはじまり、そして日本でも、1859(安政6)年、横浜・長崎・箱館での自由貿易が開始されると、主要輸出品の生産が間に合わなくなり国内価格が急騰、これにつられて米などの生活必需品の物価も上昇するなど、庶民生活を直撃して、幕府の政策に非難が寄せられ、併せて、西欧諸国による植民地化への恐れから外国人を排斥する攘夷運動や倒幕の動きが激しさを増してきた時期であった。

サトウ来日の1年前には、水戸浪士らによるイギリス公使館襲撃事件、いわゆる第1次東禅寺事件が発生していた。このような幕末動乱期に来日したサトウは、日本の転換となる多くの紛争を身を持って体験している。これらの事跡を幕末動乱の比類ない記録書である、サトウの回顧録『一外交官の見た明治維新』などからたどってみたいと思う。

2　生麦事件

サトウが日本に到着した6日後の1862年9月14日、上海から来ていたイギリス商人、チャールズ・リチャードソン一行4人が横浜の居留地に近い生麦村で、薩摩藩主島津茂久の父、島津三郎(久光)の行列に遭遇し、リチャードソンは藩士奈良原喜左衛門や海江田信義らに殺害された、いわゆる生麦事件が起き、政局を揺るがす大きな事件となった。

これを契機に幕府と西南雄藩、それに欧米列強の三者間の構図を大きく書き換えていった。サトウはこの事件を、「私は、少しも驚かなかった。前にイギリスの新聞に出ていたこの種の事件の記事や、北京からの途中で耳にした公

生麦事件
(『ワーグマン素描コレクション』下巻から転載)

使館襲撃事件などで、外国人の殺害など日常茶飯事ぐらいに思うようになっていたのだ」(坂田精一訳)と、書きのこしている。

当時の日本では外国人を排除しようとする攘夷論の嵐が吹いていた。サトウの生涯の友人となるイギリス公使館付医官ウィリアム・ウィリスも殺害現場に直行して、その惨状を目撃し、リチャードソンの検死やマーシャルとクラークの治療を行い、その1週間後に彼は兄への手紙でこのように書き送っていた。

「この手紙で、先週の今日、東海道で発生した恐ろしい悲劇をお伝えします。事件の詳細は『タイムズ』紙でご覧になるでしょうから、そのいまわしい殺戮の状況を詳しく申しあげる必要はありません。……日本の幕府がリチャードソンらの殺傷のような暴虐行為をいかに処理するか、私たちは非常な関心を持って見まもっています。結局、うやむやになるのではないでしょうか。幕府が正確な事実を掴むことは大変困難なことでしょうが、日本は中国に似て、戦争によらなければ何事も解決しないのではないかと思われます」(『ある英国医師の幕末維新[11]』)。

ウィリスが手紙に書いているように薩摩藩とイギリスとは世にいう薩英戦争を起こしている。

①品川御殿山の公使館

1862年12月2日、イギリスの代理公使ニールは生麦事件の協議に江戸を訪問、サトウもこの一行に加えられ憧れていた江戸を初めて訪れることとなった。

12月3日、ニールに同行して品川御殿山に建設中であった、イギリス公使館を訪れている。

サトウの回顧録には、「はるかヨー

ウィリアム・ウィリス
(横浜開港資料館所蔵)

ロッパのかなたから熱望の目を向けていたこの有名な都市に、やがては住めるようになりたいと、かねてから望んでいた私だったのだ」(坂田精一訳)と、当時、世界でも有数の大都市であった江戸への憧れと、建設中の公使館の完成を待ち望んでいた心境が記されている。イギリス公使館のあった当時の横浜は、「混血児」のような町でサトウの期待にはそえなかった。イギリスのオールコック公使もまた、当時の横浜を「ヨーロッパ人の掃溜(はきだめ)」と称している。

サトウが見た御殿山に建設中のイギリス公使館は、幕府作事方大棟梁の辻内近江(つじうちおうみ)が手掛けていた洋館であった。柱は、6寸2分の角材を使い大壁造りで、外壁は塗り壁、内壁には和紙が張られ、窓は鎧戸付きのガラス窓で、床板は漆塗り、各部屋ともに宮殿を思わせる広さがあった。

建物全体の形は、中庭を持つ2階建ての2棟を平家でつないだ大規模なもので、その中でも、幅10尺、長さ60間の長大なベランダが3面を囲んでいた。御殿山に建設中のイギリス公使館は、大規模な回廊様式の擬洋風建築の最も早い例の一つといえるものであった。

御殿山のイギリス公使館の建物は、日本の建築関係者に大きな影響と刺激を与え、これ以降、日本各地で擬洋風建築物が造られるようになると、宇都宮でも1867(慶応3)年には、伝馬町の脇本陣であった旅籠丸屋の主人、福田小兵衛により木造3階建ての和洋折衷の洋館が建てられている(『栃木の近代建築』)。

サトウが後年、中禅寺湖畔に構える山荘も御殿山のイギリス公使館の大規模なベランダの影響が窺える建造物となっている。

②ロバート・フォーチュンの見た江戸

　サトウより2年早い1860(万延元)年に来日したイギリスの園芸学者、ロバート・フォーチュンはその見聞記(『幕末日本探訪[12]』)の中で江戸市街地をこのように書のこしている。

　「私はそれまで日本の首都、江戸の区域を十分想像してもみなかった。シナを去る前に、私はそこが二百万の人口をもつ大都市であるという話を聞いていた。けれども実を言うと、それらの噂を非常に疑っていた。しかし、現実に私の眼でこの町を見渡して、以前に聞かされていたことをすっかり確かめた」(三宅馨訳)
サトウが憧れていた江戸は当時、世界でも有数の大都市でもあった。

　そして江戸の風景については、「江戸は東洋における大都市で、城は深い堀、緑の堤防、諸侯の邸宅、広い街路などに囲まれている。美しい湾は、いつもある程度の興味で眺められる。城に近い丘から展望した風景は、ヨーロッパや諸外国のどの都市と比較しても、優るとも劣らないだろう」(三宅馨訳)と、記述しているが、フォーチュンが展望していた場所は、御殿山からの眺望であったのだろう。

　風景は、その土地の持つ文化によって構成されるもので、江戸の文化が高かったことを物語っており、当時、江戸は世界一の庭園都市であったともいわれ、サトウも江戸のこのような風景を見て憧れていた。

　完成を待ち望んでいたイギリス公使館は、1863(文久3)年1月31日に焼き討ちで焼失している。このイギリス公使館焼き討ち事件は、生麦事件に触発された長州藩の高杉晋作や久坂玄瑞、井上聞多、伊藤俊輔など12人のテロリストにより決行され、サトウが長州藩士による焼き討ちと知ったのは明治に

なってからのようだが、この攘夷派の暴挙は、生麦事件と併せてイギリス公使館の怒りの火に油をそそいだ。

イギリスは生麦事件の賠償として、幕府に対して、謝罪と賠償金10万ポンドを要求、さらに、薩摩藩には犯人の処刑および死傷者への賠償金2万5,000ポンドを要求したが、薩摩藩との交渉は不調に終わり、薩英戦争が勃発することとなった。

3　薩英戦争

1863年8月3日、イギリスはユーリアラス号を旗艦として、7隻が艦隊を編成し、ニール代理公使以下、公使館職員は7隻のイギリス艦隊に搭乗して鹿児島に向かった。通訳としては、アーネスト・サトウとドイツの医師・植物学者で2度にわたり来日していたフィリップ・フランツ・フォン・シーボルト（1792〜1866）の長男で弱冠17歳のアレキサンダー・フォン・シーボルト（1846〜1911）が同行していた。

サトウとウィリスはともに軍艦アーガス号に搭乗し遠征に参加している。8月15日から16日の台風の最中、砲撃戦がくりひろげられている。イギリス艦隊に搭載されていたアームストロング砲は、薩摩藩の旧式砲の4倍（4キロ）の射程距離を持ち、この砲撃により蒸気船3隻、集成館・軍事工場や城下町の1割が焼失している。

鹿児島城下を焼き、非戦闘員に被害を与えた砲撃は、『ザ・タイムズ』紙や、『ロンドン・ガゼット』紙で報道され、イギリス国内では、過剰報復だとしてニールと政府への非難が高まり、イギリス議会でも議論を呼び、以後、対日政策が緩和されることとなる。

サトウもこの戦いを、「リチャードソンの殺害のことなぞ何も知らぬ多数の

鹿児島への砲撃
（『ワーグマン素描コレクション』下巻より転載）

罪のない人々を、この砲撃で殺戮したに違いない。その結果、最初の理由は公安破壊の罪にすぎなかったのを、開戦の理由にまで拡大してしまったのだ、そういうことをやりながら、さらに再び多数の人命を奪ってまで贖罪を迫ろうとするのは、けして正当ではないと私には思われた」(坂田精一訳)と、書きのこしている。

戦いの結果、死傷者はイギリス側が戦死13人、負傷者50人に及んでいるが、薩摩側は戦死5人、負傷者10数人と意外と少なかった。これは台風の影響もあったようであるが、イギリス側は、薩摩側の着弾距離や命中率を甘く見ていたようで予想を超える被害を受け、薩摩藩の実力を認めることとなった。

イギリスに大きな被害を与えた要因は、幕末に活躍する西郷隆盛など多くの人材を育て上げた、島津斉彬(1809〜1858)が取り組んできた兵器などの近代化の成果でもあった。

薩摩藩では、この戦いによりアームストロング砲などのイギリスの圧倒的な兵器の威力を知り、無謀な攘夷を反省する機運が生まれていった。

薩英戦争によりイギリスと薩摩藩はお互いに実力を認め、急速に緊密となり、イギリスからの情報や武器の入手が容易になり軍備の充実に努め、攘夷から倒幕へと幕末の歴史の流れを速める起因ともなっている。ここで活躍した人物がサトウとも交流があった、イギリスの武器商人、トーマス・グラバーである。

薩英戦争は、日本が植民地化されなかった大きな要因のひとつでもあった。

4　下関戦争

1863年、長州藩は攘夷を実行するた

め、下関海峡を通るアメリカの商船やフランスの通報艦などを砲撃していた。しかし近代的な兵器を備えた列強の反撃に遭い砲台は破壊されたが、長州藩は直ちにこれらの砲台を修復・増設を行っていた。

イギリス公使ラザフォード・オールコックは、1864（元治元）年3月にヨーロッパから帰任してからも、依然、長州藩は攘夷の姿勢を崩さず、下関海峡は通航不能となっていた。

オールコックは、海峡封鎖により貿易などに影響が出ることを懸念し、さらに長州藩による攘夷が継続していることにより、幕府の開国施策が後退する危機感を持ち（当時、幕府は横浜港を鎖港しようと動いていた）、長州藩への懲罰攻撃を決意するに至った。これにフランス、オランダ、アメリカも同意のうえ、4カ国連合による武力行使が決定されていった。

サトウの回顧録には、「不思議な偶然の一致であるが、その時ちょうど、長州から洋行していた若侍5人の一行中、その2人が外国から帰朝したばかりのところであった。この2人は、世界を見学して列強国の資源について多少の知識をうるために、前の年ひそかにイギリスに派遣されたのである。その名前は伊藤俊輔（後の博文）と井上聞多（後の馨）。……伊藤と井上はラザフォード卿に面会して、帰国の目的を知らせた。そこで卿は、この好機を直ちに捉え、長州の大名と文書による直接交渉に入ると同時に、一方では最後の通牒（つうちょう）ともいうべきものを突きつけ、敵対行動をやめて再び条約に従う機会を相手にあたえようと考えた」（坂田精一訳）と、サトウと伊藤、井上の最初の出会いが記されている。

7月21日、戦いを回避するため、サトウは長州藩士伊藤、井上と海路、軍

艦バロッサ号で長州へ向かい、伊藤、井上は藩主や重役に攘夷の不可説を説いたが、とうてい受け入れられる状況ではなく、もはや戦争は避けられない状況となった。

8月末からイギリスのキューパー提督を総司令官とする4カ国連合艦隊が下関へと遠征に向かっていった。

サトウはキューパー提督付通訳として旗艦ユーリアラスに搭乗、9月5日から長州藩への砲撃が行われ、この戦いは4カ国17隻の艦隊と陸戦部隊を含む、5,000の兵力で攻撃し、軍事力の勝る4カ国連合の圧勝に終わっている。

4カ国連合艦隊の攻撃を受けた長州藩の攘夷派は、列強の実力を知り攘夷の不可能なことを身をもって悟らされた。

この戦いの終了後にサトウは伊藤俊輔から長州藩が天皇と大君から受けていた、「外国人を日本から放逐せよという命令書（攘夷布告令）」の写しを受け取っている。

この命令書などにより、戦争の賠償金300万ドルの支払いは長州藩ではなく、江戸幕府が負うこととなった。サトウは長州藩との講和交渉では、高杉晋作（宍戸刑馬と名乗る）を相手に通訳を務め、オールコック公使は遠征中のサトウの日本人との交渉能力を高く評価して「通訳官」に昇進させる旨、本国に推薦している。

一方の伊藤俊輔は、その英語力と国際感覚を活かして、イギリス相手の講和交渉により、藩政の中でその名を高め、ここに明治維新後、初代総理大臣となる伊藤博文が誕生していった。

現在、横浜開港資料館で所蔵している「サトウ旧蔵アルバム」の中には、ロンドンで伊藤俊輔や井上聞多たち長州藩留学生5人が撮影された写真が残されているが、これは、軍艦バロッサ号

前田村砲台を占領したイギリス軍
（『ワーグマン素描コレクション』より転載）

で長州に向かう際にサトウに託したもので、伊藤、井上、両名にとって命をかけた説得であったことを物語っている。

下関戦争は、薩英戦争と同様に長州藩の藩論を「尊王攘夷」から「尊王討幕」へと藩内抗争はあったものの大きく転換させ、最近の兵器を装備するなど軍制改革をすすめ、討幕運動を加速させていった。

下関戦争の後、オールコック公使は、下関砲撃を認めなかった外相ジョン・ラッセルにより帰国が命じられ、後任の駐日公使は、かつて清国で彼の部下であったハリー・パークスに引き継がれることとなった。

オールコックは、帰国後にその外交政策は妥当であったことが認められ、当時のアジア駐在外交官の中で最も地位が高いとされる清国駐在公使に任じられている。

5　兵庫開港と英国策論

サトウは、1865（元治2）年4月1日、通訳生から通訳官に昇進して外交活動の現場に入っていった。イギリス公使館には、初めて日本語を自在に駆使する外交官が誕生したことになる。

1865年7月に第2代駐日公使ハリー・パークスが横浜に着任し、同年の11月には、4カ国代表による条約勅許きょ・兵庫開港・関税改訂交渉が大坂で行われサトウはこれに同行し、大坂・兵庫を初めて訪れている。

大坂・兵庫での交渉の結果では、兵庫開港が認められなかったが、通商条約の勅許を勝ち取り、その翌年には、兵庫開港を認めなかった代償として通商条約締結の際に定めた関税率（大部分の商品は20％であった）を廃止し、一律5％に引き下げる改税約書を結んでいる。これが国内産業の振興に大き

長州ファイブ（横浜開港資料館所蔵）
前列左から井上聞多（馨）、山尾庸三、後列左から遠藤謹助、野村弥吉（井上勝）、伊藤俊輔（博文）、裏面には、サトウにより1864（正治元）年8月と日付が記入されている。

な影響を与えることとなる。

英国策論

1866（慶応2）年3月から5月にかけ3回にわたりサトウは『ジャパン・タイムズ』に日本の歴史を紐解き、無題・無署名で、イギリスの今後の方針と日本の新しく進むべき方向について自らの持論を掲載している。これが有名な「英国策論」である。

この論説は、「天皇を元首とする諸大名の連合体が支配権の座につくべきで、今まで大君と結んできた条約を破棄し、真の支配者と新しく条約を結ぶべきだ」とするサトウ個人の見解であったが、イギリスの対日政策として受け取られ、倒幕派に大きな影響を与えていった。西郷・大久保・木戸なども「英国策論」を読んでおり、開国志士に強烈な影響を与え、これが討幕派の一つのビジョンともなっている。

1866年12月から1867年1月にかけて、サトウは政治情勢を収集するため、旗艦プリンス・ロイヤル号で近畿以西の長崎、鹿児島、宇和島、兵庫に派遣されている。この時に従者として同行しているのが元会津藩士であった野口富蔵である。野口は幕末期にサトウと行動をともにし、お互いにウマが合ったのであろう、サトウが休暇でイギリスに帰国する際も同行し、しばらくロンドンに留学している。サトウは武士であった野口を従者でなく戦友と思っていた。

長崎のグラバー邸

長崎では、長崎領事館やトーマス・グラバー邸に宿泊し、桂小五郎（後の木戸孝允）など西南各藩の重役と会談をし、さらに翌年の1867年9月に長崎を訪問した際にグラバー邸を再び訪れているが、13）西南各藩の情報収集と、ここから見下ろす長崎湾の光景を眺めている。

1877（明治10）年に描かれたグラバー邸
（長崎歴史文化博物館所蔵）
現存する日本最古の洋風建築グラバー邸、前面に3段のテラスがある。背面にはシンボルツリーとなっていた一本松があり、建物は、半野外のベランダが付けられたベランダコロニアル様式が採用されていた。後年、中禅寺湖畔に造られるサトウの山荘にも眺望を確保するため、3段のテラスが設けられている。

当時の長崎港の美しい風景について、ロバート・フォーチュンはその見聞記の中でこののように記している。

「長崎の港は世界中で最も美しい港の一つで、幅は約一マイル、長さは三〜四マイルもある。陸地に囲まれた港はまるで湖のような観を呈している」（三宅馨訳）

サトウもフォーチュン同様にグラバー邸から長崎湾を一望する湖のような風景に魅せられ、このことが後年、中禅寺湖畔に造られるサトウの山荘が、湖を一望できる高台に造られる要因の一つにもなっている。

さて、兵庫では、西郷吉之助（隆盛）と初めて会談し、一橋慶喜の将軍職拝命の情報をいち早く入手しているが、一方で西郷は、「政局を2〜3年傍観するとサトウを焦らせ、サトウから悠長すぎる」との反応を引き出させている。

若きサトウは、外交官という公的立場を超えた発言をしているが、これは、サトウが西郷に心を許したためだったのだろうか。

サトウが西郷に初めて会ったのは1865年の兵庫滞在中である。西郷は島津左仲という偽名を使っていたが、西郷の第一印象は、「黒ダイヤのように光る大きな眼をしていて、しゃべるときの微笑みには、なんともいえぬ親しみが感じられた」（坂田精一訳）と、サトウは回顧録に記している。西郷の大きな眼に国を思う純粋な心を観ていた。

将軍慶喜との謁見

1867年5月、大坂城で英国公使と将軍徳川慶喜との謁見が行われ、慶喜は外交懸案であった兵庫開港を確約したが、朝廷はこれに難色を示し、慶喜は朝廷に対し2度にわたって兵庫開港の勅許を要請したがいずれも却下され、慶喜自身が参内をして5月24日に勅許

徳川慶喜
（『ワーグマン素描コレクション』下巻より転載）

を得ることができ、1867年12月7日、長年の外交懸案であった兵庫が開港されることとなった。

将軍謁見の際に慶喜からパークスへ贈り物が贈呈されている。その中に、「三十六歌仙」の「伊勢」の絵1枚が含まれているが、それにはこのような逸話が伝えられている。

公使一行が通された部屋の壁には、平安時代に藤原公任(きんとう)によって選ばれた36人の優れた歌人の絵「三十六歌仙」が飾ってあった。サトウは歌人の絵を次々にパークスに説明し、居並ぶ幕臣たちは、サトウの日本語と日本文化に精通していることに驚嘆し、さらにパークスがサトウから「三十六歌仙」の絵の由来を聞いて賞賛していたことを聞いた慶喜は、そのうちの1枚をパークスに贈ってくれたと伝えられている。

この謁見に同席していたミットフォードは、回顧録『英国外交官の見た幕末維新』には、慶喜の心からの接待の様子が書き残されている。

「我々の通された部屋の周りの壁には、約二百年前に、ある大名から当時の徳川将軍へ贈られた詩人や女流詩人の肖像画が何枚も掛けてあった。我々が興味をもって見ていると、将軍はその中の一枚を外して、パークス公使に訪問の記念に持ち帰るように強く勧めた。公使は一連の絵になっているものが、欠けることは惜しいからといって受け取るのを躊躇(ちゅうちょ)したが、将軍は反対を押しとどめてこう言った。『もし後になってその空間があいているのを見ても、そこにあった絵が、今は英国公使の家に飾られていると考えれば、きっとうれしいと思います』これ以上丁重な挨拶が考えられるだろうか」(長岡祥二訳)

サトウは、すでにこの時点で日本語だけではなく日本文化にも通暁(つうぎょう)してい

大坂城での英国公使一行
先頭がパークス公使、1人おいてミットフォード、その後ろにサトウが描かれている(『ワーグマン素描コレクション』下巻より転載)。

たことを物語っているエピソードでもある。

パークスは、慶喜との謁見以降、その識見と行動力に深い感銘を受け、新しい指導者として認めつつあった。

サトウは、この謁見後に大阪本覚寺で西郷吉之助と会談しているが、パークスが慶喜の識見と資質に魅了され始めたことに危機感をいだき、西郷に「革命の機会を逸するべきではない」、幕府はフランスと提携しつつあり、イギリスは薩摩を援助する用意があるとまで発言しているが、逆に西郷からはイギリスは兵庫開港の道筋はつけたものの、兵庫での貿易は、幕府とフランスが独占し、イギリスはフランスの「使われもの」でないかと挑発されている。

西郷は真の革命家であり、「英国策論」を書き倒幕派に影響を与えていたサトウといえ、英国の一外交官から日本での革命について、とやかく言われる筋でないと思っていた。

イギリスの朝廷・雄藩と幕府の対立についての外交方針はあくまでも「局外中立」という立場であったが、アーネスト・サトウや長崎で武器商人として活躍していたトーマス・グラバーは明らかに朝廷・雄藩に傾倒していった。

例幣使との遭遇

徳川慶喜との謁見が終わり、サトウは報道記者兼画家のワーグマンとともに東海道経由の陸路で江戸まで帰ることとしたが、途中、掛川では例幣使一行に襲撃され、従者野口などの活躍により無事江戸に帰着している。この事件から野口は、サトウの厚い信頼を受けることとなる。

例幣使は、1646（正保2）年に日光東照宮へ宮号宣下 勅許の勅使が派遣され、翌年より金の御幣を奉納する公卿が京都より派遣されている。この使いを「日光例幣使」と呼び、1867年ま

で、221回も続けられていた。

例幣使の日光までの経路は、京都を4月1日に出発し、中山道を倉賀野宿（群馬県高崎市）で別れて、太田、栃木、鹿沼などを経由し、東照宮春の大祭の初日にあたる4月15日に日光に到着している。例幣使の行列は、50～80人の規模で、帰路は宇都宮から日光街道を江戸に赴き、東海道を通り京都に帰っていた。

京都への帰路の途中、掛川でサトウ一行と遭遇していた例幣使が最後の日光例幣使であった。

6 大政奉還と戊辰戦争

1867年10月14日（陰暦）、徳川慶喜は政権を朝廷に返上することを申し出る。いわゆる大政奉還があり、その翌日には、朝廷がそれを許可し、これにより鎌倉幕府以来700年続いてきた、武家政治は終焉となった。

しかしながら、この時点ではまだ慶喜は征夷大将軍職を辞職しておらず、慶喜の再登場を恐れる岩倉具視、西郷隆盛たちは、天皇を中心とする真の朝廷政権を実現すべく画策を進め、同年の12月9日（陰暦）に王政復古の大号令（江戸幕府の廃絶・摂政、関白の廃止・総裁、議定、参与の設置を宣言）を発令することに成功し、これによって慶喜の辞官納地を決し、鳥羽・伏見の戦い、さらに戊辰戦争へと発展していった。

サトウは、日本人同士がお互いに共倒れになるのを防止しようとパークスとともに、西郷や後藤に会い必要な手段を講じようと計画を立てたが、京都の情勢があまりにも急速に進展したため計画倒れとなっている。

この頃から、サトウと勝安房守（海舟）との交流が始められている。サト

ウの回顧録には、「勝安房守は私たちに、大君（慶喜）派が事を早まった結果、内乱が勃発することを懸念していると言った」（坂田精一訳）と、記述している。幕府内にも大政奉還に対する批判があり、サトウ自身も幕藩体制の終末が来たものと考え、内戦は不可避であると考えていた。

1868（慶応4）年1月1日にサトウは日本係書記官に任命され、彼の後任には、生涯の友人となるアストンが任命されている。

1867年12月13日（陰暦）、サトウは京都から大坂城に落ちのびる慶喜一行に遭遇している。翌年の1月3日（陰暦）には、鳥羽・伏見で戊辰戦争が勃発、その時サトウは大坂におり、「夜、京都の方角で大きな火の手があがるのが見える」と、鳥羽・伏見の戦いを目撃していた。

京都では多くの負傷者が発生し、その治療をするためにイギリス公使館に医師派遣の要請があった。これを受けてサトウは医者でもあるウィリスに同行し、1月18日（陽暦2月18日）から京都を訪問している。これがサトウの初めての京都訪問でもあり、和蘭人以外のヨーロッパ人が京都の地を踏むのは、フランシスコ・ザビエル[15]以来300年ぶりであった。

京都では薩長の藩兵に守られ、西陣、北野天満宮、清水寺など名所を見学している。薩摩藩などの官軍の本陣は東寺にあった。

サトウは京都でも西郷隆盛や大久保利通などと面談しているが、大久保からはイギリスの議会制度や行政府の機能について質問されていることから、

ライトアップされた東寺五重の塔

この時点で大久保たちは新政府の態勢づくりの検討を始めているようである。

　1868年1月4日、薩摩藩など倒幕派の本陣が東寺に置かれ、この時に幕府討伐の「錦の御旗」が掲げられている。この錦の御旗は錦旗(きんき)とも呼ばれ赤地の布に日月の形が金銀を用い刺繍して描いてある。

　錦旗は岩倉具視の腹心であった玉松操がデザインしたといわれ、この玉松操は後に宮内省式部長となる三宮義胤(よしたね)の恩師でもある。

　錦旗の出現は、倒幕派が官軍となり大いに士気を鼓舞するとともに、幕府側に大きな打撃を与えている。

　徳川慶喜が大坂城より江戸に撤退したのは、この錦旗が掲げられたと聞いたことによるといわれている。

　サトウの回顧録には、京都滞在中に聞いていたのだろうか、錦旗についても次のように書いている。「官軍にとって、藤堂の寝返りが大きな助けとなった。藤堂の兵は、初めは官軍に抗して力戦したが、赤地に黄金色の太陽と銀色の月輪を描いた天皇の錦旗が目前に翻るのを見るや、勢いがなくなり、敵に寝返ってしまったのだ」(坂田精一訳)と、この錦旗の出現が、幕府軍を賊軍とし、大きな打撃を与え、鳥羽・伏見の戦いを官軍有利に導いていったことが記されている。サトウは、この情報を元会津藩士であった従者の野口を通じ交友していた会津藩士より得ていた。

　鳥羽・伏見の戦いでは、エジンバラ大学で最新の医学を修めたウィリスは、クロロホルム麻酔法や四肢切断術、骨傷への副木の使用など、西洋医学を駆使した治療で大きな成果を収めている。治療を受けた中には、西郷の弟で頭部に重傷を負った西郷従道(つぐみち)(後の海軍大臣)や会津兵もいた。

　ウィリスは、戊辰戦争の終局となっ

た会津戦争でも、自ら進んで従軍し、敵味方の区別なく負傷兵の治療に専念するとともに、外科医学を知らない日本の医者の実地教育も行っている。このウィリスの医療行為については、元イギリス大使であったコータッツィ卿の著書『ある英人医師の幕末維新』に詳細に描かれている。

サトウは、1868年2月30日（陽暦3月23日）、パークスとともに天皇謁見のため京都御所に参内する途中襲撃されたが、後藤象二郎らの活躍で難を逃れ、後日、改めて京都御所紫宸殿で謁見が行われている。

この謁見において、新政権の方針が開国和親であることを確認することができ、本国にいち早く新政府承認の信任状を依頼している。幕末のイギリス外交をして、イニシャティブをとらせるに至ったのは、外交官としても優れた能力を発揮したサトウの存在は大きいものがあった。

7　江戸開城

1868年3月6日（陽暦3月31日）、サトウは横浜に帰着し、翌日から情報探索のため江戸に派遣されている。この時期、サトウは縦横無尽に駆け巡っていた。

江戸に戻っていた徳川慶喜は上野寛永寺に恭順の意を表し、蟄居していたが、官軍は江戸近くまで迫っていた。サトウの回顧録には、「私の入手した情報の主な出所は、従来徳川海軍の首領株であった勝安房守（当時、旧幕府陸軍総裁）であった。私は人目を避けるため、ことさら暗くなってから勝を訪問することにしていた」（坂田精一訳）と記されている。また、3月13日（陰暦）には、西郷と勝の両雄が江戸の薩摩屋敷で会談をしているが、その会見

江戸開城前の勝海舟（横浜開港資料館所蔵）

内容やその後の対応(「パークスの圧力」)についても記している。

「勝は、慶喜の一命を擁護するためには戦争をも辞せずと言い、天皇の不名誉となるばかりでなく、内乱を長引かせるような苛酷な要求は、必ずや西郷の手腕で阻止されるものと信じると述べた。勝はまたハリー・パークス卿に、天皇の政府に対する卿の勢力を利用して、こうした災いを未然に防いでもらいたいと頼み、長官も再三この件で尽力した。特に、西郷がパークス卿を横浜に訪ねた時には、卿は西郷に向かって、慶喜とその一派に対して苛酷な処分、特に体刑をもって臨むならば、ヨーロッパ諸国の与論はその罪を鳴らして、新政府の評判を傷つけることになろうと警告した」(坂田精一訳)

勝は、江戸城総攻撃を回避させるため、新政権に対するイギリスの強大な影響力を利用して無血開城へと事を進めている。これが勝の狙いだったのだろう。一方、パークス公使も江戸での戦闘が拡大することによる貿易への悪影響を懸念していた。結果的に双方の思惑どおり、4月11日(陰暦)に江戸城は無血開城となっている。

勝は江戸城の無血開城に対するサトウの尽力に報いるため、愛馬「伏見号」を贈呈しているが、乗馬は当時のイギリス紳士の嗜みの一つであった。後年サトウは、中禅寺湖畔でも乗馬を愉しんでいる。

一方、幕府を支援し、パークスと対峙していたフランス公使ロッシュは5月4日(陰暦)横浜港より帰国していった。

パークスが幕末の動静を的確に把握し、行動できたのは、サトウの貢献するところが大きかった。

ウィリスも見ていた落城した会津若松城
1901(明治34)年に作られた「荒城の月」は滝廉太郎作曲、土井晩翠作詞の名曲として有名だが、仙台出身の英文学者であった土井晩翠のイメージにあった「荒れにし城」とは、会津若松の鶴ヶ城であったと晩翠は回想している。「荒城の月」は幕藩体制に対する鎮魂歌でもあった。

8 会津城の落城と天皇の江戸行幸

1868年7月22日（陰暦）、サトウはアダムズと軍艦ラットラー号で、北越戦争の渦中にある新潟の状況と国後島と択捉島をロシアが占領したという風説を確かめるため北方視察に向かったが、宗谷沖で座礁、フランス軍艦に救出され、9月2日（陰暦）、横浜に帰任している。この時期イギリスは、日本国内の争乱によりロシアが南下することを注視していた。その6日後に改元が行われ、慶応4年が明治元年と改められている。

一方ウィリスは、8月20日（陰暦）から11月15日（陰暦）までの約3カ月間、新政府軍と奥羽越列藩同盟軍の双方の負傷者の治療のため、高田、柏崎、新潟、新発田、会津若松などで治療活動に従事していた。

ウィリスが会津の落城を知ったのは、新潟に着いた直後である。新発田を経由して会津に向かったのは、落城後2週間を過ぎた10月6日（陰暦）であった。会津若松に2週間滞在し、約700人の会津側の負傷者の治療にあたっているが、ウィリスが約3カ月で治療した負傷者の総数は約1,600人であったといわれている。

これが契機となり、西洋医術とりわけ外科医術の必要性が認識され、全国各地に西洋医院が建設されることになる。同時に外科医の地位の向上にも貢献していた。

会津鶴ヶ城の南東2キロにある小田山からの砲撃により会津鶴ヶ城は落城している。この落城した城をウィリスは見ていた。そして荒廃した城下で700人もの多くの会津側の負傷兵の治療にあたっている。

会津降伏

サトウの『一外交官の見た明治維新』

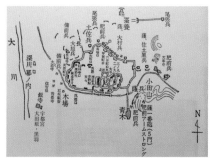

官軍の会津鶴ヶ城攻図（『戊辰役戦史』より）
小田山には、肥前藩のアームストロング砲が配備されていた。アームストロング砲は、1854年頃、イギリスで開発され元込式。砲身のラセン状溝などの特徴を持ち、飛距離、破壊力ともに以前の砲に比べ格段の性能を持っていた。日本では、1863年の薩英戦争で初めて使用され、肥前藩（鍋島藩）では、いち早くこれを研究し、1865年には国産第1号を製造し、戊辰戦争の際に小田山から鶴ヶ城砲撃に、威力を発揮したといわれている。
会津戦線では、宇都宮藩、大田原藩、黒羽藩は、飯寺付近に配備されていた。宇都宮藩は、飯寺に宿陣の際、会津若松城に入ろうとしていた長岡藩士の一隊と戦い、家老山本帯刀ほかを捕えている。

には降伏当時の模様を次のように記している。

「藩主松平容保（かたもり）は礼服を着用し、『降参』と書いた大きな旗を持った家来を先頭に立て、同じ礼服を着て頭をそった守備隊員をしたがえて、攻囲軍の軍門に降（くだ）った」(坂田精一訳)

まるでワーグマンの描いたポンチ絵のように書きのこしている。これは、元会津藩士であった野口から聞き及んでいたのだろうが、サトウは幕末の会津藩の動向にも注目をしていた。

天皇の江戸行幸

1868（明治元）年10月13日（陰暦）、サトウ、ワーグマン、ミットフォードは、東京に入る明治天皇一行を泉岳寺前の仮公使館事務所（接遇所）で見ていた。「外見は必ずしも壮観とは言えなかった。いやに西洋をまねた服装と、だらしのない乱髪の兵隊のために、廷臣（ていしん）たちの服装から受ける東洋ふうの印象が台なしにされたのである。天皇の黒漆塗りの駕籠は、私たちには実際珍しかった。それが近づくにつれて、群衆がシーンと静かになったのは、まことに感動的であった」(坂田精一訳)と、回顧録に記しているが、西洋化されていく日本への矛盾と日本の伝統・文化を見ていたのだろう。

1868年11月20日（陰暦）、東京が開市されるとともに、新潟が開港され、11月23日（陰暦）には、イギリス外交団は江戸城西の丸で明治天皇に謁見している。

9　サトウの賜暇（しか）帰国

日本や中国に勤務しているイギリスの外交官は、5年ごとに1年の休暇（賜暇（しか））が与えられることになっていた。新たな時代の幕開けを見届けたサトウは、賜暇帰国を希望し1869（明治2）年2月

会津藩の降伏
（『ワーグマン素描コレクション』下巻より転載）

24日、ペニンスラ・アンド・オリエンタル汽船のオタワ号で英国に向け横浜を出航している。

帰国にあたり、勝海舟は自分の脇差（小刀）をサトウに贈り感謝の意を表している（『遠い崖　アーネスト・サトウ日記抄』）。また、明治天皇や岩倉具視からは蒔絵の用箪笥などが贈られ、盛大な送別の宴が開かれているが、これは明治維新に大きく貢献したサトウへの感謝であったのだろう。

オタワ号で帰国する人々の中には、イギリスで長男の病気治療を受けるために帰国するパークス夫人や忠実な会津藩士の野口富蔵の姿があった。その時の模様を回顧録に残している。

「居留地のイギリス人はパークス夫人に敬意を表して、楽隊を差し向けた。楽隊は船の錨が揚げられるとき、『ホーム・スイート・ホーム』を演奏した。私は両眼に涙のにじみ出るのを感じた。それは、大好きな音楽を聞くときに常にわきおこる感情のためだったか、あるいは6年半もきわめて幸福にすごした国を立ち去るときの愛惜の気持からであったか、何ともいいようのないものだった」（坂田精一訳）と、自らもピアノを弾いていた音楽好きのサトウの離日にふさわしいシーンである。曲中で歌われている「我が家にまさる所はない」という歌詞に、懐かしい故郷への思いと、第2の故郷ともいえる、日本を離れる寂しさに万感の思いを感じていたのだろう。

「ホーム・スイート・ホーム」は、1823年にイングランドの作曲家ヘンリー・ビショップにより作曲され、同年初演のオペラ「ミラノの乙女」の中で歌われた歌曲で、日本では、1889（明治22）年に「埴生の宿」という題で、中等唱歌集に掲載され、古くから歌い継がれている名曲である。

後年サトウは、この6年半は、「人生で最も充実した時期で、本当に生きていた」と回想しているが、その一方でイギリスに帰国したサトウは、1870（明治3）年6月にアストンあての手紙に、「つくづく日本がいやになったというあなたの気持に、わたしはまったく同感です。わたしも日本をはなれる一年ほどまえから、自分の仕事に対する興味をすっかり失っていました。これからも日本人は進歩をしてゆくでしょうが、われわれ外国人は、ただ退場してゆくよりほかはないと思います」と書きのこしている。

　サトウが日本で過ごした最初の日々は、倒幕派の支援者であり、サトウ自身も倒幕運動に身を挺していたが、帰国してイギリス人として日本を見ると、「日本の歴史を研究し、日本人の能力の高さを知っていた」サトウは、近く、日本が大国となり、自分たちヨーロッパ人はこの国から必要とされなくなるだろうと予想し、一抹の寂しさを感じていた。

　寺子屋制度の普及していた幕末の日本人の識字率は、都会では80％近く、農村部でも50％超える人々が、すでに字を読んでいた。特に女性の識字率は外国と比較しても圧倒的に高く、識字率は世界一であった。サトウはこれを知っていて、このような告白文となったと思う。

　一方で、代理公使を務めていたアダムズは、この帰国により外交官として成長したサトウを見ていた。

　「彼が賜暇でイギリスに帰ったことは、彼のために非常に良いことであった。その結果、彼の日本人観に変化が生じた。日本人について評価が下がったのである。サトウに必要なことは条約改正の仕事がすみ次第、もう一度イギリスに帰ることであろう。それをす

ませて、ふたたび日本に戻ってきたときには、彼はどんな地位にも就く資格を備えていることであろう。彼は万事において率直である。私はこれほど大胆不敵な人物に出会ったことがない」(『遠い崖9巻　岩倉使節団』[17])と、これが上司であったアダムズのサトウに対する勤務評定なのだろう。そこには、イギリスの国益を守る外交官としての成長が期待されている。

東京の英国公使館には、1870年11月中旬、1年8カ月ぶりに帰着し、その後、日本文化について日本アジア協会を中心に多くの論文を発表し、日本学者の先駆者として名声を高めていった。日光との関わりもこの頃からとなる。

友人の1人である画家で報道記者でもあったチャールズ・ワーグマンは、この時期のサトウを「日本におけるわれわれ(イギリス)の政策の中心人物」と評価しているが、幕末維新期のイギリス外交においては、サトウの存在が大きかったことを物語っている。

10　サトウと野口富蔵

サトウと野口富蔵の出会いは、サトウの日記に1865(慶応元)年10月13日にパークス公使の随行として軍艦プリンセス・ロイヤル号で箱館視察に出発していると記されているのでこの時であった。

当時、横浜、長崎、箱館の3港が外国貿易に開港されていたが、イギリス公使ハリー・パークスは、北辺の地箱館だけは、まだ訪れたことがなかった。この時の随員の1人にサトウの生涯の友になる、当時、海軍の軍医をしていたフェレデリック・M・ディキンズも同行していた。この20日間の箱館の旅は、野口との出会いやディキンズとの交遊のきっかけとなっている。

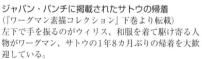

ジャパン・パンチに掲載されたサトウの帰着
(『ワーグマン素描コレクション』下巻より転載)
左下で手を振るのがウィリス、和服を着て駆け寄る人物がワーグマン、サトウの1年8カ月ぶりの帰着を大歓迎している。

その後、野口は、1865年の秋から、1869年の初めまで約3年半余り、サトウと起床をともにし、サトウが行くところ従者として同行し、幕末の激動する日本を広い視野で見ることができた数少ない日本人である。しかしながら、元会津藩士であったことから苦しい想いも数多く味わっている。

　1867年、最後の日光例幣使一行が掛川でサトウの宿舎に乱入し、その時右手に刀を握り、左手に拳銃を構えて暴徒を追い払ったのが野口であった。[18]

　サトウの回顧録では、野口についてこのような記述がある。

　「野口というのは、会津の若い侍で英語を学ぶために郷里を出て、初め箱館のイギリス領事ヴァイスについたが、1865年秋、その勉強を続けるために私と同居することになったのだ」(坂田精一訳)と、野口は英語を学ぶために初めは箱館のハワード・ヴァイス大尉についたとある。

　ハワード・ヴァイス大尉が箱館領事になったのは、生麦事件の際の過激な発言のために横浜領事から左遷されて箱館領事に赴任したのが1862年11月からであり、当時の蝦夷地では、イギリスは貿易よりもロシアの南下を注視していた。同様に、幕府もまた、北辺の守備の強化と開拓のために、会津・仙台・秋田・庄内・盛岡・弘前の6藩に蝦夷地を分与していた。

　その北方守備のため、会津藩からも数百人の藩士が蝦夷地に送られ、野口富蔵も1859年、満18歳で会津を離れ蝦夷地へ赴いている。

　野口は箱館で外国との交易を見聞するようになると英語の必要性を認識していったが、箱館で働きながら英語を学べる所は数少なく、このため高い志を持った青年野口は、会津藩を脱藩してまで、箱館領事館の雑用係として

1869年、パリで撮影された26歳のアーネスト・サトウ
(横浜開港資料館所蔵)

ヴァイス大尉のもとで英語を学んでいる。

サトウの従者になるのが1865年からであるので、箱館には6年間おり、ハワード・ヴァイスのもとで約3年間、英語を学んだことになる。そしてサトウの従者になったのは、西洋の先進技術を学ぶために、英国留学を希望していたためであった。

その夢がようやくサトウの賜暇帰国で叶えられたのである。

イギリスでは4年間留学生として学んでいる。富蔵のイギリスでの留学先はサトウの出身校であるロンドンのユニバーシティ・カレッジ（後のロンドン大学）であった。この大学は日本の多くの留学生を受け入れ、日本の近代化に大きな影響を与えている。

当初の2年間は、サトウの援助による私費留学であった。その後は、官費留学生となっているが、富蔵が私費留学から官費留学に切り替わったのは、西郷従道との出会いからであった。西郷もまたヨーロッパに派遣され、一時、聴講生としてユニバーシティ・カレッジに籍を置いていた。[19]

サトウは、グラバーと同様に薩摩藩と強い結びつきがあった。特に西郷隆盛とは気心が知れた仲である。富蔵がサトウの従者であった経緯などから、帰国した西郷が官費留学への切り替えを強力に推薦していた。

さらに1872（明治5）年、野口は、岩倉使節団がアメリカを経てイギリスに到着すると、絹製品の製造研究という課題が与えられ、フランスのリヨンやイタリアと絹製品の視察研究に出向いて織物や生糸の見本を日本に持ち帰っている。

もちろん使節団がイギリス滞在中は、サトウの同僚であったアストンなどと

ともに案内、通訳なども務めている。
　富蔵が日本に帰国したのは、1873（明治6）年9月であった。帰国後は、内務省や工務省に勤務した後、1877（明治10）年に京都府の勧業課に入り西陣織りの指導をしている。
　翌年には槇村知事の指示を受け、イギリスの女性紀行作家イザベラ・バードの京都での案内をしているが、バードは最高のガイドを得て京都名所を見学していた。
　野口富蔵は、1881（明治14）年には、兵庫県に奉職し、1883（明治16）年4月11日、神戸で42歳の短い生涯を閉じている。サトウはこの時、賜暇でイギリスに帰国中であった。
　富蔵の死後も遺された家族へのサトウの厚い情誼(じょうぎ)は続いている。『遠い崖・14』には、1884（明治17）年サトウがシャムの代表兼総領事となりバンコクから休暇で来日した際の出来事として、「10月4日、昼食後、ボナーとともに、野口の未亡人と子どもたちに会いに行った。ボナーを介して、毎月五ドル（約6円）の『恩給』を渡すことを未亡人に約束した。午後6時出航」とあり、サトウはその後、何十年にわたって「恩給」を送り続けたという。[20] サトウの人間としての大きさと温かさ感じさせる一場面である。そして、1900年2月19日のサトウの公使日記には、「野口の長男が昨日私に会いに来たので、彼が東京高等商業学校に通っている間は毎月十二円ずつ補助してやることを約束した」とあることから、サトウは「正直で誠実な会津の侍」であった野口富蔵の遺族も自分の家族同様に思っていたのだろう。
　幕末動乱期にサトウとともにイギリス外交官として活躍していたアルジャーノン・ミットフォードは、後年に著した『ミットフォード日本日記』の

ワーグマンが描いたミットフォード
（『ワーグマン素描コレクション』下巻より転載）

中で、サトウと野口の関係について次のように触れている。

「サトウ氏は野口という名の若い武士を雇っていた。彼は優れた忠実な家来で、主人のためなら火の中にでも飛び込んだに違いない」(長岡祥二訳)と、野口は武士として忠実にサトウに仕えていたことが書き残されている。

サトウと野口が行動をともにしていた時代は、命をかけて生き抜いた激動期だからこそ主従の関係を越えて、友情に近い感情がそこにはあったのだろう。

〈補注〉

1) ドナルド・キーン (1922 ～)
日本文学者・日本学者・文芸評論家。
1922 (大正 11) 年、ニューヨークに生まれる。コロンビア大学、ケンブリッジ大学を経て 1953 (昭和 28) 年に京都大学大学院に留学し、日本文学と日本文化研究の第一人者となる。
2008 (平成 20) 年には、外国出身の学術研究家として初となる文化勲章を受章。2011 (平成 23) 年 3 月 11 日の東日本大震災を契機にコロンビア大学を退職、日本国籍を取得し、被災地の復興にも尽力している。このことは、希望を失っていた日本人に深い感銘と勇気を与えた。

2) 『日本人と日本文化』 対談 司馬遼太郎・ドナルド・キーン 中央文化

3) 萩原延壽 (1926 ～ 2001)
歴史家・作家。
東京都台東区浅草出身。東大法学部卒。大学院で近代日本政治、外交史を専攻。1957 (昭和 32) 年から 1 年間アメリカ・ペンシルバニア大に留学、1958 (昭和 33) 年から 3 年間イギリス・オックスフォード大に留学、1969 (昭和 44) 年から 2 年間イギリスで研究生活を過ごしている。代表作となる『遠い崖』は、宇都宮市桜 4 に居住して執筆。『遠い崖』という題名は、サトウの日本のイメージが、「青い海に洗われた遠くそそり立つ崖」であった、ここから題名が取られている。

アーネスト・サトウの幕末期から明治初期までの活躍を描いた大作『遠い崖

アーネスト・サトウ日記抄』を朝日新聞夕刊の文化欄に 1976 年（昭和 51）10 月 12 日から 1990（平成 2）年まで長期にわたり連載し、朝日新聞出版社から全 14 巻の単行本として出版し、完結刊行を見届け、2001（平成 13）年 10 月、逝去。サトウ研究の偉大な先達者である。

4）ローレンス・オリファント（1829 ～ 1888）英国の作家・外交官。

　エルギン卿の秘書として中国に同行、途中日本との通商条約を締結するため来日し、1858 年 8 月 26 日に日英修好通商条約が調印された。この来日を『エルギン卿遣日使節録』としてまとめ出版している。若き日のサトウもこの本を読み日本に強い憧れを抱いている。

　1861（文久元）年、在日英国公使館の 1 等書記官に任命されたが、第 1 次東禅寺事件で負傷し帰国、帰国後は下院議員などを務め、日本からの留学生の面倒もみている。

5）長州ファイブ（長州五傑）

　1863 年に長州藩が幕府に隠して英国に派遣した伊藤俊輔（博文）、井上聞多（馨）、野村弥吉（井上勝）、山尾庸三、遠藤謹助の 5 人の藩士。通称「長州五傑」とも呼ばれている。伊藤、井上は明治政府の重鎮として政治畑を歩んだが、遠藤、山尾、野村は最先端の工業技術を学び、近代国家建設に貢献している。

・伊藤博文：初代内閣総理大臣
・井上馨：初代外務大臣
・山尾庸三：グラスゴーで造船を学び、1871（明治 4）年に工学寮（後の東京大学工学部）を創設。
・野村弥吉：日本鉄道の父とも呼ばれ、小岩井農場の（井上勝）創設者の 1 人でもある。
・遠藤謹助：日本人による造幣事業に貢献する。

6)「アーネスト・サトウの見た奥日光」『日光近代学事始』　尾田啓一著　随想舎

7)『一外交官の見た明治維新』（上）　アーネスト・サトウ著　坂田精一訳　岩波文庫

8）ベアト（1832 ～ 1902）

　フェリーチェ・ベアト。イタリア生まれのイギリスの写真家。

　1863 年来日し、横浜で写真館を開く。1884 年に離日するまで約 20 年間、幕末から明治期にかけての日本各地で風景などの貴重な写真を撮影し、また、下関戦争では従軍写真家を務めている。

　日本の写真の祖といわれる「上野彦馬」もベアトの影響を受け、西南戦争の戦跡

写真を撮影したことから、日本初の戦場カメラマンといわれている。
9) ジュール・ブリュネ（1838〜1911）
フランス陸軍士官。
　軍隊の近代化を急いだ幕府から招聘を受け、フランス軍事顧問団の副隊長として来日。幕府伝習隊に1年間の軍事訓練をしていたが、1868年、鳥羽・伏見の戦いが突然火蓋を切り、800人の伝習隊を率いて大坂に出陣したが、すでに幕府軍の敗北は決していた。江戸に戻り抗戦の作戦を立案し、献策したが将軍慶喜に却下され、フランス軍事顧問団は日本からの退却を命じられている。
　ブリュネたち10人は日本残留を決意し、榎本武揚と合流して函館を目指した。
　函館戦線では、大鳥圭介を補佐し戦いを続けたが敗色が濃くなると榎本武揚総裁は政治的配慮から外国人義勇兵の脱出を勧め、これに従い陥落寸前の五稜郭から脱出。「ラストサムライ」の主人公、トム・クルーズが演じたネイサン・オールグレン大尉のモデルになったといわれている。
10) 海江田信義（1832〜1906）
薩摩藩士、政治家。
　1870年奈良県知事に任命され、1881年元老院議員に就任している。

　1884年にアーネスト・サトウが取得し、武田家の住居となった富士見町の土地は元々、海江田信義の所有地であり、短期間に所有権の移転手続きが完了しているところからサトウと薩摩藩とのつながりを窺わせる。富士見町の武田家の住居は現在、法政大学80年館となっている。
11)『ある英国医師の幕末維新』　ヒュー・コータッツィ　中須賀哲朗訳　中央公論社
12)『幕末日本探訪』　ロバート・フォーチュン著　三宅馨訳　講談社
13) グラバー邸
　幕末に来日したイギリス商人トーマス・グラバーが1863年長崎南山手に完成させた邸宅、日本人大工の手による日本最初の洋風住宅。国指定重要文化財。日本のベランダコロニアル様式の原点ともいわれている。
　クローバー型の邸宅はどの部屋からも光と風が入るようになっており、ベランダからは風景を楽しめるよう設計されている。日光に造られる初期の洋風建築もこのベランダコロニアル様式の影響を強く受けている。
14) 後藤（1838〜1897）
　後藤象二郎。土佐藩家士、明治期の政治

グラバー邸

家、実業家。

1867年山内容堂とともに、将軍徳川慶喜に対して大政奉還論を提議し、大政奉還を決意させた。1868年パークス襲撃事件の鎮圧の功により英国ヴィクトリア女王から宝剣が送られている。

明治政府では、大阪府知事や参与などの要職に就くが1873年の征韓論に敗れて下野する。

1874（明治7）年実業界に転身して高島炭坑の払い下げを受け経営に乗り出すが、破綻して三菱の岩崎弥太郎に転売する。その後政界に戻り、逓信大臣や農商務大臣などを歴任した。

15）フランシスコ・ザビエル（1506〜1552）
日本にキリスト教を最初に伝えたスペインの宣教師。カトリック教を広めるため、ロヨラとともにイエズス会を創設、東洋布教の責任者として1542年、インドに渡りインド各地で布教活動を行い、1549年に日本人アンジロの案内で鹿児島に上陸。平戸、山口などで伝道活動を進め、2年後にインドに戻り、中国に渡る計画を立てたが広州近くの島で病死した。

16）玉松操（玉松真弘）（1810〜1872）
幕末、明治にかけての国学者。
西園寺家の庶流である公家の山本公弘の次男として生まれ、出家得度し大僧都法印に任じられたが寺中の綱紀粛正を強く唱えたため反感を買い、1839（天保10）年還俗。玉松操と号した。京都で国学者大国隆正に師事したが、やがて師と対立し、近江国真野に隠棲し、そこで寺子屋を開き、三宮義胤（三上兵部）などを弟子とした。1867年、弟子の三宮の紹介によって岩倉具視に会い、その腹心となる。以後、小御所会議の席上示された王政復古の勅を起草し、幕府との戦いに備え官軍の士気を鼓舞するための錦旗のデザインを考案するなど、岩倉具視の軍師として活躍した。

王政復古の後は、内国事務局権判事となり、1870年には大学中博士兼侍読に任じられたが、政府の欧米化施策を嫌い、京都に戻り隠棲した。間もなく病死している。玉松操は、司馬遼太郎の短編小説「加茂の水」の主人公として描かれている。

17）『遠い崖　9巻　岩倉使節団』　萩原延壽著　朝日新聞社

18）、19）、20）『野口富蔵伝』　國米重行著　歴史春秋出版株式会社

第2章

日光を訪れた
最初の欧米人

アーネスト・サトウは、来日後、オールコック公使、パークス公使のもとで、20年にわたり、通訳官として優れた能力を発揮している。特にパークス公使とは、幕末から明治にかけての18年間、彼の部下として行動をともにしている。パークス公使がどのような人物であったのか、関係者の回顧録などからたどってみたい。

また、明治維新後、日光を最初に訪れた欧米人は、ハリー・パークス公使夫妻である。パークス夫妻の日光訪問をきっかけに、日光は徳川幕府の聖地から国際観光地へと変貌する転機となっている。その時代的な背景や、日光との関連のあるイザベラ・バード、さらに、トーマス・グラバーとの関係についても当時の史料などからたどってみたい。

1 ハリー・パークス

ハリー・パークス（1828〜1885）は、1865（慶応元）年に第2代駐日特命全権公使として来日し、日英関係の黎明期であった幕末・明治初期の18年間にわたり激動する日本でイギリス代表として活躍をしている。

幕末期には、薩摩・長州などの雄藩に接近し、独自の立場から政治・外交活動を展開するとともに、明治という新時代を迎えると、対日貿易の推進と日本の近代化にも貢献をしているが、これにはアーネスト・サトウの時代を見通す適正な判断があったからでもある。

①パークスの経歴とオールコック卿などとの出会い

パークスは幼くして両親と死別し、父親の兄弟（退役海軍将校）の手で育

サー・ハリー・スミス・パークス
（横浜開港資料館所蔵）

第2章　日光を訪れた最初の欧米人　47

てられ、13歳で中国にいる姉に招かれてマカオに移住している。

　1843年、15歳で広東英国領事館に勤務、翌年の1844年には16歳で廈門の英国領事館通訳官となり、ここで運命的な出会いがあった。日本の初代駐日特命全権公使となるオールコック卿[2]とのめぐりあいである。オールコック卿よりパークスの通訳官としての才能が高く評価され、後にパークスが日本におけるオールコック卿の後継者となる縁はこの頃に築かれている。

　通訳官時代のパークスの印象をオールコック卿は、「明るく利口な少年で、見たところ年齢にしては背丈が低く、金髪で明るい青い眼、ひらめく知性があった。晩年まで見られた特性だが、言葉も態度も熱心のあまり、せかせかして、ちょうど革紐につながれた猟犬が獲物を見てあせっている様に似ていた[3]」と回想している。

上司から見たパークスの評価だろうが、そこにはがむしゃらに仕事に取り組むパークスの姿が見てとれる。パークスが少年時代から交流していたオールコック卿だから書けた回想であろう。

　もうひとつの出会いがあった。それは、スコットランドの名門貴族であるエルギン卿[4]との出会いである。ちなみに日英修好通商条約は、エルギン卿により1858（安政5）年7月に締結をされている。

　中国側を相手取ったパークスの頑強な交渉は名高く、1854年には26歳で廈門の領事に就任している。彼が英国外交の表舞台に立つ動機となる事件は、1856年10月に英仏連合軍が北京に侵入したアロー戦争[5]であった。

　パークスはイギリス側の全権大使エルギン卿の補佐兼通訳として、交渉中に清国軍に拉致され、獄中から英仏連合軍の北京進撃を中止するように働き

かけることを中国側から強要され、3週間にわたり拷問を受けたがパークスはこれを頑強に拒否し続け、一時は処刑が決定されたが、戦況が不利とみた清朝の指揮官が処分を取り消したため、刑死寸前に助かったといわれている。この事件で全権大使であったエルギン卿は清国を破った英雄の1人としてパークスを褒め称え、ヴィクトリア女王からサーの称号を与えられている。パークス34歳の若さであった。

パークスが外交官として活躍した時代は、ヴィクトリア女王の時代と重なっている。

女王は、1819年生まれで、1837年には18歳の若さで女王に即位している。ヴィクトリア女王の時代は、大英帝国が頂点を極めた時代で、強大な軍事力をバックにして外交官、宣教師と貿易商をセットにし、七つの海を支配していた時代であった。パークスも東洋においてその一翼を担っていた。

大英帝国が頂点を極めていた1864年にパークスは、上海の領事となり、翌年、37歳でオールコック卿の後任として来日している。これは、これまで過ごしてきた領事部門から1階級上の外交部門への昇進であった。

幕末の日本は、極東外交の修羅場を踏み自らを叩き上げてきた人物をイギリスの駐日特命全権公使として迎えることとなった。

②ミットフォードが見たパークス公使

パークスの部下であったアルジャーノン・ミットフォードは、1866（慶応2）年から1870（明治2）年の維新期の4年間、アーネスト・サトウとともに、英国外交官として激動の日本で縦横の活躍をしている。彼の眼で捉えた明治天皇と徳川慶喜との会見や時代を先導した人々との交流など維新期の彼の回

アルジャーノン・ミットフォード（1837～1916）
（横浜開港資料館所蔵）

顧録、『英国外交官の見た幕末維新』[7]の中で、サー・ハリー・パークスの人物像について、このように記している。

「ハリー・パークス公使は、確かにきわめて傑出した人物であった。彼は背が低く、毛は縮れ明るい色をしており、頭が大きく、額が広いので、体と均衡がほとんどとれていなかった。……非常に興奮しやすく、すぐ激怒した。1841年に中国に送られてきた時には、まだ13歳の少年であったが、中国語を超人的な努力で学び、その年頃の少年たちが学校のクリケット・チームに選抜されるかどうかが最大の関心事であったというのに、通訳として重要な仕事をし、危険な旅行にもしばしば同行した。彼の中国での経験については、よく知られているので、ここではそれに触れないでおこう。彼が三十七歳になった時、日本の公使に任命され、少しおくれて一年後に私が彼と一緒になったのである」（長岡精一訳）

ミットフォードはパークスに対して好感を持っていないようで、回顧録には、努力家であるが高圧的な外交官として描かれている。さらにパークスの外交官としての活動に特に協力した人物として2人の人物が紹介されている。その1人がパークスの側近であったアーネスト・サトウである。もう1人が、長崎に住んでいた貿易商のトーマス・グラバーである。当時の外交官と貿易商は、大英帝国の繁栄に大きく貢献していた。

③サトウが見たパークス公使

パークスの側近として英国公使館に勤務していたアーネスト・サトウは、上司であるハリー・パークス公使をどのように評価していたのだろうか。

アーネスト・サトウの幕末期の回顧録である『一外交官の見た明治維新』[8]の

中で少し長くなるが、このように触れている。

「ラザフォード・オールコックの後任公使は、ハリー・パークス卿であった。この人は、人一倍豪毅な気質で、死に直面したこともあり、威信のある人物として評価が高かった。極東へ来ているヨーロッパの全居留民の目には、極東諸国へ来ているイギリスのどの官吏よりも高い地位にある人のように映っていたのである。晩年のパークスの欠点や失敗が特にどのようなものであったとしても、かつてイギリスはパークス以上に献身的な公僕を代表として派遣したことがなかったこと、そして日本自身としても、パークスのおかげを被っており、日本はこれに報いることができず、また充分にパークスの努力を認めてさえもいないということを知る必要がある。もし、彼が1868（明治元）年の革命の際に別の側（訳注：幕府側）に立っていたならば、あるいは、彼が多数の公使仲間と一緒に単純な行動に組みしていたならば、王政復古の途上にいかんともなし難い障害が起こって、あのように早く内乱が終息することは不可能であったろう。パークスは疲れを知らない精励家で、その職務に全く没頭し、周囲の事情に正しい目をくばって、倦むことを知らなかった。また部下に対しても同様に熱誠と勤勉を求めたのである。私は後に、彼の勇気について顕著な実例を目撃する機会を得た。……勤務については厳格で、やかましくもあったが、私的の関係では、助力を求めるすべての人々に情け深く、彼の好意をかち得た人々に対しては、どこまでも誠実な友として尽くしてくれた。私は不幸にして、こうした人々の1人ではなかったので、パークスとは終始親密というほどの仲ではなかった。……間もなくパークス

の補佐の1人として起用されるに至り、1866年末に横浜の領事館から、ついに江戸の公使館へ転任するようになったのである」(坂田精一訳)。ここでは、パークス公使が明治維新に大きく貢献していたことや、サトウたち部下に対しては厳しい上司であったことが記されている。

サトウの友人の1人であったバジル・ホール・チェンバレン[9]は、サトウとパークスの関係を日本の幕末・明治期に重要な仕事を成し遂げた、良きパートナーと思い込んでいたが、この回顧録を見て驚き、これに対してサトウは手紙でこのように答えている。

「私とサー・ハリーとの関係は、確かに楽しいものではありませんでした。アダムズ[10]もミットフォードも彼を良く思っていませんでした。これは主に社会階層の違いからくるものです。私もそのとおりだと思っていた。日本人の請願に対して、彼の荒々しい言葉を通訳しなければならなかったのは、ほんとうに辛いことでした。しかし、彼は偉大な公僕であった」。仕事に熱中するあまり言葉づかいが荒くなり、それを通訳していた苦労が吐露されている。その一方で、「偉大な公僕」として評価もし、「パークスの晩年の欠点や失敗」があったことが書かれているが、これは、パークスが日本人の能力や本質が理解できなかったことによるものであろうが、特に彼は、不平等条約の改正については終始反対の態度を示していた。

明治維新という革命期においてパークスはサトウという有能な補佐官がいたため日本の歴史を紐解(ひもと)き的確な判断のもとに外交交渉を行い、その結果として江戸城無血開城などに大きな影響を与えている。

祖国の利益を優先したうえでの行動

であっても、サトウが書きのこしているように、パークスがいなければ明治維新もどうなっていたかわからない。それに対する日本の評価が低いことを嘆いているが、パークスだけでなくサトウ自身の評価も低いことを嘆いていたのだろう。しかし、それはどうだっただろうか。

現在の英国大使館は、パークスが1872（明治5）年に恒久的な公使館用地を求め、これに対して新政府は、東京都千代田区1番町1の皇居に最も近い、在外公館の中で最高の場所に1万坪もの広大な用地をほぼ永久的に貸与されている。これは日本側からパークスやサトウへの感謝ではなかっただろうか。

いずれにしてもパークスは、熾烈(しれつ)をきわめる外交官の世界で、叩き上げの経験とスキルだけでのし上がってきた時代の寵児(ちょうじ)であった。

パークスは、中国や日本での辣腕外交官としてのイメージが強いが、文化活動にも熱心であったといわれている。1872年設立された日本アジア協会の運営に尽力するとともに、部下たちに外交の足掛かりにするため地政学的見地から日本研究を奨励している。その結果、サトウ、ミットフォード、アストンらは後年、すぐれた日本学者として育っていった。[12]

2　パークス夫妻の富士山登山と日光訪問

江戸城無血開城や明治新政府の樹立に大きく貢献したパークスは、1870（明治3）年にヨーロッパ人として初めて徳川幕府の聖地である日光訪問が認められている。その模様については、サトウの友人であるフレデリック・V・ディキンズにより書かれた『パークス伝』で、このように触れられている。

現在の英国大使館
当初に建てられた英国公使館は、トーマス・ウォートルズの設計で、当時流行していたベランダコロニアル様式の赤煉瓦造りの建物として、1874（明治7）年に完成したが、1923（大正12）年の関東大震災により倒壊している。
現在のイギリス大使館は、1930（昭和5）年に英国工務省の設計で清水組により施工された趣きのある建物となっている。

「五月に野性味のある美しい日光地方が、夫人を同伴したパークス公使によって、日本流に言えば『開かれた』。徳川王朝の創始者を祭る偉大な神社と記念物が、初めて外国人に公開され、驚嘆と賞賛の的となった。このときの旅行では、今なお活動中の浅間山火山に登り、パークス夫人は外国人女性として初めて（と思うが）煙霧うずまく深い噴火口をのぞいたのである。すでに彼女は1867年に、もっと高い富士山の頂上まで登っているが（女性として）最初であった。」（高梨健吉訳）と、日光訪問や富士山登山などが書きのこされている。

パークス夫妻は、日光を訪れる3年前の1867（慶応3）年10月に富士山登山に挑んでいた。

パークス夫妻の富士登山や日光訪問について、ウィリスの手紙や日記などからたどってみたい。

①富士山登山

外国人の富士山への登山記録は、パークスの前任者である初代駐日公使であったラザフォード・オールコック卿が、1860（安政7）年9月11日、初登頂に成功している。しかし、この富士山登山は、霊山を汚したとする尊王攘夷派の水戸浪士たちを激怒させ、登山の翌年に起きた東禅寺襲撃事件の大きな要因の一つにもなっていった。

このためか、パークス夫妻の富士登山は、閉山後の気候的に厳しい時期の登山となっていた。

富士登山の同行者の1人であった、イギリス公使館付医官ウィリアム・ウィリスは、1867年10月29日付の本国の兄に送った手紙に、厳しかった富士山登山の状況を、このように書き送っている。

「私の一大ニュースは、雪と氷の中を一万四千フィートの富士山頂に立っ

たことです。私たちは山の中腹の斜面にある一種の洞穴で一夜を過ごし、翌日、約三十マイル歩いて頂上まで登ったのです。一行はハリー・パークス卿夫妻を含めて、総勢10人でした。……

　パークス夫人が極度の疲労に耐えながらよく登りつめたものだと、私は本当におどろいています。女性が十月のあの山に登頂できるなど考えられません。……日本人は晩秋には絶対に登りません。それで、私たちの行為は無謀だといわれていました。随伴してきた役人は途中で落後していき、頂上までたどりついた者は1人もいません。あまりにもきびしい寒気のため耐えられなかったのでしょう」(中須賀哲朗訳)[13]

②アルピニズムと崇高な自然

　ファニー・パークス夫人(1831〜1879)の富士山登山は、閉山後とはいえ、女人禁制を破り、山岳信仰によらない女性の最初といえる近代的登山としても意義深いものである。パークス夫人の富士山登山は、明治5年3月に大政官布告によって女人禁制が廃止に至る大きな契機になっている。最近は、山ガールと呼ばれる女性の登山者が増えてきているが、パークス夫人はその先駆けでもあった。

　富士山をはじめ槍ヶ岳、赤石山、恵那山、常念岳など明治初期に初登頂を果たしている外国人がイギリス人である。このことは、日本におけるアルピニズム(近代登山)が山々からの眺めを風景として楽しむ英国の「ピクチュアレスク嗜好」とスポーツの結びつきにより発祥したことを物語り、パークス夫妻の富士山登山も山頂から風景を楽しむための登山であった。

　パークス一行が見た富士山頂からの景色は彼らには未体験のものであった。それは、イギリスには日本のような高

河口湖からの富士山(梅崎良樹氏撮影)
富士山を含む一帯が、2013(平成25)年に世界遺産に登録をされた。
この登録は、自然遺産でなく、文化遺産として登録されている。
このことは、富士登山を単にスポーツとして捉えるだけではなく、文化としても捉えているところに意義深いものがある。

い山がなく、最も高い山でもスコットランドのベン・ネビズ山の標高1344mと、日光の丹勢山（1398m）と変わりなく、同行者のウィリスは山頂からの風景を兄への手紙でこのように書き送っていた。

「この富士山登山はとても楽しく、私にはよい経験でした。たぶん、四方百マイルをみはらせること以外は、景色を説明するのはむずかしいことです。もちろん山頂からの展望は実に壮大なもので、強く記憶にその印象が残っていますが、その時の感情は人によってそれぞれ異なります。確かに、私が一番感動したことは、大自然のすさまじい形跡だったのです」（中須賀哲朗訳）[14]

当時の西洋人にとっての理想の自然とは、人の手で制御される秩序ある自然であり、「人間は自然を支配すべきものである」そして、「山も征服するもの」という自然観があったが、ウィリスは、富士山頂からの光景を体験して、東洋人が自然に対して神や精霊のような神秘的イメージを抱くように、人間の力の及ばない「崇高な自然」を感じ、自然への畏怖の念を抱くとともに、医者であった彼の人生観を大きく変えている。

ウィリスは、翌年勃発する戊辰戦争では、日本人傷病兵に対する医療活動を行っている。当時は、白人優越主義であり、イギリス公使館付医官が日本人傷病兵の医療行為を行うことなど考えられなかったが、会津での戦闘においては、自ら進んで従軍し、敵味方の区別なく治療を行っている。これは、富士山頂からの崇高な自然に接することにより彼の人生観が変わったことを物語っており、ウィリスのヒューマニズムの精神は、その後、日本赤十社の前身となる博愛社へと引き継がれ、国内最後の内戦となる、西南戦争においても敵味方の別なく医療行為が行わ

れ、ウィリスの教え子たちも従軍し、医者として活躍をしていた。

パークス一行の富士山登山の根底にあったものも「自然への畏敬の念」からであったのだろう。

③富士山頂に立った最初の女性

女性による富士登山の記録は、パークス夫人の登山から遡ること32年前の1832（天保3）年、富士山が閉山した9月26日（新暦10月20日）、男装をした25歳になる「高山たつ」(1813〜1876)を含む6人が北口から登山し、途中5合目で1泊、翌27日に雪の積もった山頂への登頂に成功したと記録に遺されているが、これは富士講の一派「不二道」の創始者である小谷三志(1766〜1841)を中心とした宗教登山であったので、近代登山として富士山頂に立った初めての女性はパークス夫人であったといっていいのだろう。

当時のイギリスでは、産業革命後、国力の増加に伴い上流階級の人々は、「崇高な自然」を求めヨーロッパ大陸に「グランド・ツアー」として出かけ、スイス・アルプスでも主峰39座のうち、31座の初登頂はイギリス人により征服されている[15]。そのため、近代登山はイギリス人により「崇高な自然」とスポーツの結びつきにより発祥したといわれている。

日本においても北アルプスの槍ヶ岳に最初に登った外国人は、サトウの友人でもあった大阪造幣局に勤務していたウィリアム・ガウランドであった。

④日光訪問

パークス公使夫妻の日光訪問の様子については、『日光叢書社家御番所日記』（第22巻）には、「英国公使士官六人、婦人一人、附添別手組十六人、この人足二十人」とあることから、公使[16]

日光御山之絵図

夫妻と士官や日本人護衛官を含む43人が訪れている。パークス夫妻が日光を訪れた1870年には、アーネスト・サトウは休暇でイギリスに帰国中であったため、同行者となっていないが、その2年後の1872年に憧れの地である日光を訪れている。

パークス夫妻の同行者の1人にサトウの同僚で後に日本学者となるウィリアム・ジョージ・アストンがいた。彼は、後年の代表作『英訳 日本記』の脚注で、「1870年に宇都宮から日光への旅をした」と、書きのこしている。

我が国初期の製糸会社と女人禁制

江戸時代から宇都宮は日光の玄関口となり、将軍の日光社参も宇都宮を経由している。パークスも同様に、宇都宮を経由して日光に参詣していた。

当時の宇都宮は、戊辰戦争の激戦地であったため、城下町の大半が焼失し、ようやく復興の途についたところであったが、その一方で、日本橋で材木商を営んでいた江戸の豪商川村傳左衛門により、1862（文久2）年頃から、鬼怒川右岸の河内郡石井村（現宇都宮市）大島河原などが開墾され、パークス一行が宇都宮を訪れた翌年の明治4年4月には、当時の主力輸出品であった生糸の大量生産を可能とするイタリア製の器械を導入した、近代製糸工場（大嶹商舎）が誕生するなど、すでに工業化の動きも現れている（「川村家の記録」）。

これは、官営で操業され、現在では、世界遺産にも登録されている富岡製糸場創業の1年前のことであった。

パークス夫妻一行が日光を訪れた当時は、日光ではまだ、外国人が快適に宿泊できる施設がなく、受け入れ側にも戸惑いがあったようである。

イザベラ・バードの著書『日本奥地紀行』では、日光を訪れたパークス夫妻一行は、輪王寺の本坊に泊まって東

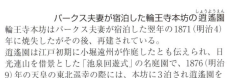

パークス夫妻が宿泊した輪王寺本坊の逍遙園

輪王寺本坊はパークス夫妻が宿泊した翌年の1871（明治4）年に焼失したがその後、再建されている。

逍遙園は江戸初期に小堀遠州が作庭したとも伝えられ、日光連山を借景とした「池泉回遊式」の名庭園で、1876（明治9）年の天皇の東北巡幸の際には、本坊に3泊され逍遙園を愛でている。

照宮などを見学していることが触れられているが、日光訪問でもパークスらしい行動が見受けられている。

パークス夫妻一行は日光山参詣の予定を急遽変更して中禅寺湖へと向かっている。これは、登山を趣味としていた夫妻は、まず日光の自然美を愛でたいと思ってのことであろうが、当時の中禅寺は聖地とされ、女人禁制の地であった。

女人禁制を破り華厳の滝や聖地中禅寺湖の雄大な風景を眺め、パークス夫妻やアストンは故郷の湖水地方の風景と中禅寺湖の風景を重ね合わせていたのだろう。

そして翌日、東照宮への参拝となった。奥宮拝殿は、将軍でないと参拝は許されなかった、東照宮で最も神聖な場所である。この奥宮参拝の申請が出され、日光山では対応に苦慮したが、外交問題に発展することを危惧し、特例措置として見学が許されている。これ以降、外国人の奥宮参拝が許可されるようになっていった。

パークス一行も日光山の自然美と人工美の融合に深い感動を覚えていた。

⑤日光からの帰路

日光からの帰路は、足尾に出て、高崎から安中の養蚕地帯を通り、さらに浅間山に登り、中山道経由で東京へと戻っていった。[17]

パークス夫妻の日光山参詣の旅は、単なる参詣だけではなく、地方の産業についても丹念に観察をしていた。そのため、銅山のあった足尾や高崎などの養蚕地帯が帰路のルートに組み込まれている。

パークス一行も軽井沢宿を通っている。軽井沢宿は、中山道有数の難所であった碓氷峠の西の入り口にあたり、宿場として栄えていたが、明治になる

東岸からの春の中禅寺湖

奥宮御宝塔
家康公の神柩（しんきゅう）をおさめた宝塔、この神域は350年式年大祭（1965〈昭和40〉年）を記念して特別に公開された。

と大名行列と呼ばれた参勤交代もなくなり、街道を往来する旅人も少なく、パークスが訪れた当時の軽井沢は、一面が草原で荒野と呼ぶにふさわしい場所であったが、逆にこの素朴な風景がスコットランドの原野を思わせ、明治20年代になると、英国公使館付宣教師であったアレキサンダー・クロフト・ショーなどにより「避暑地軽井沢」の扉が開かれていった。

その土地の持つ風景は避暑地として形成される大きな要因ともなっている。

パークス夫妻も日光の崇高な自然の中にある人工美ともいえる建造物や、奥日光の雄大な自然の風景に深い感動を覚え、その4年後の1874(明治7)年にも再度日光を訪れ、前年にオープンした金谷ホテルの前身となる「金谷カテッジイン」に止宿している。[18]

パークス夫妻の来晃以来、外国人が日光を訪れるようになると、外国人用の宿泊施設などが整えられていった。

パークス夫妻によって「聖地日光の扉」は開かれたといっていいのだろう。

ヨーロッパ人として初めて日光を訪れたパークス公使とアストンは、1872年、休暇でイギリスに帰国中に日本から岩倉使節団がイギリスを訪れることとなり、この応接役として使節団一行を出迎えることとなった。

応接役となったアストンは、1870年12月3日、イギリスへ帰国する際、偶然にも東伏見宮嘉彰[19]やその従者で、2度目の渡英となる長州藩出身の南貞助[20]、後に宮内省式部長となり、皇室外交の窓口となる三宮義胤(よしたね)[21]、軽井沢で日本人として最初に別荘を建てた八田裕二郎らと同船していた。これが縁となり、彼らがイギリス滞在中にアストンは、なにかと一行の面倒をみていたようである(『W・Gアストン』)。

1883(明治16)年頃の軽井沢と浅間山
(長崎大学附属図書館所蔵)
一面野原のような風景がヨーロッパ人の郷愁を誘っていた。

3　岩倉使節団

　岩倉使節団は、右大臣の岩倉具視を特命全権大使とし、副使に木戸孝允、大久保利通、伊藤博文、山口尚芳の4名がその任にあたり、随行員や同行の留学生などを含めると総勢107名の大使節団であった。その中には5人の女子留学生もおり、12歳になった会津出身の山川捨松や8歳の最年少であった津田梅子の姿もあった。

①サトウへの同行打診

　アーネスト・サトウは、岩倉使節団が渡航する直前の1871（明治4）年10月24日に岩倉具視に招かれ朝食をともにしている。

　この席で岩倉は、海外派遣をされる副使の大久保利通や伊藤博文などとの交流があり、明治政府樹立に貢献のあったサトウに使節団の付き添い役で同行する気はないかと打診をしているが、サトウは即座に同行するつもりは全くないと返答している[22]。この理由の一つとして考えられるのは、討幕運動に傾倒していたサトウには、新たに誕生した明治政府に期待した理想と現実とのギャップがあったのだろう。このギャップは、サトウだけではなく王政復興を成し遂げた新政府内部にもあった。それが後に士族反乱や自由民権運動の発端ともなり、近代日本最大の内戦である西南戦争へとつながっている。

　また、幕末期に知り合った友人、伊藤博文などは、明治を迎えると大出世をしており、使節団でも副使を務めている。一方のサトウは書記官を越えられない自分自身への不甲斐なさや、英国民として自国に対する強い思いなどが、付き添い役としての同行を断った一つの理由ではないだろうか。

　なによりもサトウはジャパノロジー

の第一人者となっていったが、一方ではヨーロッパ文化を愛する人であった。このことが外交官引退後に日本に戻らなかった理由の一つだったのかもしれない。

サトウと生涯を通じて交友のあった日本学者で幕末に来日し、医師、弁護士として活躍したフレデリック・V・ディキンズは、晩年となる1905年8月20日のサトウに宛てた手紙で、日本文学への幻滅とギリシャ劇への回帰について書き送っている。[23]

「1860年代のはじめに日本の事物に恋いをしたことが私の大きな不運でした。日本の文学はその判読にすら労力と時間を費やす価値はないのです。私はこれ以上日本研究をやらないでしょう。……わたしは情熱をもってギリシャ劇の研究にとりかかりました」

当時のイギリス社会での日本文学の評価は低く、手紙を書いた年の4月には、「方丈記」を英訳して出版していたが、書き出しにある「ゆく河の流れは絶えずして、しかももとの水にあらず。よどみに浮かぶうたかたは、かつ消えかつ結びて、久しくとどまりたるためしなし」との無常観の文学ともいえる、この随筆は当時の欧米の人々には理解されなかった。このため、ディキンズは嘆いていたが、この心境は『万葉集』や『古事記』など生涯にわたり日本研究に捧げたアストンやサトウでなければ理解できないことなのだろう。

②使節団の目的

さて、岩倉使節団一行は、1871年11月12日、横浜港から出発していった。

アメリカを皮切りにイギリス、フランス、ベルギー、イタリア、ドイツ、ロシアなど欧米14カ国を632日間にわたり歴訪している。その目的は、江戸幕府が外国と結んだ不平等条約の改正

ウィリアム・ジョージ・アストン
(1841〜1911)
(横浜開港資料館所蔵)

準備と新生天皇国家の誕生に伴う各国元首へのあいさつ、新生国家建設のための西洋列強国の文明を視察することにあった。

不平等条約と呼ばれていた西洋列強諸国との条約の問題点は、第1には、治外法権を認めていたことである。岩倉具視は、明治3(1870)年の評議で次のように述べている。[24]

「今日のように、わが国の領地内に外国の軍隊が駐留し、裁判さえ外国人によって行われているというのは、わが国の恥辱とすることはなはだしい」と、外国人に対して日本の主権の及ぶ範囲に制限をつけることは屈辱的であると建言している。明治新政府の首脳(けんげん)たちは、独立国家として外国との交渉には特に敏感な感覚を持っていたことが示されている。

第2の問題点は、関税自主権を奪われていたことである。関税自主権がないことで、外国からの輸入品に関税をかける権利がないため、外国の安い製品が国内に入って、国内産業の発展を妨げていた。

当時の日本にとって、経済的にも政治的にも真の独立国家となるためには、不平等条約の改正が最大の問題であり、課題でもあった。使節団はこのような大きな課題を背負っての船出であったが、条約改正の交渉は残念ながら進展しなかった。しかし、近代国家の建設には大きな成果を上げている。近代日本の出発点はここにあったといえるのだろう。

③使節団のイギリス訪問

当初、使節団は1872年3月にイギリス入りをする予定でいたが、アメリカ滞在が大幅に延び、イギリスに到着したのが同年8月17日となっている。

イギリス各地の視察・調査

イギリスでは、パークス公使、アストンそして海兵隊のアレクサンダー少将の3人が接伴係となり、当時の世界最先端の鉄工業や綿工業などイギリス各地の視察・調査を精力的に行っている。[25)]

接伴係となったアストンは、幕末期に同僚のサトウが西郷隆盛や勝海舟との人間関係を大切にしていたように、長州との人脈を築いたようであり、木戸孝允や伊藤博文とは親交があった。このため、使節団の全行程に同行して快く彼らの世話を焼いている。

最初の視察・調査はリバプールへ行き、造船所、紡績工場を視察。分業により効率よく製品が造られるシステムを学んでいる。ロンドンでは、オープンカット方式の開削工法により造られた世界初の地下鉄を目の当たりにしている。使節団員の久米邦武の書き残した『特命全権大使米欧回覧実記』には、「ロンドン市内は空中を走る列車があるかと思うと地下を走る列車もあるわけで、土木・建築技術の極致を感じた」とある。

後年、岩倉具視が日本の鉄道建設に積極的に関わり日本最初の鉄道会社の創設を行っているのも、この視察調査に触発されてのことだろう。

続いて、産業革命の発祥地であるマンチェスターに出向き、接伴係のハリー・パークスから次のような説明を受けている。

「イギリスという国は緯度からすると樺太あたりに相当する。海流の関係で気候は樺太同等には論じられないが、それにしても日本に比べれば寒い土地で、緑はあってもせいぜいに羊や牛が食べられるくらいの草しか生えない。そういう貧しい荒寒の土地で今日の富を築いてきたのは、地下から石炭と鉄

を掘り出し、蒸気機関を発明し、毛織物、綿織物を作って輸出したからだ[26]」と、近代国家を建設するためには、交通機関の整備と産業・貿易を促進することが重要であることを認識させられ、そのためにも不平等条約の改正が重要であると岩倉をはじめとする一行は感じていた。

使節団一行は、イギリス各地で世界最新の技術と富の源泉のシステムを学び、『特命全権大使米欧回覧実記』の中では、このように記している。

「いまから40年前のヨーロッパを想像してみればわかるように、そのころは陸を走る汽車もなく、海を走る汽船もなく、電信で情報を伝える術もなく、運河で小舟を引っぱり、風まかせの帆船で海を渡り、馬車を走らせていたではないか。そして戦場では幼稚な銃でほんの数十歩のところに相対し、羅紗などはよほどの金持ちでしか着られず、綿布(めんぷ)なども海外の珍品でしかなかった。インドの東にも国があることは知られていても、その産物を交易することもできず、せいぜいヨーロッパ内で貿易するのがやっとだった[27]」

久米は、ヨーロッパに対して日本の遅れは、わずか40年と総括をしている。日本は、その後ヨーロッパなどの先進国の技術を積極的に導入することにより、30数年後には、世界列強国の仲間入りをしているが、これは岩倉使節団の成果ともいえるのだろう。

また、岩倉使節団はブランドフォード・フォーラムで行われていた陸軍の演習も観戦している。折からイギリス留学中の東伏見宮や三宮義胤も同行し、戦闘地での野営テントの装備、食料貯蔵庫、電信制度などを見学し、2人とも戊辰戦争では、奥羽征討総督やその軍監として戦ってきたが、イギリス軍の装備力の違いには驚きを覚えて

いた。これらの調査により日本の軍隊も近代化されていった。特に、日本海軍の軍事力については、イギリスを模範とし、これが日清・日露戦争の勝利へと結びついている。

イギリス文化の視察・調査

使節団は産業や軍事だけではなく、文化施設についての調査も行っていた。ロンドンではサウス・ケンジントン博物館（現ヴィクトリア・アンド・アルバート博物館）や大英博物館を視察し、エジンバラでは産業博物館（現スコットランド国立博物館）とウィリアム・ウィリスの母校でもあるエジンバラ大学などを視察していた。

サウス・ケンジントン博物館は、1851年にロンドンで開催された世界初の万国博覧会の収益や展示品をもとに、1852年に「産業博物館」として開館している。岩倉使節団が視察・調査をする20年前には開館していたが、人気が高く1872年の観客数は115万人を数えていたことや、エジンバラの産業博物館では、博物館の建物が3階建ての広大なもので、自然系の展示や、特に機械やスコットランドで最も古い石造りの灯台、ベール・ロック灯台の建設過程などの展示がされていたことが書き残されている。さらに博物館の意義として、「博物館を見学すれば、ある国の文化の由来は自然に心に感じ取れるものである」と、使節団一行は文化施設にも大きな興味を抱き、博物館を文化のバロメーターとして捉えていた。

スコットランド国立博物館では、現在でも19世紀にロバート・スチーブソンの設計で造られた灯台のレンズや世界最古の蒸気機関車など産業革命時代の品々が展示されている。

世界初の万国博覧会とサトウへの影響

岩倉使節団は、イギリス文明の基盤はその巨大産業にあることを知り、約

スコットランド国立博物館正面入口

博物館内部グランド・ギャラリー
灯台レンズも展示されている。

20年前に開催されていた、世界最初の産業博覧会であった「万国博覧会」にも大いに興味を抱き、『特命全権大使米欧回覧実記』の中にその模様を書きのこしている。

1851年、ロンドンで開かれた世界初の万国博覧会は、ヴィクトリア女王の夫君アルバート公の提案により開催された一大イベントであった。ロンドンのハイドパークには、巨大なガラスの宮殿（クリスタル・パレス）が築かれ、半年間の会期中に600万人以上の入場者があった。短期間にこれだけの入場者が訪れることができたのは、会場までの交通手段となる鉄道網が発達していたことが大きかった。

近代ツーリズムの祖として知られる、トーマス・クックも約17万人もの人々をツアー客として入場させ、その後の旅行業を拡大させていった。

博覧会は、「世界の工場」と呼ばれた、当時のイギリスの国力を世界に誇示する大イベントであったが、その一方で、世界各国の技術や文化をイギリス国民が知る絶好の機会でもあった。

イギリス文化やアーネスト・サトウの研究をしている尾田啓一氏は、その論考「アーネスト・サトウの見た奥日光」の中で、第1回ロンドン万国博覧会が開催された当時、8歳であったアーネスト・サトウに与えた影響について次のように記している。

「教育熱心で国内・国外の新しい情報に関心の高かった父デーヴィットは子供連れで見に行ったであろう。幼いサトウにとってそれは非常に大きなインパクトになったであろうと想像できる。この頃、後年のサトウの資質とそのまなざしとなったものの核の部分が、彼の中で作られつつあったと私は考えている」と、世界の縮図のような大イベントがサトウの目を世界に向けさせ

2014（平成26）年のエジンバラ博物館屋上から見たエジンバラの街並み
岩倉使節団の見た街並みが残されており、現在では、世界遺産に登録されている。左端の建造物が町のシンボルとなっているエジンバラ城。

る1つの要因となったと推測している。

サトウが世界や日本に興味を持つ動機も幼い日のこの万国博覧会に由来していたのだろうが、第1回の万国博覧会には日本製品は出展されていなかった。日本の製品が最初に出展されるのは、その10年後の1862年、サトウが日本に向け旅立つ年に、ロンドンで開催された万国博覧会で、オールコック卿が日本で個人的に蒐集したものを陳列したのが最初であった。

出品された中には、浮世絵を中心とした日本美術があり、これが「ジャポニズム」と呼ばれ、「アール・ヌーヴォー」を生む要因ともなっていった。

これは植物の蔓（つる）や浮世絵に見られる、流れるような曲線を主体とした芸術様式で、絵画や彫刻など芸術のみならず、建築や工芸、家具などのあらゆる分野に採り入れられている。

日本製品が本格的に出展されるのは、その5年後の1867年、パリ万国博覧会からである。徳川幕府は、使節団として将軍徳川慶喜の弟昭武（よしのぶ）（あきたけ）を大使とする一行を派遣している。この一行の中には、明治期に多くの企業を設立して、「日本資本主義の父」と呼ばれた実業家の渋沢栄一の姿もあった。パリ万国博覧会は彼の企業家としての原体験でもあり、日本から出展された異国情緒のある品々は珍しがられ、いわゆるジャポニズムの契機ともなっていった。

岩倉使節団一行は、約4カ月間イギリスに滞在し、最先端技術・産業や文化を目の当たりにする中で、イギリス国内的には、格差問題による社会的不満が満ち溢れていることをも知った。

さらに使節団は、ドイツを訪れた際に、新興国家ドイツの「立憲君主制度」に着目し、同じ新興国家である日本の学ぶべき国家システムは、ここにあると認識している。特に、ドイツの政治

1883（明治16）年の渋沢栄一
（『実業家たちのおもてなし図録』より）

体制とドイツを統一したビスマルクの思想は、後に初代総理大臣となる伊藤博文に大きな影響を与えていた。

④お雇い外国人の貢献

明治の先人たちは、岩倉使節団の派遣以降もねばり強く、不平等条約の改正に取り組んでいる。不平等条約改正のためには、近代的国家建設が喫緊の課題となっていた。

明治新政府は欧米列強に対処できる、近代的国家建設のため多くの留学生を欧米に派遣するとともに、政治、法律、教育、文化、技術、医学などあらゆる分野にわたり専門家を西洋から招聘し、西洋文化の吸収に努めている。

西洋から招聘された各分野の専門家たち、いわゆる「お雇い外国人」は不平等条約の改正や明治日本の近代国家建設に寄与したばかりでなく、日本の美を発見し、広く世界に紹介している。

明治初期の工業関係の「お雇い外国人」にはイギリス人、特にスコットランド出身者やスコットランドの大学で教育を受けた人たちが多くを占めていたのは、パークスやサトウの日本近代化に対する貢献が大きかったからなのだろう。

鉄道網整備への貢献

パークスは、日本の産業振興を図るためには大動脈となる鉄道の建設が不可欠と考えていた。そのため、イギリスの多くの鉄道技術者を日本に推薦している。その代表が初代の鉄道兼電信建築師長として来日したエドモンド・モレルであった。彼はロンドン大学に学びドイツとフランスに留学。卒業後は、オーストラリアの鉄道顧問技師やセイロン島の鉄道工事に従事し、1870年、パークスの推薦で来日している。

モレルは鉄道工事に関するいくつか

の提案を日本政府に出しているが、その一つは、建設費を節約するため、国内で調達できる資材は極力それを使い、輸入は最小限のものとすることであった。その結果、鉄枕木や鉄柵の使用をやめ、木材を使用している。1870年から新橋・横浜間の鉄道工事に着手し、寝食を忘れて、鉄道工事に没頭したが、過労のために持病であった肺結核が悪化し、1871年9月23日に帰らぬ人となった。その志は、モレルとともに来日した建築副役ジョン・ダイアックなどに引き継がれ、1872年に新橋・横浜間の鉄道は完成している。

新橋の「ゼロマイルゼロチェーンの第1標杭」は、ジョン・ダイアックの手で打ち込まれ、彼は、宇都宮〜日光間の鉄道工事にも貢献していた。

日本外交への貢献

明治の日本外交に貢献したお雇い外国人の筆頭は、アメリカ人のヘンリー・デニソン（1846〜1914）である。

彼の功績は、1880（明治13）年に来日し、井上馨外務卿をはじめ、大隈重信、青木周蔵、榎本武揚、陸奥宗光、小林寿太郎の各外相のもとで顧問として仕え、条約改正案の草案に従事するとともに、貴重な意見を進言して、我が国の条約改正事業の達成を助けたことである。また彼は、日清戦争でも三国干渉や日露交渉で活躍していた。

その後の日本外交に貢献した外国人としては、イギリスの法律学者であったトーマス・ベイティ（1860〜1954）がいる。彼は第1次世界大戦中の1916（大正5）年、日本外務省の依頼により来日し、外務省顧問として40年近くにわたり日本外交の背後にあって活躍した人物である。彼もまた、中禅寺湖の風景に魅せられたのだろう、南岸に自らの別荘を構え、中禅寺湖畔の自然を愛した1人でもあった。

桜木町駅構内にある
エドモンド・モレル碑

日本文化への貢献

　日本の美を世界に紹介した「お雇い外国人」の代表的な人物としては、東京大学の初代動物学教授を務め、大森貝塚の発見者、モース[28]である。彼は、日本で収集した陶磁器や民具などをボストン美術館に寄贈し日本文化をアメリカに紹介する役割を果たしている。そのコレクションは今日でも世界有数といわれ、貴重な文化遺産となっている。

　彼がのこした明治初期の日本の記録である『日本その日その日』の中には、1877（明治10）年7月に日光を訪れ、東照宮を参拝したのち、中禅寺湖、男体山、湯ノ湖などを回って、貝や昆虫などの採集や、湖や温泉の温度を測定したことが記されている。モースは、日本の近代的考古学と人類学の幕を開いた学者としての目で日光の自然を見ていた。彼の友人であったフェノロサ[29]も西洋のものが何でもよいとする当時の風潮に警鐘を鳴らし、日本画の素晴らしさを訴えた一人でもあった。また、モースやフェノロサをはじめ多くの「お雇い外国人」が日光を訪れ日本の伝統文化や工芸・自然の中に日本の美を発見している。特にフェノロサは、自然と宗教が融合した日光の自然環境に魅了され、避暑地として日光山内に別荘を借受し、長期間滞在をするなど、国際的避暑地日光の形成に貢献している[30]。日光の自然美や人工美などは、「お雇い外国人」により広く世界に紹介されていった。このような日光に憧れていた1人に、女性旅行家として世界を旅したイザベラ・ルーシー・バードがいた。

中禅寺湖畔のトーマス・ベイティ別荘跡地

4 パークス夫人とイザベラ・バード

イザベラ・ルーシー・バード（1831～1904）は、英国ヨークシャーのバラブリッジに牧師の長女として生まれ、幼い時から病弱で医者に転地療養を勧められている。

病弱であった彼女は、1854年に北米まで出かけたことがきっかけとなり、世界中を旅した女性紀行作家である。

①バードの旅の目的とパークス夫人の夢

インバウンド（訪日外国旅行）の先駆者といえるイザベラ・バードが初めて来日したのは、1878（明治11）年の5月であった。それから7カ月間日本に滞在し、日光や東北地方、北海道などを旅行し、その旅行記『Unbeaten Tracks in Japan』を1880年にロンドンのジョン・マレー社から出版している。この中で東照宮や逗留していた「金谷カテッジイン」を詳述して、世界に紹介している。イザベラ・バードもサトウ同様に明治初期の日光を世界に紹介したひとりである。

バードの旅の最終目的地は北海道のアイヌ集落の中心地であった平取（ひらとり）であった。ここで数日間アイヌと生活をともにして、その様子を詳細に紹介している。当時の北海道は、明治6年に函館から札幌間の道路が開削され、屯田兵によって原野に札幌が開かれたが、その大部分は未開の地で、大自然に歴史を刻んでいたのは、アイヌ民族だけであった。

英国では、1859年にダーウィンの『種の起源』の発表により進化論への関心が高まり、人類学、民俗学の飛躍的な

バードの旅のルート

発展につながっているが、バードもまた、日本に住む先住民族アイヌへの関心を持ち、日本に向かわせていた。

その旅行記『Unbeaten Tracks in Japan』(日本の未到の道筋)の冒頭には、「その優しさと友情が日本の至福の思い出の中心をなす、今は亡きパークス夫人を偲び感謝と敬意の念を込めて本書を捧ぐ」と、記されている。

バードの日本での旅を支援しているのが、パークス夫妻であった。

バードの「外国人旅行免状」は、パークスの手配により当時、外国人は旅行免状に記されているルート以外を旅行できなかったが、特別に東京以北全域のルートを限定せずに旅ができるようになっていた。これは、パークスの要請を受けた日本の外務省が特例として発効したものだろう。

サトウがパークスを、「私的な関係では、助力を求めるすべての人々に情け深く、彼の好意を勝ち得た人々に対しては、どこまでも誠実な友として尽くしてくれた」と、書きのこしているようにバードも彼の好意を勝ち得た1人であった。特にパークス夫人はバードとは同年齢で、親身になってバードの旅のアドバイスや旅に必要な折り畳み式旅行用ベッド、簡易浴槽などの品々を整えているが、バードの日本奥地への旅は、西洋化する日本でなく、日本本来の姿、「昔ながらの日本」を見たいと思っていたパークス夫人の夢だったのかもしれない。

パークス夫妻は日光を1870年と1874年の2度訪れているので、その旅の経験を話していたのだろう。そのため、先述したようにバードの旅行記にはパークス一行が輪王寺本坊に泊まったことや東照宮を見学していることが触れられている。また、『中央部・北部日本旅行案内』をサトウと共編したホー

ズの家で「午後のお茶会」が催され、夫人は自ら馬車を操りバードとともに、お茶会にも出席しているが、バードが日本を訪れていた頃には、すでに日本のイギリス人社会では、「アフタヌーンティー」が習慣として根付いていた。

英国史上最も優雅で贅沢な社交文化となっている「アフタヌーンティー」の習慣がイギリスで広まったのは、1840（天保11）年頃といわれているので、パークス夫人やイザベラ・バードが生まれ育った頃に「アフタヌーンティー」は、イギリス貴婦人の間で広まっていった。

バードも日本の奥地に旅立つ前に、優雅で贅沢なひと時を過ごしていた。

②サトウとヘボン博士の支援

アーネスト・サトウもパークス夫妻とともに、バードの旅のアドバイスをした1人であった。バードはサトウを、「氏の学識、とりわけ歴史分野における名声は、日本人自身が日本における最高権威だと言っているほどである」と、書きのこしているが、サトウは幕末の尊皇攘夷運動に大きな影響を与えた頼山陽が漢文で著作した日本の歴史書となる『日本外史』や『元治夢物語』などを英訳して、日本研究の第一人者として高い評価を得ていた。

バードも、サトウの日本での15年間の勤勉努力の成果を心から賞賛している。もちろん1875（明治8）年にサトウが出版した『A Guide Book to Nikko（日光案内）』もバードは旅の参考としている。そしてサトウから、東北・北海道の状況について知り得るかぎりの情報を得ていた。

さらに、東北から北海道のアイヌ集落までの旅をした後に、東京に戻ってからサトウに各地方の歴史・文化などを聞いて肉付けをしているので、

ウィンダミアのリンデス・ハウでのアフタヌーンティー

『Unbeaten Tracks in Japan』は、文化論としても一流の紀行文となっている。

バードの旅を支援したもう1人の人物がいる。それは、日光との関わりも深い、宣教師で言語学者であるヘボン博士であった。バードは東京の英国公使館から帰った後、1週間にわたり横浜山手にあったヘボン博士の家に世話になっていた。最初、ヘボン博士は彼女の無謀な一人旅を思い止まるよう強く説得しているが、しかしバードの熱意に負け、最後はガイドの斡旋など旅の協力をしている。

斡旋されたガイドは、ヘボン博士の使用人の知人である伊藤青年[33]であった。バードの伊藤青年に対する第一印象は良くなかったが、早く旅に出かけたかったので、彼を雇っている。

ところが予想に反して、約3カ月間の旅行の間、バードの良き従者となり、彼の従者兼通訳、料理人兼雑役夫として献身的な奉仕がなかったらバードの旅は成功していなかっただろう。旅の最後に、バードは伊藤青年の献身的な奉仕に対して称賛と感謝をしている。

バード一行は、パークス夫人の夢とともに、多くの人々の支援を受けながら、最初の目的地、日光へ向けて旅立っていった。

この旅で最も頼りにしていたのがリチャード・ヘンリー・ブラントン[34]により1876(明治9)年に作成された『日本大地図』である。

ブラントンは明治政府のお雇い外国人の第1号として1868年、来日して日本各地の「灯台建設」をはじめ「日本大通」や「横浜公園」の設計を行うなど「横浜のまちづくり」などに大きな足跡を遺している。また岩倉使節団がイギリスを訪れた際には、一時帰国をして伊藤博文などの案内役も務め、その後

の日本の近代化施策に大きな影響を与えている(『お雇い外国人の見た近代日本』)。

③パークス公使と公使夫人

バードの旅を支援しているパークス夫人は多くの人々から慕われていたようである。1878年11月5日にパークス夫人はイギリスに帰国しているが、この帰国の目的は6人の子どもたちのために、英国に家庭を作ることであった。特に長男は病弱であったため、子どもの将来を考えての帰国であった。

夫人が帰国して間もない1878年11月24日付のパークス公使から夫人あての手紙が遺されている。[35]

「グラバー氏が訪ねてきて、あなたの日本人知己は、男も女もすべてあなたを称賛していると語ったので、とても嬉しかった。その中の幾人かは、あなたが親身になって彼らの手をひき、あなたの仲間や、外国人の社交界へ紹介してくれたと、自発的に彼に告げたそうだ。……あなたのやさしい心がそうさせるのであり、彼らに手をかして人前に出してやり、外国人との交際を楽しいものにさせたいと思うからです。彼の話では、川村夫人と三条夫人がそういうことを言ったそうで、他の多くの日本人の気持ちを代表して言っているのだという。私は今までこんな嬉しい話を聞いたことがない」(高梨健吉訳)

辣腕外交官と言われたパークス公使の意外な一面を知ることができ、パークスとトーマス・グラバーとの関係や、幕末期には長崎を中心に武器商人として活躍していたグラバーも、この時期には活動拠点を長崎から東京に移していることが窺える手紙でもある。

1878年12月18日付のパークス公使から夫人あての手紙には、次のようなことが書かれている。

ブラントン「日本大地図」(横浜開港資料館所蔵)

「まず第一に記さなければならぬことですが、先ほどバード女史にさよならを言ったところです。彼女は公使館に10日間滞在した。……彼女の持つ莫大な情報の中から、いろいろ話を聞くのは、いつも楽しい。彼女は大そう御世話になったと言って、深く感謝していた。あなたにお礼の手紙が来ているので同封する。私にも二通来た。彼女がこの前に公使館に来たのが半年前であったが、あのときより私がずっと元気そうになったと書いている。あなたも喜んでくれると思う」(高梨健吉訳)

バードは7カ月に及ぶ日本国内の旅を終え、マレー半島方面へと向かっていった。その時の様子や近況をパークスは手紙で夫人に書き送っている。

しかし残念なことにパークス夫人は、帰国途中にひいた風邪が原因で体調を崩していた。そのことについては、当時パークス公使が取り組んでいる条約改正という大仕事に支障をきたすのではないかとの思いから何も知らせていなかった。

パークス公使が初めて夫人の健康状態を知ったのは、1879(明治12)年10月初めのエジンバラのビショップ博士からの電報だった。10月11日に急ぎ帰国をしたが間に合わず、夫人は1879年11月12日にケンジントンのホランド・ロードで48歳の若さで永眠となった。

イギリスに帰国したバードはパークス夫人の葬儀に参列していた[36]。そこには、ウィリアム・ウィリスやビショップ博士の姿もあった。

④『日本奥地紀行』後のイザベラ・バード

イザベラ・バードは、帰国後、49歳でビショップ博士と結婚、1880年10月に『日本の未到の道筋』を上下2巻本としてジョン・マレー社から刊行し、1884(明治17)年には、その「普及版」(邦訳

『日本奥地紀行』）を出版している。

ハリー・パークス卿がパークス夫人への感謝と敬意を表した『Unbeaten Tracks in Japan』の一冊を手にした時は、感慨深いものがあっただろう。

バードの書いた日本旅行記は新聞各紙の書評で絶賛され、わずか1カ月で3度の増刷を重ねるベストセラーとなった。その後もインド、チベット、ペルシャなどの旅を続け、1892（明治23）年には、日本を含むそれまでの世界各地の旅行が認められて、長らく女性の入会を拒否していたイギリス王立地理学協会の特別会員に選ばれている。

バードはこの旅で日本に惹かれるものがあったのだろう。その後、1894（明治27）年から1896（明治29）年にかけて5回にわたり日本を訪れ、都合11カ月滞在していた。特に、1896（明治29）年の夏は長期にわたり日光に滞在し、金谷ホテルや奥日光での避暑生活を愉しんでいる。

5　パークス公使とトーマス・グラバー

幕末の日本には、多くの冒険商人と呼ばれる人々が欧米諸国から来日している。特に長崎は、巨大な貿易市場へと変貌しつつあり、若き日のトーマス・グラバーも冒険商人として幕末、長崎に居住していた。

①貿易商トーマス・グラバー

トーマス・グラバーは、イギリスのスコットランド東北岸、アバディーンの北67キロにあるフレイザーバラというニシン漁で栄えた小さな港町で1839年6月6日に生まれ、沿岸警備員の父の異動に伴い11歳の時にアバディーンに移り住んでいる。

グラバーは、19歳でイギリスの国策会社でもあったジャーディン・マセソ

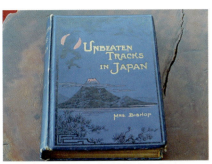

1900年にロンドンで刊行された『Unbeaten Tracks in Japan』普及新版（金谷ホテル所蔵）

ン商会に雇われ、上海に渡りここで商人としての基礎を身につけ、1859（安政6）年9月19日に長崎に貿易商人として来航している。

長崎では、ジャーディン・マセソン商会の長崎代理人でもあった同じスコットランド人のケネス・マッケンジーの商会に勤務し、2年後の1861（文久元）年5月にマッケンジーから代理店業務に関する事務を引き継ぎ、22歳の若さで貿易商として独立している。

グラバーは、長崎の貿易商の中で最も信頼の厚かったマッケンジーの後継者でもあり、しかもジャーディン・マセソン商会という大商会を後ろ盾として貿易商人として長崎を中心に活躍していった。

当初は日本茶の輸出を中心としていたが、1863（文久3）年イギリスと薩摩藩が対立した薩英戦争により大きな転換期を迎えていた。

西洋の武力の強大さを知った薩摩藩は武器などの西洋化を目指していった。一方、政治好きのグラバーも時代の流れを見抜き、薩摩藩や長州藩と交流を深めながら、幕府や西南雄藩に船舶やアームストロング砲をはじめとする武器の輸入販売へと商売を変えていった。

グラバー商会は、1864（元治元）年から5年間で24隻の船舶を売却、武器も大量に輸入・売却を行い、神戸が開港されると、グラバー商会は1867年、同地の海岸通りに商館を建て、事業の中心を長崎から神戸に移しているが、明治維新を迎えると諸藩への掛け売りが回収できずに、1870年にグラバー商会は閉鎖している。しかしグラバー商会閉鎖後も高島炭坑の仕事に関わりを持ち続け、高島炭坑が三菱の岩崎弥太郎に売却されると、その政治手腕を買われ三菱財閥の顧問となっている。

1888（明治21）年には、三菱財閥の

終身顧問となり、さらに同時期に現在のキリンビールの前身となる、ジャパン・ブルワリー・カンパニーの設立にも尽力している。

1884年、ノルウェー系アメリカ人のコープランドの経営するビール工場、スプリングバレー・ブルワリーが倒産すると、日本のビール需要を見込んだグラバーは出資者を募ってこれを買収し、ジャパン・ブルワリー・カンパニーを設立しているが、グラバーの日光との関わりもこの頃からである。

②パークスとグラバーとの交流

パークスとグラバーの最初の出会いは、パークスが英国軍艦レパード号に乗って、2代目の駐日公使として1865年6月に長崎に到着すると、日本国内の情勢を把握するためにグラバーをはじめとする長崎の貿易商人と面談し情報を収集している。

この時にグラバーは、「今日の実権というものは日本の南部の大名にあって、その意向いかんによっては日本の運命を決してしまう」とパークスに日本国内の情勢を説明している。その延長線になるのだろう、翌年の1866年7月にパークス夫妻は鹿児島を訪問しているが、その調整を行ったのがトーマス・グラバーである。

同行者の1人であったウィリスはパークス夫妻の鹿児島訪問の経緯について次のように触れている。

「われわれの鹿児島訪問のいきさつは、こうでした。長崎にグラバーという商人がいて、この地方の単純で物わかりのよい人間に、武器やその他多くの役にたつ危険な品物を売りさばいています。ところで、薩摩侯はこのグラバー商会に大借金を負っていたのですが、このことは利用価値のある縁であり、また長官も絶えず仕事に取り組も

1887(明治20)年頃の、ジャパン・ブルワリー・カンパニー

建物の設計者は、ジョン・ダイアック

うとしているので、グラバー氏が両者の会談の仲立ちをしたのです。私が見たかぎりでは、公使や提督とともに、グラバー氏は薩摩侯のきわめて大切な賓客でした」[38]

パークス公使は来日以来、徳川幕府に加担していた駐日フランス公使ロッシュと対立していた。そして1年前のグラバーの日本国内の情勢判断の話もあり、政権担当能力を喪失しつつあった幕府に見切りをつけ、薩摩藩との接触を持ったのだろう。

ウィリスの報告書は、幕末動乱期にトーマス・グラバーとパークス公使さらに、薩摩藩が近い関係にあったことが窺えるものである。また、グラバーは長州藩とも武器や軍艦などの取引きを行っているが、その窓口となっているのが明治政府の要人となる伊藤博文や井上馨であった。

晩年になるとグラバーは、史談速記において、「自分の一番役に立ったと言うことは、ハリー・パークスとそれから薩長の間に在った壁を毀したのが自分の一番の手柄であった」と語り、その結果として徳川幕府を崩壊に導いたことを認め、「徳川政府の叛逆人の中では、自分が最も大きな叛逆人だと思って居ました」[39]と、結んでいる。

幕末の自らの働きが明治という時代を築いていったという誇りを持っていたのだろう。そのため生涯日本を離れず、故郷であるスコットランドの風景に似た中禅寺湖畔に別荘を構え安らぎの場としている。

③グラバーと日光

グラバーが初めて日光を訪れたのは、三菱財閥の終身顧問となった翌年の1889（明治22）年頃といわれている。（「明治22年『日光の夏』ノート」）

日光を訪れるきっかけとなったのは、

明治期の絵葉書にある東岸からの夕景
（日光市立図書館所蔵）

現在の東岸からの夕景

東岸から見た中禅寺湖の夕景。右手に見える大崎にグラバーの別荘が造られていた。
時代は変わっても中禅寺湖の風景は、ヨーロッパ的である。この風景地では、多くの人々の心が癒されてきた。

ジャパン・ブルワリー・カンパニーの出資者の1人でもあったスコットランド出身のウィリアム・M・H・カークウッドが、1887(明治20)年頃に、外国人としては初めてとなる別荘を中禅寺湖畔に構えており、グラバーもカークウッドとの交友から中禅寺湖を知り、訪れるようになっていった。

中禅寺湖畔一帯は、その土地の持つ風景によりイギリスの人々から「日本のハイランド」と呼ばれ、スコットランド出身のグラバーも故郷に似た中禅寺湖の風景に魅了された1人であった。

1893(明治26)年頃といわれているが、自らの別荘を中禅寺湖北岸の大崎に建て、イギリス紳士の嗜みといわれる鱒釣りを愉しむようになっていった。

しかし翌年の1894年には、ジャパン・ブルワリー・カンパニーの社長を辞任し、長崎に戻っている。この時期、長崎で三菱の顧問として日清戦争の軍需物品の輸送にあたり、日本の勝利に大いに貢献していた。

グラバーが東京に戻ったのは、1897(明治30)年といわれているので、日光の別荘を本格的に使用したのは、これ以降のことだろう。

老境を迎えていたグラバーにとっては、少年時代を過ごした故郷のドン川の風景に似た湯川や中禅寺湖の風に吹かれて、鱒釣りをするのが何よりの楽しみだったに違いない。

グラバーが釣り場として好んでいた湯川は、日本で最初にカワマス(ブルック・トラウト)が放流された川でもある。

この湯川に放流されたカワマスは、長い間、英国公使館参事官であったパーレットが放流したと伝えられ、パーレットマスとも呼ばれていたが、日光近代史研究家で『日光鱒釣紳士物語』などの著書がある福田和美氏の研究に

グラバーの別荘があった大崎から望む中禅寺湖の風景
右手側の山が社山、左手の山が半月山、その鞍部となっているのが、足尾と中禅寺湖を結んでいた道路が通っていた阿世潟峠となっている。大崎から望む中禅寺湖の風景は絶景である。

より、湯川に放流されたカワマスの埋もれていた歴史が紐解かれていった。

　誰しもが歳を重ねるにつれ、少年時代を過ごした故郷への愛着が深まるといわれている。まして異国の地にいればなおさらなのだろう。スコットランドに似た湯川や中禅寺湖の風景は、老境のグラバーの心を癒していた。

　湯川に放流されたカワマスは、グラバーが心を癒してくれた風景地への感謝の気持ちから、その資金を提供し、英国外交官であったハロルド・パーレット[40]が輸入手続きなどを行い、1902（明治35）年と1904（明治37）年の２度にわたり、北米産のカワマスを湯川に放流していたことが、福田和美氏の調査・研究で判明した。

　グラバーのカワマスの放流は、中禅寺湖をフライフィッシングの聖地として、さらに日本のリゾート発祥の地へと、発展させる一つの契機ともなっている。

〈補注〉
1) 廈門（アモイ）
　　中国の福建省南東部、アヘン戦争後の南京条約で廈門が列強に開港され、共同租界が造られ、今も往時の面影が色濃く残るエキゾチックなエリアとなっている。
2) オールコック卿（ラザフォード・オルコック）（1809～1897）
　　幕末の日本に駐在した初めてのイギリス代表。1859年に総領事として着任ののち公使に昇任、途中、２年間の賜暇で帰国をはさんで1864年まで、江戸および横浜に駐在した。著書に1863年に刊行された『大君の都』がある。
3) 『W・G・アストン―日本と朝鮮を結ぶ学者外交官―』楠家重敏著　雄松堂出版
4) エルギン卿（1811～1863）
　　イギリスの外交官。1842年、ジャマイカ総督、1847年カナダ総督などを歴任した。1858年、日英修好通商条約を締結した英国使節団の代表で日英友好の礎を築いた人物でもある。
5) アロー戦争

フライフィッシングのロッドを持つグラバー
（長崎歴史文化博物館所蔵）
グラバーが70歳頃の1907（明治40）年に写された。

1856 (安政3) 年から1860 (万延元) 年にかけて清国とイギリス・フランス連合軍との間で起こった戦争。

中国人所有の船アロー号に掲げられていたイギリス国旗を中国の官憲が引き下ろした問題をきっかけに、清との貿易拡大を望むイギリスがフランスと連合して清と開戦。敗れた清は、北京条約を締結し、清国の半植民地化が決定的なものとなった。

アヘン戦争に続く第2次アヘン戦争とも呼ばれている。

6) アルジャーノン・ミットフォード (1837〜1916)

1858年に外務省に入省し、北京の公使館に勤務した後、1866 (慶応3) 年日本に着任している。幕末の激動期にアーネスト・サトウやウイリアム・ウィリスとともに外交官として活躍した。

ミットフォードは通訳官でなかったが、サトウとともに日本語の勉強に没頭し、著しい進歩を見せている。1869 (明治元) 年9月、エジンバラ公が来日し、明治天皇に謁見した際には、通訳を務めている。

1870年1月1日にミットフォードは日本を離れた。

1911 (明治39) 年、コンノート殿下の来日の際に使節団の首席随員として再来日をしている。

7)『英国外交官の見た幕末維新』A・B・ミットフォード著　長岡祥三訳　講談社
8)『一外国官の見た明治維新』アーネスト・サトウ著　坂田精一訳　岩波文庫
9) バジル・ホール・チェンバレン (1850〜1935)

サトウ、アストンとともに、日本研究家の1人で俳句を英訳した最初の人物である。

1873 (明治6) 年、お雇い外国人として来日したチェンバレンは、1874年から1882 (明治15) 年まで海軍兵学校で英語を教え、1886 (明治19) 年からは東京帝国大学の外国人教師となった。

ラフカディオ・ハーン (小泉八雲) とも親交があったが、1911 (明治44) 年に離日している。

長い日本滞在中、日本語や琉球語、アイヌ語などの研究に取り組み、日本の言語学の発展に大きな影響を与えている。

在日38年の間、避暑は箱根で過ごしており、富士屋ホテルを定宿としていた。また、サトウの日本人家族である武田家とも交流があり、武田家が飯田町から富士見町へ移転した後、1886年から2年間、

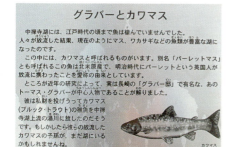

湖畔に設置されたカワマス放流の解説板

飯田町の武田家（サトウ）の家を借りていた。

10）アダムズ（1826〜1889）

　フランシス・オティウェル・アダムズは、1868年から1872年までイギリス公使館の書記官を務め、パークスが賜暇で帰国中の1871年夏から1873年の2カ年間、代理公使を務めたサトウの上司である。この2年の間にサトウとともに、3回の旅をしており、1871年の箱根行、1872年冬の富士山麓の旅、そして1872年3月には日光を訪問している。

　日本に赴任した1868年には、サトウとともにイギリス軍艦ラットラー号で宗谷岬まで行き、軍艦は座礁してしまったが、この周辺のロシアの状況について報告書を書いている。また、著書にはサトウの協力を得て"THE HISTORY OF JAPAN"『日本の歴史』などがあり、サトウとは気心が知れた仲であった。

11）トーマス・ウォートルス（1842〜1892）

　明治初期に活躍したお雇い外国人で建築技師。1864年頃香港から長崎に渡りグラバーのもとで働いていたが、井上馨や大隈重信から信任を得て上京し、銀座煉瓦街の建設で知られている。また、1870年に日本最初の鋼製吊り橋といわれる皇居に架設された山里の吊り橋（橋長71メートル）は、トーマス・ウォートルスの設計監督といわれている。

12）アストン（1841〜1911）

　ウイリアム・ジョージ・アストンは外交官であり明治期のイギリス人三大日本学者の1人である。イギリス人三大日本学者とは、サトウ、チェンバレン、アストンである。

　アストンは、1864年イギリス公使館勤務日本語通訳生として採用され、サトウとともにハリー・パークスの外交交渉を支えている。アストンはサトウとは違い神戸および長崎の領事を務め、1886年には通訳としての最高位である日本語書記官に就任している。1896（明治29）年には『日本書紀』の完全英訳を成し遂げ、生涯を通じサトウと交流を持っている。

13）、14）『ある英国人医師の幕末維新』ヒュー・コータッツィ著　中須賀哲朗訳　中央公論社

15）『日本アルプスの登山と探検』ウェストン著　青木枝朗訳　岩波文庫

16）別手組

　日本に駐在する外国公使や外交官を護衛する隊員。1863年に設置された外国御用出役を改称したものである。

トーマス・ウォートルス

17)『W・G・アストン―日本と朝鮮を結ぶ学者外交官―』楠家重敏著　雄松堂出版
18)『ホテルと共に七拾五年』金谷真一著　金谷ホテル株式会社
19) 東伏見宮嘉彰(1846〜1903)
　　日本の皇族、陸軍軍人。
　　仁和寺第30世の門跡に就任し、1867年仁和寺宮嘉彰親王と名乗り、明治維新では、議定、軍事裁に任じられ、戊辰戦争では、奥羽征伐総督として官軍の指揮を執った。
　　1870年宮号を東伏見宮に改め、1877年の西南戦争にも旅団長として出征し乱の鎮圧にあたっている。1882年に、宮号を小松宮に改称し小松宮彰仁親王と名乗った。日本赤十字社などの各種団体の総裁を務めている。日光に別荘を構えた三宮義胤男爵は、戊辰戦争以来、小松宮親王と行動をともにしている。
20) 南貞助(1847〜1915)
　　長州藩士高杉晋作の従弟で幕末にイギリスに留学経験があり、1871年には、東伏見宮の英国留学に随従して2度目の渡英をしている。
　　1回目の留学では軍事について学んでいるが、2度目の渡英においてはハリー・パークスなどの尽力で英国法曹学院の一つである「リンカーンズ・イン」に入学し、この法学院の入学とともに商業の見習いの必要性を感じ、ロンドンで銀行業を営むアメリカン・ジョイント・ナショナル・エージェンシィに通うようになり、その銀行の取締役に就任している。銀行での仕事などで身辺が忙しくなると、東伏見宮の随従を免じられている。

　　岩倉使節団が来英すると自分の銀行に預金するよう勧誘して大きな成果を上げているが、岩倉使節団が英国滞在中の1872年12月13日にアメリカン・ジョイント・ナショナル・エージェンシィは倒産となっている。これは一種の銀行詐欺事件であったのだろう。岩倉使節団も資本主義社会の洗礼とともに大きな被害を受けたが、南貞助もその被害者の1人だったのかもしれない。

　　南貞助は、1872年9月20日、ライザ・ピットマンと結婚しており、日本人の国際結婚第1号といわれている。翌年の1873年に帰国し妻ライザを教師とする「南英学舎」を開校していたが、ライザは日本に馴染めなかったようで1883(明治16)年には、イギリスに帰国している。

　　その後、南貞助は海外からの旅行者を

誘致するために設立された「喜賓会」の名誉書記などを務めた国際人の先駆者でもあった。

21) 三宮義胤（1843～1905）

1843（天保14）年に滋賀県真野村の正源寺住職の長男として生まれ、1852（嘉永5）年得度をしているが、恩師となる玉松操との出会いが彼の人生を変えていった。維新に際し寺職を弟に譲り、尊王攘夷の志を抱き激動する京都で三上兵部と名乗り、国事に奔走している。

幕末期に名乗っていた三上という名前は、ふるさとの琵琶湖真野浜から湖越しに見える三上山からとったのだろう。

湖越しに見る三上山は中禅寺湖の南岸から見る男体山のようにも見え、三宮義胤は後年、自らの別荘を日光の憾満が淵の近くに構えているが、ふるさと真野浜の風景と別荘からほど近い中禅寺湖の風景を重ね合わせていたに違いない。

三宮義胤は、維新の際に岩倉具視（1825～83）の王政復古運動に協力し、岩倉に彼の恩師である玉松操を引き合わせている。この玉松操は、岩倉の軍師として活躍をし、倒幕と新政府構想の骨子を立案した陰の人物で、錦旗の考案者でもある。この錦の御旗により鳥羽・伏見の戦いを勝利へと導いている。

三宮義胤は、戊辰戦争では仁和寺宮嘉彰親王（1846～1903）の小軍監として北越、奥羽で転戦しているが、会津での戦いでは、会津藩が賊軍とされたために、死者の埋葬も長い間、許されなかった。しかし北越軍艦であった三宮義胤は、僧侶出身でもあったため、白虎隊士埋葬の際、若き隊士の心情を察し、埋葬を黙認した人物として今でも地元会津ではその志と行為に感謝されている。

維新後は、縁の深かった仁和寺宮嘉彰親王と行動を共にし、1869（明治2）年、兵部権小丞に任じられ、翌年12月、東伏見宮嘉彰親王（仁和寺宮から宮号を東伏見宮に改め、さらに明治15年には小松宮と改めている）に随行して渡英し、サトウが学んだユニバーシティ・カレッジで学んでいる。

親王が帰国後も英国に留まり、1874年4月、ウィリアム・レイノアの娘アレシーアと結婚、1877年1月より外務2等書記官としてドイツ公使館に勤務し、1880年9月に夫人同伴で帰国をしている。

1883（明治16）年12月には、外務省から宮内省に転じ、外事課長、式部次長を経て、1895（明治28）年に大津事件などの

三宮義胤
（『英国公使夫人の見た明治日本』より転載）

功績により式部長に栄進し、翌年には、男爵となり、1905（明治38）年、病没するまでの10年間、式部長の要職にあり、皇室外交の窓口を勤めている。

　アーネスト・サトウも、また夫妻と親しく交際をしていた。1896（明治29）年8月25日の日記には、「三宮夫妻を訪ねる。彼らの家は憾満が淵にあって、田舎風の美しい庭のついた快適な住まいである。」（長岡祥三訳）と、三宮夫妻の日光の別荘が紹介されている。この別荘は、1889（明治22）年に日光植物園内の旧中禅寺道と大谷川に挟まれた景勝地の一隅に建てられ、別荘跡地は、今でも三宮の地名で呼ばれている。

22)『アーネスト・サトウの生涯』イアン・C・ラックストン著　長岡祥三、関口英男訳　雄松堂書店
23)『日本学者　フレデリック・V・ディキンズ』　秋山勇造著　お茶の水書房
24)『堂々たる日本人』　泉三郎著　祥伝社黄金文庫
25) アレクサンダー少将
　　イギリス海兵隊員で1874年から庶民院議員を務めたサー・クロウド・アレクサンダーではないかと考えられている。
26)、27)『堂々たる日本人』　泉三郎著　祥伝社
28) モース（1838〜1925）
　　進化論を日本に紹介した動物学者。
　　腕足類（シャミセンガイ）が日本に多いと聞いて、1877年6月から3カ月の予定で来日する。横浜から新橋までの途中、車窓から大森に貝殻が捨ててあるのを見つけ、これが有名な「大森貝塚」の発見となっている。その後、発足したばかりの東京大学生物学科の教授として招聘され、動物学の基礎を教えるとともに、ダーウィンの進化論を体系的に紹介し、モースの教えを受けた若者たちは日本の自然科学の指導者として育っていった。モースは、日本文化と日本人を大変愛し、関東大震災で東京帝国大学の中央図書館が全焼したことを知った彼は、全蔵書を東大に寄贈している。また、日本で集めた美術品をボストン美術館に寄託し、アメリカにジャポニズムの種を蒔き、日本の自然科学や考古学に果たした功績は大きい。1877年10月20日に日本アジア協会でモース教授の講演会が開催されているので、パークスやサトウもこの講演会を聞いていた。後年、サトウも考古学に興味を示している。

29) フェノロサ（1853～1908）

　哲学者、日本美術研究家。アーネスト・F・フェノロサは、モース教授の紹介で1878年来日。東京大学で哲学・政治学を教えるかたわら、日本美術の研究と収集を続け、教え子の岡倉天心を通訳として京都、奈良の仏像調査や東京美術学校の開校に関わり、日本伝統絵画の再評価などに尽力している。

　フェノロサが来日していた当時は、廃仏毀釈の嵐が吹き荒れ、古美術品が溢れ、1,000点を超える美術品を収集しているが、その中には、「平治物語絵巻」が含まれていた。晩年には、仏教に帰依している。

　1890（明治23）年、帰国に際して勲三等旭日章が授与され、帰国後はボストン美術館で日本の伝統絵画の普及啓発に努めている。

30)『画家東遊録』ジョン・ラファージ著　久冨貢、桑原住雄訳　中央公論美術出版

31) ホーズ（1843～1897）

　英国海軍退役士官。『中部・北部日本旅行案内』を1881（明治14）年にサトウとの共編著として横浜のケリー社から刊行している。

　ホーズは、1884年まで日本海軍の顧問を務め、陸戦隊の育成や海軍の業務マニュアルの作成などに従事し、日本海軍の真の父といわれている。日本滞在中はアーネスト・サトウと親交を結び、飛騨の山旅などに同行し、離日後はタヒチ、ホノルルの各領事を務めている。

32) 日本紅茶協会　紅茶の歴史より

33) 伊藤青年（1858～1918）

　明治時代に活躍した日本の英語通訳者。明治12年に設立された外国人用ガイド専用組合「開誘社」の設立発起人の1人で、後に「横浜通訳協志会」会長となり当時の通訳の第一人者として活躍している。

　バードは函館で伊藤と別れにあたり次のように書いている。

　「今日は、大変残念に思いつつ、ついに伊藤と別れました。伊藤は私に忠実に仕えてくれ（中略）私は既に彼を恋しく思っています」バードは、旅の初めには伊藤青年を毛嫌いしていたが、忠実に仕えた伊藤青年に最後は親愛な感情を持ったようである。バードの旅が成功したのも伊藤鶴吉の貢献が大きい。

　伊藤青年の人物像については長年、不明であったが、故武藤信義氏が1971年『栃木史心会会報第3号』に寄せた「イザベラ・バード略年譜」の中で、伊藤鶴吉

の経歴を紹介している。

1884年に来日した米人女性エリザ・R・シドモアの『シドモア日本紀行』に次のような記述がある。「ミス・バードのガイドを勤めたことで有名なイトーがいます。彼は私たち一行の日光や京都の旅に付き添い、尋常な手段では見逃しやすい数多くの面白い観光に努めてくれました」とあり、バードの通訳兼ガイドとして外国人旅行者には有名となり活躍していたことが窺われる一文である。

34) リチャード・ヘンリー・ブラントン（1841〜1901）

1868年2月に日本政府から英国政府に要請され招かれたお雇い外国人の第1号である。和歌山県串本町の樫野崎灯台をはじめ、千葉県の犬吠埼灯台など多くの灯台設置を手掛け、「日本の灯台の父」と讃えられている。彼は優秀な土木技師であり、灯台建設以外にも日本最初の電信を建設したり、鉄道建設についても政府から諮問を受けて意見を述べている。その他に横浜の外人居留地をヨーロッパ式に整備し、日本最初の鉄橋を架設しているなど近代化を進める日本に大きな足跡を遺し、1876年イギリスに帰国している。

ブラントンは、日本政府の要請により日本全図を作成し、イザベラ・バードもこの地図を携帯して北海道まで旅をしているが、「この地図はよき案内書であったが、ときには失望したことがあった」と書いている。このためか、アーネスト・サトウ編著になる『明治日本案内』では、「外国人向けの最良の日本全図はE・クニッピングの編集になるスタンフォード・ライブラリー・マップである。ブラントン編集の日本全図はあらゆる点において劣っている」と手厳しく書かれている。

35)『パークス伝』 F・V・ディキンズ著 高梨健吉訳 平凡社
36)『英国と日本―日英交流人物列伝―』 イアン・ニッシュ著 （株）博文館新社
37)『明治維新とイギリス商人』 杉山伸也著 岩波書店
38)『ある英国人医師の幕末維新』ヒュー・コータッツィ著 中須賀哲朗訳 中央公論社
39)『井上馨』 堀雅昭著 弦書房
40) ハロルド・パーレット（1869〜1945）

伝道師を志したが、1890（明治23）年、日本駐在の通訳生となり、横浜領事館勤務を経て駐日公使館の日本語書記官補として、アーネスト・サトウ公使やクロー

リチャード・ヘンリー・ブラントン

ド・マクドナルド公使のもとで1904年まで働き、のちに長崎、大連、函館の各領事館に勤務。1919（大正8）年から1927（昭和2）年まで東京の英国大使館で日本関係の情報担当として在任。1927年、退任帰国し、一時外務省非常勤職員として勤務したが、1941（昭和16）年、第2次世界大戦が勃発すると再び外務省の第一線に復帰、1945（昭和20）年6月28日に日本の敗戦を目前に死去した。それまでの実績が認められサーの称号を授与されている。

犬吠埼灯台
1872年9月28日に灯台建設工事に着手し、1874年11月15日に完成、点灯を開始している。
この工事には、19万3000枚の煉瓦を必要としたが、当時、煉瓦はイギリスから輸入され、高価なものであった。このため、国産化に向け苦心の末に品質の良い国産煉瓦の製造に成功している。
この煉瓦造りの灯台は、関東大震災にも耐え、1987（昭和62）年12月に原形の煉瓦を損なうことなく、塔灯補強の大改修が行われ、現在は、国の登録有形文化財となっている。

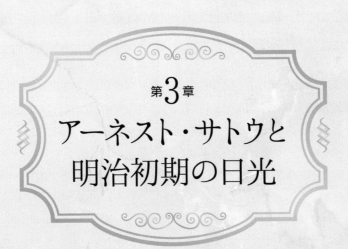

第3章
アーネスト・サトウと
明治初期の日光

アーネスト・サトウは、イギリスから戻った1870 (明治3) 年頃から地理や歴史、植物に興味を抱き日本各地を訪れ、紀行文や歴史、民俗、地理、宗教に関する多くの論文を発表して日本研究の第一人者となっていった。

私生活では1871 (明治4) 年頃に日本人女性、武田兼 (1853～1932) と結婚し[1)]、2男1女をもうけているが、当時の大国、イギリスの外交官は、国益を守るという観点から外国人との結婚は一切認められていなかった。このためサトウは、イギリス外交官としてイギリス流を貫き、日記などでも日本人家族の記述については慎重となっている。これは、日記も公文書的なものとして考えていたためだろう。

一方でサトウは、生涯を通じ日本の家族とは強い絆で結ばれ、それを示す数多くの手紙が遺されている。特に日光は、家族で過ごした想い出の多い場所であった。

サトウは、日本に向け出発する1861 (文久元) 年から死去する2年半前までの65年間、日記を書き続けていた。その膨大な日記は、イギリス公文書館に所蔵され、横浜開港資料館にもその複製が保管されている。

サトウの日記は、日本近代史にも欠かせない貴重な資料であり、この中から明治初期に日光を訪れた旅を『日本旅行日記』(庄田元男訳) などを道標としてたどってみたい。

外交官サトウにとっての日本国内の旅は、自然や人々の生活の中に織り込まれた日本人特有の精神性を発見する、何よりもの手段であった。

サトウは、1872 (明治5) 年から1886 (明治19) 年にかけて日光には6回訪れ、風物など多くを書きのこしている。これは当時の風俗習慣を知る貴重な資料であるとともに、明治維新による日

アーネスト・サトウと洋装の兼夫人
(横浜開港資料館蔵)

光地域の変革の実情を今に伝えているものとなっている。

サトウの日光への旅を彼の日記や、当時、日光を訪れていた外国人の旅行記などを、照らし合わせながら、丁寧にたどってみたいと思う。

回数	年 月 日	行　　程	同　行　者	備　考
1	1872（明治5）年 3月13日〜3月23日 ・勝道上人修行の地をたどる。	東京—越谷（大沢）—古河—宇都宮—今市—馬返—裏見の滝—中禅寺湖—輪王寺・東照宮—憾満が淵—山久保—小来川—古峰神社—石裂—口粟野—出流原—葛生—佐野—館林—行田—桶川—東京	アダムズ代理公使 ワーグマン	日光への初めての旅
2	1874（明治7）年 9月24日〜10月1日 ・自然美の発見	東京—幸手—宇都宮—大沢—日光—東照宮・輪王寺—華厳の滝—中禅寺湖—龍頭の滝—戦場ヶ原—湯滝—湯ノ湖—中禅寺湖—日光—野木—東京	ヘイラー夫妻	錦秋の日光
3	1877（明治10）年 9月12日〜10月3日 ・白根山登山 （9月24日〜25日） ・大真名子登山 （9月27日） ・男体山登山 （9月28日）	東京—熊谷—伊勢崎—前橋—伊香保—榛名神社—浅間山—応桑—草津温泉—四万—中之条—伊香保—渋川—溝呂木—赤城山—日影南郷—白根温泉—白根山—金精峠—湯元—大真名子—戦場ヶ原—湯元—男体山—中禅寺湖—日光—鹿沼—古河—市川—東京	ディキンズ	日光連山の山歩き
4	1880（明治13）年 9月24日〜10月2日 ・庚申山登山 （9月27日）	東京—岩槻—古河—栃木—永野—足尾—庚申山—足尾銅山—神子内—日光—裏見の滝—中禅寺湖—日光—今市—鹿沼—小山—野渡—中川—蛎殻町—東京	ケネディ代理公使、本間三郎	足尾銅山から日光へ
5	1884（明治17）年 11月8日〜11月15日 ・中禅寺湖南岸の風景地発見 ・女峰山登山 （11月12日）	東京—本庄—伊勢崎—大間々—足尾—赤倉—阿世潟峠—中禅寺湖—日光—行者堂—女峰山—日光—宇都宮—古河—幸手—岩槻—川口—東京	ハンネン、本間三郎	日本での休暇
6	1886（明治19）年 7月24日〜8月15日 日光での避暑	東京—宇都宮—日光—中禅寺湖—湯元—阿世潟峠—足尾—日光—富士見峠—野門—小休戸峠—日光—宇都宮—東京	プランケット公使夫妻、レアード	足尾銅山と野門の旅

アーネスト・サトウの日光への旅一覧

1 日光への初めての旅

　1872年1月には、アダムズとともに富士を望む甲州路の旅に出かけ、その約2カ月後の3月13日から3月22日にかけて憧れの地であった聖地日光への最初の旅をしている。

　日光には参詣のために多くの街道がつくられていた。日本橋、千住から日光に至る五街道の一つとなっている日光街道、朝廷から日光例幣使の通った例幣使街道、東北からの日光参詣に使った会津西街道などがあるが、サトウ一行は、日光街道をたどっている。

　この旅の同行者はパークス公使が帰国中、代理公使を務めていたフランシス・アダムズと画家のチャールズ・ワーグマンの2人であった。

　3月13日に東京を出発して途中、越谷（大沢）、古河に宿泊し、3月15日には、宇都宮に到着となった。

①宇都宮宿と戊辰戦争

　宇都宮での宿は、伝馬町の脇本陣であった林庄平が営む稲屋であった。

　宇都宮宿は日光街道の17番目の宿場で街道中では最も賑わっており、その中でも伝馬町は日光街道と奥州街道の追分けにあたり、多くの商家や問屋が店を構えていた。

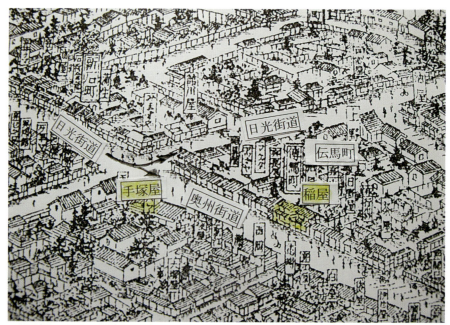

1906（明治39）年発行宇都宮市真景図（栃木県立図書館所蔵／栃木県文書館復刻）

サトウが訪れた当時の宇都宮では、まだ、戊辰戦争で受けた傷が残っていたのだろう。宿で、1868（慶応4）年の戊辰戦争で宇都宮城が落城したという話を聞いているが、宇都宮が戊辰戦争で激戦地となったのには、このような背景があった。

サトウが親しく交流していた勝海舟は、江戸城無血開城を行うために抗戦派の新撰組などの諸隊を江戸から退却させるなど巧みな戦略をとっていた。また、無条件降伏に憤りを持った主力部隊であった大鳥圭介が率いる伝習隊など旧幕府軍は、徳川幕府の聖地であった日光を拠点に会津や仙台などと連携し、強力な反官軍戦線を作り上げる狙いで、「東照大権現」と記した旗をかかげ、日光山を目指して北上していた。

旧幕府軍の矛先は、新政府に恭順した宇都宮藩へと向かい、1868年4月19日に第1次宇都宮城攻防戦が起こっている。

この戦いでは、土方歳三が率いる旧幕府軍の別働隊に攻め込まれた宇都宮城は落城となり、当時の城下戸数は約3,000戸あったが、うち2,400戸が焼失したといわれている。

4月23日の第2次宇都宮城攻防戦で新政府軍により宇都宮城は奪還されたが、2度に及ぶ攻防戦で城下には大きな被害が出ていた。

一方、土方歳三も攻防戦で足に銃弾を受け負傷していたが、大鳥圭介と土方歳三は、この後も、旧幕府軍として会津藩士とともに、日光廟にたてこもっている。

大鳥圭介は、地元僧侶などの説得・調整に応じ、旧幕府兵と会津藩士の連合軍は、日光廟から会津に退いている。この結果、日光はからくも戦火から免れることができた。

復元された宇都宮城清明台
宇都宮城は、江戸時代には将軍の日光社参時の宿泊城となり、数々の歴史を積み重ねてきた名城であった。2007（平成19）年に宇都宮城の一部（土塁・堀・櫓）が復元された。

その後の2人は、最後の箱館戦までともに戦い、土方歳三は、最後まで意地と反骨精神を貫き抵抗を続けていた。

戊辰戦争では、勝海舟やサトウの働きにより江戸での被害が少なかったが、その一方で、激戦地となった、宇都宮や会津などでは大きな被害を受けている。このことを知っていたのかどうか、江戸城無血開城などに貢献していたサトウは、宿でこの話を聞き日記に書きのこしている。

宇都宮城は、戊辰戦争で敵の手に落ちるのを恐れた藩兵により、藩主の御殿である二の丸に火が放され大半が焼失しているが、サトウが宇都宮を訪れた明治5年になると、城趾に東京鎮台の宇都宮部隊が置かれるようになっていった。

1876（明治9）年には、天皇の東北巡幸の際に宇都宮鎮台分営の兵638人を明治天皇が城趾で閲兵し、翌年に勃発した西南戦争では、ここから九州に向け出兵していった記録がのこされている。

②杉並木と鉢石宿

3月16日、一行は宇都宮で人力車を手配、男体山を遠望しながら日光を目指し出発していった。途中、荘厳な静寂の中にある杉並木の中を通り、日光鉢石宿に到着している。

杉並木の危機

サトウをはじめ日光を訪れる多くの人々が、「世界で一番美しい並木」と評価している日光杉並木も、新政府の財政建て直しを図る財源確保のため、大蔵大丞であった井上馨などにより伐採計画が立てられ、閣議の了解のもとで

江戸時代の宇都宮城推定図

日光杉並木街道（日光市野口地区）

実行に移される寸前、これを知ったハリー・パークス公使が杉並木の文化価値のあることを強く進言し、実行を思いとどまらせたという記録が遺されている。[4]

パークス公使も日光を訪れた際に荘厳な杉並木に深い感動を受けていたから、杉並木の保護を強く進言していたのだろう。

並木杉は、徳川家康の側近であった松平正綱（まさつな）が、日光東照宮鎮座後の1625（寛永2）年頃から24年の歳月をかけ、紀州熊野から取り寄せた杉苗を植樹し、東照宮へ寄進したものである。植樹した杉の数は、5万本ともいわれている。現在、日光街道と例幣使街道、会津西街道の計37キロにわたり約1万2,000本が残され、我が国で唯一、特別史跡と特別天然記念物の二重指定を受け保護されている。

明治という時代においては、杉並木をはじめ徳川幕府の聖地であった日光も受難の時代を迎えていた。

鉢石宿

日光街道には21の宿場が設けられ、鉢石宿は最後の21番目の宿場だった。江戸時代は日光山の門前町として栄えていたが、サトウ一行が訪れた頃には幕府の庇護もなくなり、宿全体に陰りが出ていた。

当時の日光は二社一寺のある区域を山内と呼び、神橋を挟んで東西の2区

上空から見た日光街道と例幣使街道の合流地点（栃木県立博物館所蔵）
杉並木は日光街道と、それに続く例幣使街道、会津西街道に植林されている。

に分かれている。鉢石町（上中下）、稲荷町、御幸町、石屋町、松原町、磐戸町を東町（または出町）と呼んでいる。これに対して西町（または入町）は、安川町、袋町、蓮花石町、原町、本町（上中下）、大工町（上中下）、板挽町、向川原、楽人の拝領屋敷がある四軒町、日光奉行所などの官庁がある馬町があった。

1843（天保14）年の「日光道中宿村大概帳」には、鉢石宿の本陣は2軒設けられ、旅籠が19軒、家屋は223軒、人口985人と記され、宿場として繁栄をしていたことが書きのこされている。

サトウたち一行は、鉢石宿では初日に脇本陣であった平野加三郎（勘三郎）の宿に宿泊し、翌日には、佐々木木曽次郎が営む宿に移り、さらに鈴木屋へと宿替えをしている。これは、徳川幕府の聖地であった日光では、維新後の間もない当時、外国人の宿泊は忌み嫌っていたためではないかと思える。

1878（明治11）年6月13日の朝、小雨が降る中をイザベラ・バードは、今市宿を出発し、鉢石宿へと向かっていった。長く続く杉並木を抜けると鉢石宿の長い町筋に入る。

バードは鉢石の街並みや風景について、こう書いている。

「勾配のきつい屋根と深い庇をもつ家々が続き、色合が温かく、所々に段差のある急勾配の道をなす鉢石の長い表通りにはスイス的な美しさがある。……この町通りは息が詰まるほどに清潔なので、（英国で）応接間の絨毯の上を泥靴で歩きたいなどと思わない以上に、ここを泥靴で歩くのがはばかられた」（『完訳 日本奥地紀行1』金坂清則訳）

バードは、道の両側の勾配のきつい屋根と深い庇をもつ家並みや、前方に望む日光連山の山々の風景、すがすが

『日光山志』に描かれた「日光入口東町」（著者所蔵）

しい空気に、どこかスイスの町と同じ感じを受け、さらにゴミ一つない清潔な街並みには、いつしか賞賛の声をあげていた。

バードが訪れた当時の鉢石宿では、道や用水堀の清掃・管理は各自が行うこととされ、特に用水堀については、自宅前に「塵芥留(ちりあくたどめ)」をつけて朝夕2度ゴミを片付けることとなっていた。このため、バードも故郷エジンバラと比較してゴミのない清潔な街並みに驚嘆をしていたのだろう。

当時のイギリスでは、殖産興業と富国強兵の道を驀進(ばくしん)していた時代で、工業化の進展に伴う環境汚染に悩まされていた時代であった。

鉢石宿では、道の中央に用水堀が流れ、その両側が石段となっていた。このため、バードは人力車を降りて歩いている。そして、石段では車夫が人力車を引きずり上げるのである。この厄介な石段が撤去され人力車や馬車がスムーズに通れるようになるのは、1883(明治16)年まで待たなければならなかった。

バードにとって日光は、「清潔で絵のように魅力的な町」であった。

サトウ一行の見ていた鉢石宿もバードが見た鉢石宿と変わりがなかっただろう。

③聖地中禅寺湖と風景地の発見

サトウは早速、雪の残る山道を中禅寺湖に向かっている。中禅寺湖については、パークス公使が日光を訪れた際の同行者の1人であるアストンから話を聞いていたのだろう。途中、周辺の眺望や植物などを観察しながら雪の残る湖畔に立ち、「濃密な森に覆われている急峻な山に囲まれた絵のような湖である」と、日記に書きのこしている。これが中禅寺湖とサトウとの最初の出

バードの見た鉢石宿(長崎大学附属図書館所蔵)
明治初期頃。道の中央に用水堀が通っている。

現在の鉢石宿
家並みの裏手に聳える日光連山の山々がスイスのアルプスの風景を想起させていたのだろう。

会いであり、中禅寺湖の原風景ともなっている。

サトウは、イギリスに賜暇で一時帰国したことなどにより自然の眺め方にも変化があらわれている。

当時、イギリスでは気に入った風景が発見された時に、それを鏡に映して、「クロード・ロランの絵のようだ」と楽しむ「ピクチャレスク・ツアー」が流行していた。これは、当時のイギリスでは、自然の中に絵画的風景を見出すといった、美的概念が広く浸透していたからである。

イングランド北西部の湖水地方もピクチャレスク・ツアーの流行を受けて、崇高な自然を求め多くの人々が訪れている。

1847年には、湖水地方の中心にあるウィンダミア湖のレークサイドまで鉄道が通っていたので、旅行好きのサトウもワーズワースにより1810年に出版された『湖水地方案内』を携えて湖水地方を訪れていたに違いない。

サトウは、湖水地方の風景に似た中禅寺湖を「絵のような湖」と表現し、中禅寺湖の風景を1枚の絵画として捉えているが、この頃から風景の観賞の仕方にも、イギリス流の「ピクチャレスク嗜好」が見られるようになってくる。

イギリスで流行していた「ピクチャレスク・ツアー」には、ロマン主義の画家ターナーや詩人のワーズワースなどにより、自然の中に「風景」という美的価値観があることが見出され、その思想は美術評論家のジョン・ラスキン(1819～1900)によって広められていったという背景があった。

当時のイギリスの知識人は、ラスキンなどの影響により自然に対する近代的価値観を持ち合わせており、サトウも帰国することにより、近代的価値観を学び、中禅寺湖の自然の中に絵画的

旧英国大使館別荘からの眺望
中禅寺湖と社山手前に八丁出島が浮かぶ早春の風景

風景を見出していた。

1875（明治8）年に上梓した、『A Guide Book to Nikko』（日光案内）の中でも、中禅寺湖を「箱根の芦ノ湖よりも画趣に富んでいることは疑いのないところだ」（井戸桂子訳）と、賞賛している。なによりもヨーロッパ的風景地の中禅寺湖は、異国の地にいるサトウたちの心を癒していたのだろう。

日本人もまた、明治中期になるとジョン・ラスキンなどの影響を受けて、ヨーロッパ的な風景の見方、つまり近代的風景論を受け入れるようになってくるが、明治初期の日本人にとって中禅寺湖は、まだ風景地ではなく信仰の場であり聖地であった。

中禅寺湖の景色を近代的風景美として捉えた最初の人物は、アーネスト・サトウであった。

魚の放流と六軒茶屋

さて、サトウが訪れた1872年まで、男体山を中心とする一帯は、奈良時代から続く山岳信仰の霊場で、特に中禅寺湖は禊を行う神聖な場所とされ、女人禁制また、牛馬禁制で、俗人の定住も禁止されていた。

湖畔沿いには、社寺の一部である修行者の休憩施設や4月8日から9月9日まで営業が許されていた六軒茶屋があるだけであった。

サトウの日記には、「巡礼者の泊まる宿の縁に腰を下ろして暖かい陽光の中で昼食をとる。荷物持ちの人夫が一フィートもある魚がいたという」（庄田元男訳）と記されている。

「巡礼者が泊まる宿」と書かれているが、参拝のための行者小屋は数棟あっても宿泊施設は完備されておらず、登拝者などは日光に泊まって日帰りするか、湯元の湯宿に行くかであった。また、六軒茶屋の営業も4月8日からなので、サトウ一行が訪れた3月17日に

現在の六軒茶屋跡

明治中期の六軒茶屋（日光市図書館所蔵）

明治初期の六軒茶屋は、平屋や2階建ての建家が並んでいたが、明治中期以降になると3層建ての楼閣となり、大木戸屋、中村屋、山城屋、和泉屋、蔦屋、米屋のいわゆる六軒茶屋と呼ばれていた茶屋が本格的な宿泊施設へと変貌していった。六軒茶屋は、1914（大正3）年10月21日の火災で焼失している。

は、雪の中禅寺湖畔には誰もいなかったのだろう。

中禅寺湖は、華厳の滝が魚止めとなり古来より魚は生息していなかった。このような中禅寺湖への魚の放流は、記録によると1873（明治6）年に細尾村の名主を務めていた星野定五郎がイワナを放流しその後、1876年に二荒山神社や土地の有志がコイ、フナ、ウグイ、ウナギ、ドジョウを放流したと記録が遺されているので、「1フィート（約30センチ）の魚がいた」という記載は、放流記録の1年前であり、興味を覚えるところでもある。

聖地中禅寺湖でも明治を迎えると記録にのこらない小規模な放流があったのだろうか。

サトウは、残雪と群青色(ぐんじょういろ)の中禅寺湖の雄大な景色を愉しんでいたところ、天候が悪化し、急ぎ馬返まで下っている。その所要時間が37分とあるが、健脚のサトウらしく、その資質は植物と登山を好み、後に日本の近代登山や高山植物、民俗学の三つの分野で大きな功績をのこした次男の武田久吉(ひさよし)（1886～1972）に受け継がれている。

サトウ一行は、馬返しから日光三名瀑の一つに数えられている大谷川の支流、荒沢川にかかる高さ約45メートルの裏見の滝を見て宿に戻っているが、その宿名は「鈴木の家」と書かれていることから「鈴木ホテル」と呼ばれていた宿に変えていた。その後、サトウの日光での宿は「鈴木ホテル」を定宿としている。

④日光見学と画家ワーグマン

翌日（3月18日）には、輪王寺、東照宮の見物をしている。

陽明門などの絢爛豪華な建造物がつぎつぎと目に飛び込んできて、その壮観な建造物に圧倒されているが、その

裏見の滝
画家ワーグマンの観た裏見の滝は、渓谷という額縁の中で、岩盤から流れ落ちる水と、残雪に彩られた周辺の山々は、一幅の水墨画のような世界が展開していた。

法華堂と常行堂（重要文化財）

一方でサトウの日記には、神仏分離の途中経過として三仏堂の閉鎖、仁王門内の仁王像が三代将軍家光公の霊廟である大猷院(たいゆういん)への移設、法華堂と常行堂の管理が輪王寺に移管されつつあることや、パークス夫妻が日光を訪れた際の宿舎となった、輪王寺境内の本坊の焼失などが記されている。[10]

サトウは、明治新政府の方針である神仏分離の実態と廃仏毀釈による寺社の荒廃ぶり、さらに日本人の宗教に対する変化に関心を持ち日光でも注意深く観察をしていた。

奥日光でも「中禅寺」と呼ばれていた地名が明治になると「中宮祠」と改められ、神仏分離令による具体的な取り組みが行われている。

大猷院廟

東照宮の絢爛豪華な建造物に圧倒されていたサトウだが、徳川3代将軍、家光公の霊廟である大猷院では、自然と融合した精緻な人工美を観賞するとともに、山の斜面を巧みに利用した立体的な構成や、石段を上り、門をくぐるたびに景色が変わり、まるで天上界に引き込まれるような空間構成に、設計者が意図する崇拝を具象として高めるための配置であることを感じていた。

この廟の意匠の美しさは、サトウの心を惹きつけ、石段から眺める風景を、「この肖像画のような光景がここの宝石であり、ただ一つ、ここまでの苦労に値するものである」(庄田元男訳)と、後年、サトウたちにより上梓された『中央部・北部日本旅行案内』の中に記している。ここでも中禅寺湖と同様に、風景を絵画的に捉えていた。

今では、皇嘉門から先の奥の院へは、一般の参拝者は立ち入りができないが、イザベラ・バードが大猷院を訪れた時には、皇嘉門からさらに杉木立に囲まれた石段を上った先にある聖地

相の間と本殿(国宝)

皇嘉門(こうかもん)(重要文化財)
竜宮造りになっているため竜宮門とも呼ばれている。

へと進み、宝塔の前の鋳抜門(いぬきもん)から見下ろした眺めを、「日光に数多くある美しい風景の中でも随一だった」(金坂清則訳)と、人工美と自然美の織りなす光景を賞賛している。

ベルギー公使夫人のメアリー・ダヌタンも大猷院を訪れ、仏教的色彩が濃厚な建造物に感動して、日記に多くを書き残している。

東照宮の建物が白と金を基調にして、黒で縁取りが施されているのに対して、大猷院の建物は、黒と金を基調にして、赤で縁取られている。

メアリー夫人も本殿の「黒漆の廊下」を歩きながら、「すべての扉には、金の浮彫りが施され、その間の柱には、金の漆塗りの柱が立ち、朱塗りの欄干が、回廊の全体にわたって取り付けられている」と、黒と金と赤の醸し出す色彩のコントラストに、「今までに見たことのないほどの絢爛豪華な目の御馳走であった」(長岡祥三訳)と、そこに洗練された日本の美を感じ、この眺めを一枚の絵画として捉えていた。

メアリー公使夫人は、イギリス出身であることから、ジョン・ラスキンなどの影響を受け、サトウやワーグマン同様に風景も絵画的に捉えている。

画家ワーグマン

今回の旅の同行者、画家チャールズ・ワーグマン(1832～1891)は、1832年にロンドンで生まれ、1852年、20歳で絵画の勉強のためパリに留学をしている。

パリからイギリスへの帰国後は、何故か陸軍に入り、1856年に大尉で除隊しているが、その後は、「イラストレイテッド・ロンドン・ニューズ(ILN)」の特派画家兼通信員となって中国に渡り、アロー号事件などの取材をしていた。

サトウ来日の1年前となる1861(文

メアリー・ダヌタン(1858～1935)
(東洋文庫所蔵)

チャールズ・ワーグマン
(『ワーグマン素描コレクション』下巻より転載)

久元）年、29歳で来日し、幕末維新期にサトウやパークスに同行して歴史的事件の数々をヨーロッパに通信している。イギリス仮公使館が水戸藩士により襲われた東禅寺襲撃事件を皮切りに、生麦事件、薩英戦争、下関戦争などのサトウも体験している事件・戦争を報道し、また、パークスと将軍慶喜との謁見に同行して慶喜の肖像画などを描き遺している。

ワーグマンは、報道記者としての活躍の一方、1862（文久2）年には、日本最初の漫画雑誌『ジャパン・パンチ』を創刊、これは居留地の外国人向けのものであったが、日本人にも人気があり「ポンチ絵」という言葉までできて、画家の河鍋暁斎もその愛読者であった。彼もまた、1874（明治7）年に「ポンチ絵」入りの『絵新聞日本地』という漫画雑誌を創刊しているが、わずか2号をもって廃刊してしまった。

日本人にも大きな影響を与えたワーグマンは、近代日本の漫画の生みの親といえるのだろう。

サトウとワーグマンは、1867（慶応4）年、将軍徳川慶喜との謁見後に、大阪から江戸までの危険な陸路を同行者として旅をしていた。この旅では掛川で日光例幣使一行に襲われるなど、ともに動乱を体験し、気心も知れた仲間であった。

ワーグマンとその弟子たち

ワーグマンは黎明期の日本洋画壇の指導者であった、高橋由一（1828～1894）や五姓田芳柳（1827～1892）、五姓田義松（1855～1915）親子らに洋画の手解きをした人物としても知られているが、ワーグマンの絵画は、伝統美術保護のあおりを受けていたためなのか、もっぱら本国イギリスで発表せざるを得なかったようである。このためか、日光の旅でも東照宮や神橋など

東禅寺襲撃事件（『ワーグマン素描コレクション』下巻より転載）
1861（文久元）年7月5日、水戸の攘夷派浪人14人が高輪東禅寺のイギリス公使館を襲撃する大事件が起こった。オリファント書記官が鞭で立ち向かっている。左端に描かれているのがワーグマンではないか。オリファントは、サトウが日本に憧れを抱く動機となった著書『エルギン卿のシナ、日本への使節記』の著者、ローレンス・オリファントである。

を描いているがその絵が今、どこにあるのか不明となっている。

　栃木県立美術館には、ロンドンの画商から直接購入したというワーグマンの絵画、「若い婦人の肖像」、「茶屋女」、「海岸風景」の3点が所蔵されているので、日光の旅で描いた絵画もイギリスに渡っているのかもしれない。（『ワーグマンとその周辺』重富昭夫著より）

　ワーグマンから教えを受けた日本洋画の父とも呼ばれる高橋由一は、下野国佐野藩の藩士であったが、この時代の多くの士族が新たな生き方を求めていたように、由一も洋画家としての道を選択している。これは、ワーグマンの絵に大きな衝撃を受けたためであった。

　友人であった岸田吟香（洋画家岸田劉生の父）[12]や横浜で通訳を務めていた横山孫一郎[13]の尽力により1865（慶応元）年ワーグマンに入門を許され、幕末から明治にかけて日本洋画界の礎を築いていった。

　1873年には、日本橋に私塾天絵社を開いて多くの門人を育てている。その門人の1人に日光に居住した五百城文哉（いおきぶんさい）[14]がいるが、彼は、1893（明治26）年から13年間を日光で過ごしていた。

　五百城文哉が日光で外国人の観光客向けに描いた水彩画は、「日光絵画」として愛好され、水彩画の本場といえるイギリスにおいても高い評価を得ていた。サトウとは直接の交流はなかったが、高山植物の愛好家でもあったことから、サトウの子息武田久吉とは、高山植物を通じ交遊しており、このことが武田久吉を植物学への道に歩ませる一つの動機ともなっている。

　五百城独自の植物風景画は自然豊かな日光に居住していたからこそ描けたものだろう。後年、サトウも訪れてい

五百城文哉筆アツモリソウ
（著者所蔵グリーティングカードより）
かつては日光、那須などの山地の草地でみられたが、園芸採種や草地の管理放棄などにより、現在は、国および栃木県の絶滅危惧種に指定されている。

イワウメ（著者所蔵グリーティングカードより）
武田久吉『原色日本高山植物図鑑』には、「北海道と本州中央部以北の高山の岩盤地帯に分布」とあることから、五百城文哉は、白馬岳でこのイワウメを描いたと思われる。

る東照宮裏手の仏岩に1902（明治35）年、設置された東京大学附属植物園日光分園（日光植物園）の創設にも貢献をしていたためか、現在でも日光植物園には、文哉が描いた肉筆植物画『日本高山植物写生図』が保管されている。

外山と憾満が淵

サトウは、輪王寺や東照宮、滝尾神社の見学の後に『日光山志』に描かれた外山（とやま）に登りここから日光連山の風景を愉しんでいた。

外山は、標高880mの独立峰で山頂には日光山の魔除けとして毘沙門天が祀られている。そこからの眺望は男体山、大真名子、女峰山、赤薙山などの日光連山や杉並木街道が一望できる絶好なビューポイントで、サトウも山々の眺望や宇都宮の宿は見えなかったものの徳次郎の宿や筑波山などを遠望していた。

外山での眺望を愉しんだ後、神橋から大谷川に沿って憾満が淵を訪れている。ここは、古くから不動明王が現れる霊地といわれ、川の流れが不動明王の真言を唱えるように響くので、真言の最後の句の「カンマン」を取り憾満が淵と名付けられたという。

憾満が淵は、男体山の噴火で流出した溶岩流によってできた大谷川の淵で小渓谷となり、幽玄の趣を醸し出している日光でも屈指の景勝の地で、サトウも日光滞在の最後に憾満が淵の渓谷美を愛でている。渓流の音に真言を感じることができただろうか。

日光には多くの渓谷や滝、湖があり、「水と岩と緑」の織りなす風景は神社仏閣とともに日光を訪れる外国人には大きな魅力の一つでもあった。

⑤日光における神仏分離

サトウが注視していた神仏分離令に伴う変化は、日光では他地域に比べる

外山から女峰山、赤薙山を望む

憾満が淵の並び地蔵

と急激な変化は少なかったといわれている。

　勝道上人が日光山を開いて以来、神と仏が混然一体となった神仏習合の地であった日光山で神仏分離令を完全に実施すると、徳川幕府の聖地であった日光山の存廃に大きな問題が出ることと、それに伴い歴史と伝統のある堂塔が破壊され、日光の美観が失われるとともに、観光的価値も低下するとした危機感が地域住民に強くあり、現状維持を強く嘆願する町民運動へとつながっていった。

　このため日光山での神仏分離の実施が遅れ、1871年の1月から実施の運びとなり、それ以降、現在の二荒山神社、東照宮、輪王寺の二社一寺に分立されている。

　分立されたことにより、二荒山神社と東照宮の神地内から仏像や仏教施設を満願寺（現輪王寺）境内に移転することを余儀なくされたが、しかし幕府の庇護を失った日光山では財政的に窮乏し、仏教施設などの移転にも困難を極めていた。

　このような混沌としたなか、町民運動は1876年、東北巡幸途上に日光を行幸した明治天皇に、町民代表の落合源七と花石町の山伏の寺であった明覚院の住職 巴 快寛の2人が堂塔の保全について命がけで直訴をしている。

　この直訴が功を奏し、明治天皇に随行していた木戸孝允は、京都府知事槙村正直に「神仏分離なるものは、文化破壊の結果を伴う愚挙だった」と書簡を送っている。世界を見てきた木戸には、神仏分離は日本の文化破壊の元凶と思え、これを契機として神仏分離政策は緩和されていった。

　明治天皇からは、「旧観を失わないように」との御言葉とともに、復興資金として3,000円がご下賜になり、これを基

として二荒山神社境内にあった三仏堂は、本格的な移転工事に着手することができ、1879（明治12）年7月には、現在の場所に移転工事は完了している。

　地元住民が希望していた現状維持ではなかったものの、寺地への建造物の移転は、三仏堂と相輪橖のみとなり、日光山の美観は保たれることとなった。

　サトウが日光を訪れた時には、お堂は閉鎖され、日記にも「三仏堂は閉鎖され、もっとふさわしい環境に移転されるのを待っている」（井戸桂子訳）と、書きのこしている。

　イザベラ・バードも建造中の三仏堂を観てこのように触れている。

　「これまで主要な見所をサトウ氏の助けを得てたどってきた。非常に多くのものを省いたが、ここでは表参道の右手に一棟の大きなお堂（三仏堂）が建造されつつあることを付け加えておくのがよいだろう」（金坂清則訳）と、サトウのガイドブックを頼りに二社一寺を見学し、1878年6月の時点では、まだ建造中であった三仏堂の建築現場を観ていたことを書きのこしているが、三仏堂の再建には、多くの地元住民の勤労奉仕もあった。

落合源七と巴快寛

　安川町にある日光総合会館敷地内には、落合源七と巴快寛の2人が命をかけて日光の景観保全に尽力したことに対しての「顕彰碑」が建てられている。

　この2人の住居はどこにあったのだろうか。

　里山伏の巴快寛の住居は、花石町の田母沢御用邸付近にあったが、御用邸建設などにより、一時、勝海舟により名付けられた安川町に移転した。しかし（『安川町百年史』）その後、花石町に戻っている。

　一方の落合源七は下鉢石で「油屋」という屋号の商店を営んでいた。

三仏堂（明治14年）
（日光市立図書館所蔵）
三仏堂は、日光山中で最大の建物で、千手観音菩薩を男体山、阿弥陀如来を女峰山、馬頭観音菩薩を太郎山として祀り、日光三社の本地仏としたものである。

顕彰碑（落合源七・巴快寛）

油屋の歴代当主は、代々源七を襲名しており、江戸時代には、日光山本坊に供物を納入する菓子店を営んでいたが、当時の源七は、寒六の別名で日光連山の行者の先達を務めていた。

このため、店も菓子店から修行者が耐寒のため常食していた「志そまき唐がらし」の店になり、現在の下鉢石町にある「元祖　志そまき唐がらし」落合商店の初代店主が落合源七その人であった。

落合源七は、明治天皇に直訴直後に亡くなり、まさに命をかけた直訴となっている。ご下賜金や三仏堂の移転工事は、ともに直訴をした巴快寛により見届けられているが、この2人が今の日光をどのように見ているのか気になるところでもある。

神仏分離に対する町民運動は、1879年に発足する、広く会員を募って資金を集め、二社一寺および名勝を保存することを目的とした「保晃会」を立ち上げる原動力ともなっていた。

日光の歴史と伝統ある景観は、地域住民の努力により守られ、今日、日光の社寺が世界文化遺産に登録をされている。

⑥日光からの帰路

サトウの旅に話を戻そう。一行は3月16日から日光に滞在して名所を巡っていたが、3月20日の早朝、日光を後にしている。

サトウはこの旅で日光山の博物誌ともいえる『日光山志』を持参していた。宿でこれを読み進めるうちに、日光開山の祖である「勝道上人」は、日本のアルピニストとの思いを強く抱き、さらに、自然万物に神が宿ると考えている日本人の精神性の原点を知りたいとの思いから、勝道上人の修行の道をたどろうとしていた。

下鉢石町にある落合商店

第3章　アーネスト・サトウと明治初期の日光

　日光からの帰路は小来川の円光寺、古峯神社、加蘇山神社、出流山満願寺へと勝道上人が修行した霊場を訪ね、日本人の宗教心の神髄を究明しようとしている。サトウは、宗教を理解することは、日本文化を理解することと考えていた。

　サトウ一行が帰路に最初に向かったのは、鈴木ホテルの主人の道案内により村役人が待機している鉢石宿から南に約5キロ向かった山里の集落、「山久保」だった。

日光からの帰路のコース見取図

今回の旅には、イギリス代理公使を努めているアダムズが旅の同行者であったことから、帰路は各地の村役人が道案内をしている。山久保では、集落の入り口にある大きな農家に立ち寄っている。

山久保集落の石蔵と徳次郎石

山久保で立ち寄った農家では、日光街道18番目の宿場であった徳次郎宿で目にしていた徳次郎石で造られた石蔵が、ここにもあることに興味を抱き、旅日記には、「徳次郎石を水平に積み上げた垂直な層にした石造りの倉庫を目にする」（庄田元男訳）と、のどかな風景地にとけ込んでいる石蔵があったことが書きのこされている。

徳次郎石は、現在では採掘されていないが、大谷石と同様の凝灰岩で、宇都宮市徳次郎地区の西根、田中、門前方面の山中で採掘された石を徳次郎石と呼んでいた。

イギリスのコッツウォルズ地方にも、柔らかな色合いの蜂蜜色の石灰岩で造られた建物が、周辺の自然にとけ込み牧歌的な風景地となっているが、サトウも素朴な風合いのある徳次郎石で造られた石蔵を見て、故郷の近くにあるコッツウォルズ地方の風景を思い出していたのかもしれない。

大森貝塚の発見者としても著名な生物学者、エドワード・モース（1838〜1925）も1877（明治10）年、日光を訪れた際に街道沿いにあった石蔵を観察していた。

1886年にモースにより上梓された『日本のすまい・内と外』には石蔵をこのように書いている。

「下野地方周辺には、石の蔵（耐火倉庫）があるが、おなじ石で、その屋根もふかれることがある。うすい灰色をした、火山性の石灰岩のような石で、細工はいたって簡単だ。屋根の石版は

現在の山久保集落

徳次郎の石屋根

第3章　アーネスト・サトウと明治初期の日光

一定の形にきられ、これが、順次、かさなってゆき、その外見は、たいへん強固にみえる。日光へゆく途中にあるこの種の屋根である」（上田篤訳）と、来日直後、横浜から新橋に向かう汽車の窓から風景を眺めていると、大森駅付近で大量の貝殻が露出しているのを見つけ、古代人の貝塚跡であると直感したモースらしいするどい観察の眼が、民家建築である石蔵にも注がれていた。特に石屋根に興味を抱いたのだろう、巧みな石屋根のスケッチをのこしてい

徳次郎地区の西根集落

コッツウォルズ地方の集落

コッツウォルズ地方バイブリーの石造りの古い家並み
まるで中世から時間が止まっているような空間となっている。
19世紀の「モダンデザインの父」と呼ばれたウィリアム・モリスが「イギリスで一番美しい村」と讃えたのどかな風景地で、旅好きであったサトウもこの村を訪れていたであろう。

るが、サトウも日本の建築に興味を持っていたので、徳次郎宿でも日本建築としては珍しい石屋根を見て、寺院建築の技術などは、渡来人により伝えられ、それを日本独自に昇華したものと考えていた。そのため、石屋根のルーツも朝鮮半島より伝えられたものとみている。

勝道上人修行の地

サトウの旅日記(『日本旅行日記2』)には、山久保から小来川を通る最初の外国人であったことから、「大変な敬意をもって迎えられた」と書きのこしている。

小来川では、勝道上人により開かれた古刹である円光寺で休憩・昼食をとり、特別の待遇を受けたことや、サトウ一行がここを通る最初の外国人ということで地域の人々、特に子どもたちが興味を持ち見物をしている。案内役の村役人は「シタニイロウ」や「カブリモノヲトレ」など、まるで大名行列のような号令を発して整理をしていることが、日記に書かれ、明治の人々の物見高さや、白人優越主義的な面も垣間見れる記述となっている。

小来川を後に、古峯神社、加蘇山神社、出流山満願寺へと勝道上人が修行した霊場を訪ねているが、日本人の精神性の原点は、自然を崇拝する人々の心の中にあると感じたのだろう。サトウがその後、本格的に神道の研究を始める理由もここにあった。

その後、サトウ一行は、佐野を経由して東京へと戻っていった。

⑦日光案内の刊行と『日光山志』

サトウは、この旅から帰った1週間後の3月30日より4月20日付けの『ジャパン・ウィークリー・メイル』に4回にわたって日光の旅を連載し、広く日光を紹介しているが、これは『日

日光開山の祖、勝道上人の銅像

『日光山志』(東照宮所蔵)

光山志』[15]を参考文献として書いたものであった。

『日光山志』は、江戸末期に日光山の火消役であった八王子千人同心の組頭を勤めていた植田孟縉(もうしん)(1757～1843)[16]により編纂されたもので、それまで秘密とされた日光山の古記録や伝統・地勢・自然等を網羅した日光山の博物誌で、交友のあった葛飾北斎の「龍頭滝」や渡辺崋山の「大谷川秋月」、谷文晁の「華厳瀧」など多くの挿絵が挿入され、特に花鳥には彩色刷りを施し、和書の蒐集家でもあったサトウは、美術品としても優れた『日光山志』に魅了されている。

サトウの友人であるディキンズも1863(文久3)年、来日して間もなく、長崎で目にした『北斎漫画』に魅了され、これがきっかけとなり、北斎や日本文化の研究を進める動機ともなったと述懐している。

ディキンズは、1888(明治21)年、北斎の100枚の富士山の絵の一つ一つに註釈をつけ、『富嶽百景』と題してロンドンで出版しているが、これが北斎に関しての最初の学術的研究書となっている(『日本学者フレデリック・V・ディキンズ』)。このためか、大英博物館にも北斎が弟子たちの絵手本として描いた『北斎漫画』が収蔵され、その中にも日光の風景を描いたスケッチが盛り込まれている。

サトウが所有した『日光山志』は、現在、横浜開港資料館に保管されているが、日光の旅から戻った直後に、『日光山志』を参考文献としながら、『ジャパン・ウィークリー・メイル』に連載する日光の旅の編纂をしていたのだろう、そのためサトウの持っていた『日光山志』には、東京に戻った後の1872年3月28日と日付が記入されていた。

1874年には、日本政府が「内地旅行

規則」を定め、その規則で横浜居留地在住者の病気療養地として箱根、熱海、富士、伊香保とともに、日光が指定されている。その翌年には、「外国人内地旅行免状」により、健康保全・学術調査の目的に限られていたが、事実上一般外国人の日光訪問が解禁されるようになる。

外国人の国内旅行の道が開かれると、これを受けてサトウは、1875年に『日光案内書』(『A Guide Book to Nikko』)という小冊子にまとめたガイドブックを横浜の「ジャパン・メイル」社から刊行しているが、これはガイドブックとして英文で日光が初めて紹介されたもので、東京から日光へ到達するルートの紹介や、勝道上人(735～817)の日光開山により始まる日光の歴史、地理、さらに周辺の中禅寺湖や白根山、温泉岳、金精峠なども紹介されている。これもまた、『日光山志』を参考文献に編纂したもので、サトウは『日光案内書』の末尾に、挿絵入りの『日光山志』全5巻は日光案内として優れていると

北斎の挿絵

『日光山志』の北斎の挿絵「龍頭滝」には、「齢七十二歳画狂老人卍筆」と、署名があるので、1832(天保3)年に描かれている。

ひたすら絵師として高みを目指していた葛飾北斎は、この頃から年齢との闘いが始まっていたのだろう、齢72歳と記しているが、72歳で徒歩により奥日光を訪れる驚異的な体力の持ち主でもあった。『日光山志』の挿絵にも、71歳で出版された北斎の代表作『富嶽三十六景』の「神奈川沖浪裏」に描かれた波のデザインが巧みに描かれている。

現在の龍頭の滝

記している。

　外国人の国内旅行の規制が緩和されたこともあり、このガイドブックを頼りに外国人が日光を訪れるようになっていった。

　日光における近代ツーリズムの恩人は、アーネスト・サトウであった。

2　錦秋の日光

　サトウの2度目となる日光の旅は、1874年9月末にヘイラー夫妻とともに秋の日光を訪れていた。

　幸手で1泊し人力車を利用して翌日、宇都宮に到着しているが、宿泊した宿については何も日記には書かれていない。2度目ということで宿の記述はしなかったのではないだろうか。

　サトウたちが宇都宮まで利用していた文明開化の象徴ともいわれる「人力車」は、1870年に和泉要助、高山幸助、鈴木徳次郎が共同して、製造および営業許可を東京府から受け、日本橋で営業が開始されると、瞬く間に庶民の乗り物として各地に普及している。

　この結果、庶民の移動手段もそれまでの駕籠から人力車へと変わり、栃木県内でも1873年には、833台の人力車が営業していたことが、栃木県史に記録されている。日光を訪れる外国人の多くが人力車を利用していた。

　前回の日光への旅では、宇都宮から日光までは人力車を使っていたが、今回は人力車でなく、徒歩と駕籠に別れて日光に向かっている。もちろん健脚なサトウは徒歩である。

　サトウの日記には、宿泊した宿など細かく書かれているのだが、今回の旅では宇都宮だけでなく、日光でも宿泊した宿については何も書いていないが、1881（明治14）年、アルバート・ホーズとの共編で横浜のケリー社から刊行し

懐古園内の人力車

宇都宮から日光連山を望む
（左から男体山、大真名子山、小真名子山、女峰山）

ている『中央部・北部日本旅行案内』では、鉢石にあった鈴木ホテルを、「日光の鈴木ホテルが最も快適で、ここの主人は西洋人の宿泊に特別な配慮を示し、建物は清潔で風通しがよく二階の部屋からの眺望も良好である」(庄田元男訳)と、記述しているところから、前回の日光の旅でも利用していた「鈴木ホテル」に宿泊していたと思われる。

①鈴木ホテル

サトウが高い評価をしている「鈴木ホテル」は、1871(明治4)年創業の日光では最初のホテルといわれている。

西欧の旅籠屋（はたごや）が馬車の繫留場を兼ね宿屋となっているように、ここでも、人力車などの立場（たてば）(停留所)を兼ねて外国人を宿泊させていたようで、現在のステーションホテルの機能を果たしていた。

サトウの日記には、「西欧人に特別の配慮を示し」とあるが、これは宿の主人である鈴木喜惣次（きそじ）が、サトウの最初の日光訪問の帰路、山久保までの道案内をし、食事には、卵料理や鳥のソティー、新鮮な野菜やワイン・ビールなど外国人の嗜好に合うものを提供していたため、サトウも「特別の配慮を示し」と、書きのこしている。

サトウから信頼され、日光の宿として最高の評価を得た鈴木ホテルは、多くの外国人が利用するようになっていった。

当時、日光に入る食料品などの物品の大半は、立場を営んでいた鈴木ホテルの主人が取扱っていたようである[17]。そのため、貴重品であったワインやビールなどもホテルでは提供していた。

鈴木ホテルの裏手には大谷川が流れ、大谷川越しに雄大な日光連山の山並みが見渡せる。サトウも、「二階の部屋からの眺望も良好である。」と、書き

旧鈴木ホテル裏手の早春の風景
(左から女峰山、赤薙山、手前が外山)

のこしている。

画家のワーグマンも明治5年にサトウとともに日光を訪れた際には、画趣に富んだここからの景色をスケッチしていた。

ベルツ博士の来晃と
尾瀬を訪れた最初の欧米人

1876年には、東京医学校（東大医学部）の教師としてドイツから招聘され、宮内庁侍医を勤め「日本の近代医学の父」とも呼ばれたエルヴィン・フォン・ベルツ[18]も、同年の7月末に夏休みを利用して同僚のシュルツェ、マイエットの両氏とともに日光を訪れ「鈴木ホテル」を利用している。

その時の様子を28年後の1904（明治37）年の日記に、このように書いている。

「1876年当地に来たときには、鉢石町は、巡礼者の安宿が一列に長く並んだところだった。ましな日本人は決して日光へ行かなかったし、西洋人は希だった。今ではとっくに無くなってしまったが、当時は鈴木という家があって、そこで西洋式の部屋と食事が得られた。日本の着物ですっかり打ちくつろいで、うろつきまわったものである」（菅沼竜太郎訳）と、ベルツ博士が訪れた当時は、日光を訪れる利用者は少なかったようであるが、鈴木ホテルでは、「西洋式の部屋と食事が提供」されていたことが記述されている。

ベルツ博士が28年後の日記に旅行の思い出を書きのこしているのは、この旅行は、日本国内の最初の旅で強く印象に残っていたからだと想像できる。

小関恒雄氏の『ベルツの明治9年の日本奥地旅行』によると、この時の行程は、日光―金精峠―小川―戸倉―三平峠―尾瀬沼―燧岳を左に見て檜枝岐へ―伊南川沿いに只見へ―叶津―八十里超―三条―新潟―新発田―津川―若

ベルツ博士（1849〜1918）
（『英国公使夫人の見た明治日本』より転載）

明治中期の鉢石町
（高村英幸氏所蔵）

松―大峠―三斗小屋―大田原―宇都宮―東京へと、尾瀬沼などを踏破していることが記述されている。実に5週間にわたり尾瀬から日本海へと日本奥地の旅をしていた。

サトウが主編著者となって1881年3月に出版された、『中央部・北部日本旅行案内』の序文に編集の協力者としてベルツ博士の名前が挙げられ、ルート53として「日光から金精峠・尾瀬・八十里越を経て新潟へ」が紹介されている。このルート案内はベルツ博士の5週間にわたる、『日本奥地旅行』の体験に基づき編集されたものであった。

西欧人が尾瀬を初めて訪れたのは、1874年頃に、ドイツ人のお雇い技官で、日本で初めての天気図を作成し、気象予報を行った人物として有名なエルヴィン・クニッピング[19]といわれている。

クニッピングの尾瀬への旅も日光鉢石の宿を出発し、尾瀬を抜けて檜枝岐から越後に出て、上州を経て再び日光鉢石の宿に戻るというコースであった。[20] クニッピングもこの旅では、鉢石にあった鈴木ホテルに宿泊していたのだろう。

クニッピングが旅に持参していた地図は、伊能忠敬が作成した日本地図で、それを基にアネロイド気圧計で高度測定などを行いながら新たな地図の作製もしていた。サトウも『中央部・北部日本旅行案内』の中で、「外国人向けの最良の日本全図はE・クニッピングの編集になるスタンフォード・ライブラリー・マップである」(庄田元男訳)と記している。

ドイツ人のお雇い外国人も、また明治初期から日光を訪れ、その周辺の自然を愛でていた。

1934 (昭和9) 年の日光国立公園の指定の際に、尾瀬地域を含め日光国立公園としているのは、明治期から日光と

尾瀬は一体的な利用があったことからなのだろうが、尾瀬地域は、2008(平成19)年には日光国立公園から分割され、新たに会津駒ヶ岳、田代山などの周辺地域を編入する形で、第29番目の尾瀬国立公園として分離・独立をしている。尾瀬国立公園の分離・独立に関係した一人として、先人の努力により保全されてきた尾瀬地域の自然環境が、さらに保全・促進されることを願ってやまない。

エミール・ギメの来晃

ベルツ博士が日光を訪れた1876年の9月には、フランスの実業家エミール・ギメ[21]も、また日光を訪れ1週間にわたり滞在をしている。

ギメとともに日光を訪れたフランス人画家フェリックス・レガメ[22]が描いた、旅行証明のチェックをしている宿の主人のスケッチが、『ギメ・レガメ　東京日光散策』(青木啓輔訳)の中に遺されているが、当時、日光を訪れた外国人の大半は「鈴木ホテル」「金谷カッテイジイン」を利用しているので、ギメとレガメも「鈴木ホテル」に宿泊していたのかもしれない。

海外から多くの品々が輸入されるようになると、日本人はそれまでの伝統・文化など多くを捨ててしまったが、当時日本を訪れた西洋人は、日本の多様な文化に注目していた。ギメは、自国の伝統・文化を捨て、西洋化する当時の日本について「日本人は日本の風俗に充分な自信をもっていない。彼らの力となり、幸せのもとをなしていたその習慣、制度、思想まで、彼らはあまりに早く捨ててしまおうとしている。恐らく、またそれを取り戻そうとする時が来るであろう。彼らのために私はそうなることを願っている」(『ギメ・レガメ　東京日光散策』)と、自国の文化を捨て西洋化する日本に警鐘を鳴ら

レガメの描いた宿の主人
(『ギメ・レガメ　東京日光散策』より転載)

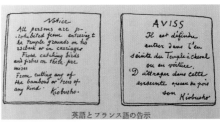

英語とフランス語の告示
告示板(『ギメ・レガメ　東京日光散策』より転載)

している。

一方で、ギメは多くの日本の古美術品をフランスに持ち帰り、帰国後、リヨンに「ギメ東洋美館」（現在のパリのフランス国立ギメ東洋美術館）を創って日本の文化・芸術を広く紹介し、フランスにおけるジャポニスムを広めていった。

日本は、ギメが願ったように日本本来の伝統・文化を取り戻すことができたのだろうか。

ベルツやギメ、レガメが訪れた1876年頃になると人数は少なかったが欧米人が日光を訪れるようになり、二社一寺の境内地には、フランス語と英語で書かれた車馬乗り入れ規制の看板が立てられていたようで『ギメ・レガメ東京日光散策』の中には教部省が設置した告示板のスケッチがのこされているのも興味深いものがある。この告示板を設置した教部省は、翌年の1877年には廃止されている。

世界漫遊家アーサー・クロウの見た鈴木ホテル

明治14（1881）年7月、サトウの書いたガイドブックを片手に、日光を訪れたグローブトロッターと呼ばれる世界漫遊家の一人、イギリス人のアーサー・H・クロウは、この旅を『クロウ日本内陸紀行』[23]として書きのこしている。

この中で「鈴木ホテル」についてこのように触れている。

「本通りから30ヤードほど入った、こじんまりした綺麗な宿がある。……とても上等で閑静だ。ヨーロッパ人の客はほとんどここに泊まるので、くつろげるように椅子やテーブルが備わっている。もっとも、部屋もほかのすべての設備が日本式である」（岡田章雄・武田万里子訳）と、鈴木ホテルは、クロウが「すべての設備が日本式」と書い

鈴木ホテル跡
現在の建物は、1913（大正2）年に小林古美術商の店舗として造られ、この地にふさわしい数寄屋風造りとなっている。この建家も西洋建築に触発された日光の匠たちにより造られた近代和風建築といえる。

てあるようにホテルという名称は使っていたが、実態は旅館であった。

明治初期には、外国人に向かってホテルと名乗る旅館が続出していたといわれている。この宿の主人も旅館の英語訳がホテルだと解釈していたのかもしれない。鈴木ホテルは本格的なホテルであった「日光ホテル」が出現すると、1890（明治23）年頃には、店じまいとなっている。これは本業であった物流業に力を入れるためであろうか。

② 2度目の山内見学

サトウの2度目となる日光見学に話を戻そう。東照宮などの建造物を見学しながら伊勢神宮の神社建築との比較をしていた。

1度目となる日光見学の後、1872年12月2日にサトウは、外国人として初めてとなる伊勢神宮を公式に参拝し、1874年2月18日に開催された日本アジア協会で「伊勢神宮」と題して発表をしている。

この発表会で議長を務めていたのが、日光と関わりのあるヘボン式ローマ字の生みの親ヘボン博士であった。

建造物に秘められた歴史と精神性

サトウは神道の拠点としての伊勢神宮の地位は、聖地として仰がれているパレスチナの地、あるいはメッカに比するべきものと位置づけ、発表内容は神宮の建造物を中心としたものであった。

当時の欧米人には、教義や経典がなく教祖もいない神道は、宗教として認められるものでなかったが、サトウはこの頃から本格的に神道研究を始めている。この背景には外交官としてのサトウのまなざしが感じられる。それは、英国の外交政策を行ううえで、「皇室と神社」や「政治と宗教」との関わりが重要であると認識していたのではない

だろうか。

　伊勢神宮参拝では、日本建築の原点ともいわれているお社に興味をいだき、その写真などを遺している。

　「日本アジア協会誌」第2巻の中でサトウは、「日本の住宅の原点は竪穴住居(たてあなじゅうきょ)であり、神社建築にはその原始時代の小屋組の様式がのこされ、屋根に突き出た千木(ちぎ)はその名残である」と指摘している。ここでも日本建築の歴史を紐解き博物学的見地から観察している。

　伊勢神宮のお社の造りは茅葺(かやぶ)きの上に千木と鰹木(かつおぎ)が載せられ、白木のままのシンプルな造りで、高床式の建造物は古代の息吹きを感じさせ、日本人のみならず欧米人の心も捉えている。

　ドイツの建築家ブルーノ・タウト（1880～1938）は、伊勢神宮について、「一切は清純であり限りなく美しい。最大の単純の中に最大の芸術がある」と、シンプルの美が究極の美であると書きのこしている。タウトは、伊勢神宮や桂離宮に美を発見し、「ミカド文化」を日本の至上の芸術と見ていた。

　サトウも2年前には、木立の中に佇む東照宮などの絢爛豪華な建造物に圧倒されていたが、今回は日本学者として日本の建築の原点から各建造物を見ている。

　タウトは、桂離宮と東照宮を比較して東照宮を酷評しているが、サトウは、動乱の幕末期に天皇と将軍の関係を日本の歴史から紐解き「英国策論」を書いていることなどから、ここでも伊勢神宮と東照宮などの建築物を比較して「ミカド文化」と「将軍文化」の違いなど、それぞれの建造物に秘められた歴史・精神性を感じ、東照宮が当時の覇者であった徳川将軍家の始祖家康を祀(まつ)る霊廟(れいびょう)建築で、創設まもない幕府の力を誇示する政策的配慮が各建造物に

伊勢神宮（篠原家所蔵）

陽明門の絵葉書（日光市立図書館所蔵）

伊勢神宮では20年に1度、式年遷宮が行われ建築技術が伝承されてきたように日光でも20年ごとに大規模な修理が行われその技術は伝承されてきている。

あったことも理解していた。

大英博物館などのサトウコレクション

当時、輪王寺の執事で後に門跡となった彦坂諶厚師(ひこさかじんこう)[24]がサトウ一行を出迎え、徳川家康の遺訓などについては『神徳集』[25]を読むようにと勧め、その写本などが贈られている。

明治の初期には、西洋化の一方で日本の伝統文化が軽視され、和書なども安価で入手することができたようで、サトウも日本で多くの和書を収集している。その図書を整理するため日本人の図書係も雇っていたといわれ、その数は4万冊にものぼり、その中には『神徳集』[26]や『日光山志』も含まれているが、まさに日本研究の第一人者である。

現在、大英図書館に保存されているサトウのコレクションの中には「家康百ヶ条」の写本(久能山宝庫の書の写し)があるが、これも彦坂諶厚師がサトウに贈ったものだろう。

サトウコレクションのうち1,578冊の蔵書は、大英博物館図書室に所蔵されていたが、現在は、その大半が1973年に新設された大英図書館に移管されている。しかし絵画中心形式の蔵書はそのまま大英博物館に残されているといわれている。

サトウや友人のアストンは1898(明治31)年に大英博物館で編纂された日本語書籍目録(大英博物館図書館所蔵日本語刊本・写本目録)の作成に協力していると聞いていたので、サトウ蔵書の一部でも見られればとの想いから私は、2014年の初秋に大英博物館を訪れ、人類の文化遺産ともいえる厖大な数の展示物に驚きを覚えた。

③大英博物館の影響と日本ギャラリー

大英博物館は、ハンズ・スローン卿(1660〜1753)のコレクションを基に1753年に創設された近代博物館の出発

金剛桜
彦坂諶厚大僧正は、神仏分離令に従い二荒山神社の境内地にあった三仏堂の移転などに尽力するとともに、明治天皇が東北巡幸の際、三仏堂の移転は旧観を損なわないように実施せよ、とのお言葉を受け、当時すでに樹齢400年であった山桜を移植し景観を整えている。これが、現在の「金剛桜」である。[27]

点となるもので、誰でもが厖大なコレクションを自由に見ることができる「公開の原則」を打ち出した世界最初の博物館である。

収蔵されているコレクションは、当時の大英帝国の力を誇示するように、世界各国の先史時代から現代までの品々をコレクションとして収め、特にロゼッタ・ストンをはじめとする古代エジプト美術の貴重な品々が収蔵・展示され、人類史上でも画期的な知の結晶ともいえる大英博物館は、サトウをはじめ多くの人々に影響を与えていた。

サトウが通学していたロンドン・ユニヴァーシティ・カレッジは大英博物館の北側に接しているため、サトウも学生時代には足繁く大英博物館に出入りしていたことが想像できる。このことが、日本での古美術品・和書の蒐集や群馬県南勢多郡西大室村（現前橋市）の大室古墳群の調査などに結びついていた。

特に大室古墳群の調査は、1878（明治11）年に古墳の石室が開かれたとの話をサトウは聞きつけ、その2年後となる1880年、東京から画家を同行して精密な絵を描かせるとともに、石室内の赤の顔料であるベンガラを持ち帰り、知人の科学者に化学分析を依頼している。こうした調査の仕方は、当時の日本ではまだはじめられていなかった。

日本の博物学者である南方熊楠（1867〜1941）も、1891（明治24）年から8年間にわたる在英時代には大英博物館の図書室に足繁く通い読書と抄本にはげみ、『ネイチャー』誌に論文が掲載されたことなどから、大英博物館の嘱託に雇われているが、彼の植物学、生物学、民俗学などの広範囲な学識もこの時代に形成されている。

博物館内の日本ギャラリーでは世界最古の土器といわれる縄文土器や大陸

から影響を受け、発展した我が国独自の仏教文化、日本絵画や茶の湯の世界など古代から現在までの日本の伝統文化が紹介されているが、これらの中にはサトウ・コレクションは含まれていなかった。

サトウは多くの蔵書の他にも、琴や90枚に及ぶ浮世絵版画などが、大英博物館に寄贈、また買い上げられているので、今でもサトウ・コレクションの品々は大英博物館に収蔵されているのだろう。

残念ながら今回は、サトウ・コレクションは見られなかったが、日本での博物館は、「展示してある物を見て勉強する所」という教育的側面が一般に定着し、これにより博物館の評価がなされる傾向にあるが、世界的に見れば博物館の価値は裏方に収蔵されている「標本の数や質」さらに、それを紐解く学芸員により決まるといわれている。

このようなことからいっても、古今東西の美術品や書籍など約700万点に及ぶ厖大なコレクションを収蔵している大英博物館は、世界の歴史が凝縮された人類共通の知の殿堂ともいえるのだろう。

日本ギャラリーの核と岩倉使節団への影響

大英博物館の日本古美術品や浮世絵版画・日本絵画など日本美術コレクションの核を形成した収集家は、サトウの友人でもあったウィリアム・アンダーソン(1842～1900)である。

彼は解剖学の教授で、1873年に品川に新設された海軍医学校の解剖学、外科医の教授として日本に招聘された、いわゆる「お雇い外国人」であったが、イギリス公使館付医師も兼任していた。

医者であったアンダーソンは、ヨーロッパにはほとんど見られなかった脚気に注目してその研究をすすめ、この

大英博物館正面玄関　玄関はイオニア式大円柱が建ち並び、古代ギリシャの神殿を思わせる建物となっている。

論文を『日本アジア協会』で発表している。

『日本アジア協会』での活動を通して、日本研究の第一人者となっていたサトウと交流を持ち、1879年には、京都、奈良などの関西方面の古美術調査の旅行にも同行し、帝国京都博物館の準備事務所の所蔵品を調査するとともに、京都御所や法隆寺なども訪れていた。

この調査旅行でも多くの日本美術品を蒐集していたのだろう。現在、大英博物館が保管している法隆寺壁画の写しもサトウがアンダーソンに贈ったものであった。

アンダーソンは、関西旅行から帰って間もなく、工部美術学校で日本絵画を中心とする展覧会と講演を開催している。

この講演会を聞いていたアーネスト・F・フェノロサはこれに触発を受け、翌年の1880（明治13）年の夏休みに岡倉天心を通訳に古美術品蒐集のため関西旅行をするほど日本美術研究に傾倒していった。

フェノロサは屏風、仏画、絵巻などを中心とする日本絵画を蒐集しているが、これもアンダーソンの影響を受けていたことを物語っている。

アンダーソンは、イギリスでは医学教育を受ける前に美術学校にも通っていたなど、絵画美術にも造詣が深く、日本の絵画美術に興味を抱き総合的に研究を行っている。

その成果を「ジャパン・ウィークリー・メイル」などに発表しているが、サトウが編纂した『中央部・北部日本旅行案内』（"A HANDBOOK FOR TRAVELLERS CENTRAL & NORTHERN JAPAN"）にも芸術関連項目の執筆を担当するなど年齢の近いサトウとは親しく付き合いをしていた。

サトウとアンダーソンは、日本美術史を共著として出版する計画があったが、アンダーソンの帰国などにより実現されなかった。この計画では、サトウは日本の建築美を担当することとなっていたので、日光の建築物なども美術的観点から調査・研究をしていた。そのため、山久保にあった石蔵に注目していた。

アンダーソンは、1880年には離日しているが、日本に滞在していたおよそ7年間で、絵画を中心に3,000点に及ぶ美術品を収集している。

現在、このアンダーソン・コレクションが大英博物館日本ギャラリーの美術品の核を形成しているが、その中には、当時の英国人が好んでいた、河鍋暁斎の肉筆画100点余りが含まれている。

英国に帰国後は、1892(明治25)年にロンドンの日本協会初代議長に就任し、亡くなるまでそのポストにあった

大の親日家でもあり、その後も、サトウとの交流は続いている。

岩倉使節団一行も大英博物館を訪れている。『特命全権大使米欧回覧実記』には、「その厖大なコレクションは、もちろん数時間などでは見終えるものではない」と記述されているが、当時の大英博物館の図書室には、75万冊の蔵書が保管され、日本の書籍も「名所図会」などが収蔵され、人間文化の発達段階をはっきりと示してくれるものとしては、博物館ほどすぐれたものはないと結んでいる。

岩倉使節団の調査は、その後の日本での本格的な博物館建設にも大きな影響を与えていた。

④秋の奥日光

サトウの秋の奥日光の旅に話を戻そう。一行は、輪王寺や東照宮を見学した翌日、待望の奥日光に向けて出発し

湯ノ湖の絵葉書(著者所蔵)

中の茶屋跡

ている。馬返しから先の中禅寺坂と呼ばれた道は、雨で流されていたため、川原に沿って続く山道をたどっている。

途中、中の茶屋で秋色に染められた山々を眺望しているが、日光の紅葉はとりわけ美しく、ヨーロッパではこれほど美しい紅葉は見ることはできない。これは日本がモンスーン気候帯に位置し、四季折々の気候の変化が顕著で、動植物の種類が多く、明治期に来日した西洋人は日本の豊かな自然に大きな感動を覚えている。

植物の種類をイギリスと比較するとシダ以上の高等植物は日本には約5,600種、イギリスには約1,600種自生するといわれているので、日本の植物の種類はイギリスの3.5倍となっている。特に、奥日光では落葉広葉樹林が広く分布しているため、紅葉する樹種も多く、見事な秋色が楽しめる。サトウも奥日光の美しい秋色の風景を賞賛している。

サトウ一行は、華厳の滝を眺望するため、険しい道を下っていったが、滝全体を見ることはできなかった。日記には、「遥か下方の左手には一本の流れが静かに流下し滝の基層からそう離れてはいまいと思われる」(庄田元男訳)と、滝全体を観られなかったことが、記されている。当時は、滝下に至る道がなく、滝全体を観るためには、急峻な崖地を下ることとなり、案内人を必要としていた。華厳の滝を正面から観るための道は1900(明治33)年に開削されることになる。

サトウの風景観

サトウ一行も、このダイナミックに展開される日光の錦秋の彩りに大きな感動を覚え、中禅寺湖の北岸にある、六軒茶屋で昼食をとりながら、このように書きのこしている。

「中禅寺湖は72年の3月に見たとき

谷文晁が描く華厳滝(『日光山志』より)

中禅寺湖と男体山
中央部の窪地が古薙である。男体山にはその他、観音薙、パンヤ薙、セッチン薙など多くの崩壊地がある。多くの外国人別荘は、男体山のすそ野である北岸に建てられていた。

よりはるかに美しく山の頂上はいたるところ落葉樹に覆われていた。北岸から天をつくほどにそびえる男体山もほぼ樹木に覆われているが、所々黒い岩肌が長い縞のように顔をのぞかせている。雨降りのときにはその岩肌を水がまっさかさまに流れ落ちるに違いない」（庄田元男訳）と、2年前に訪れた時には、雪の中で、まさに聖地に踏み入れていたと感じていたが、今回は中禅寺湖の水景とそれを囲む秋色に染められた山々の自然をより身近に感じていた。

男体山には所々に岩肌が露出していた所が見えていた、「雨降りのときはその岩肌を水がまっさかさまに流れ落ちるに違いない」（庄田元男訳）と記述している。

当時の日本人は、男体山をご神体として崇めていたが、サトウはすでに近代的な風景観を身につけていた。日記の記述でも、地形・地質・地被という現在に通じる科学的なまなざしで風景を捉えていることが窺い知れる。このような近代的風景観は学生時代にチャールズ・ダーウィンやエコロジストで「湖水の詩人」と呼ばれたウィリアム・ワーズワースの影響を受けていた。

中禅寺湖畔の多くの外国人別荘は、男体山の山麓に広がる北岸に建てられていたが、サトウの山荘が南岸の高台に建てられているのも、サトウの科学的な風景観によるところだろう。

サトウが危惧していたように、男体山は、1902（明治35）年9月25〜28日の「足尾台風」の豪雨により観音薙の大崩壊が発生し、下方にあった立木観音が中禅寺湖に流出する大災害が発生している。

サトウ一行は、中禅寺湖畔から湯元温泉へと向かっていった。途中、龍頭の滝にある地獄茶屋で休憩をとり、戦場ヶ原からは、男体山、大真名子、小

湯ノ湖畔

秋の戦場ヶ原
三本松展望台からの秋景色。

真名子の山々や、目を転じると、前方に聳える太郎山、白根山、さらに高台から流れ落ちる湯滝を望み、湯ノ湖と向かっていった。

1874年9月29日の日記には、戦場ヶ原から観た風景について、「草地が広がり今は紅く秋色に染まっており、周辺は楢の森に囲まれている。……右手には男体、大真名子、小真名子の山が見え、前方に目を転ずると太郎岳がそびえ、その左には樹木の茂った高みがあり、そのただ中に湯の滝がはっきり見えた。この上方には白根山の火山がそびえる。樹木のない山は白根だけだ。」(庄田元男訳)と、自然観察者の目で戦場ヶ原の風景を的確に捉えている。

湯ノ湖では、静寂な自然環境を、「その美しさと静けさは筆舌に尽くし難い」(庄田元男訳)と、絶賛しているが、この時点では、中禅寺湖南岸からその風景を見ていないため、サトウは中禅寺湖よりも湯ノ湖の静寂なる風景に魅せられていた。

湯ノ湖畔にある湯元温泉には、10軒の温泉宿があって、うち2軒は新しく建てられた温泉宿であった。サトウ一行は、後年、イザベラ・バードも宿泊していた新築されたばかりの宿、「吉見屋」に泊まっている。

翌日は、雨のため男体山への登山を諦め、日光山内へと下り、そして野木を経由して東京へと戻っていった。

湯元温泉とスキー

　湯元温泉もまた、日光開山の祖、勝道上人が788(延暦7)年に温泉を発見したと伝えられ、『日光山志』には「4月8日を初めとして登山し、各湯室を開き、……9月8日を終わりとして湯室を閉じて麓に下る」と、記されている。

　イザベラ・バードも『日本奥地紀行』の中で湯元温泉をこのように書いている。「手入れの行き届いたこぎれいな家々からなるこの絵のように美しい集落は山と湖の間にあり幅が狭いので、鉋掛けされたばかりの赤みがかった杉材で作られた家(宿屋)が折り重なるように建っている。冬には雪が10フィート(3メートル)も積もるので、住民は10月10日には美しい住まいを目の粗い筵ですっぽりと包み、屋根さえも覆ってしまい5月10日までは低地の地方で過ごす」(金坂清則訳)と、湯元温泉の利用は夏だけの湯治場であったことを書きのこしている。

　湯元温泉は、昭和初期までは、主に夏場だけの湯治場として利用されていたが、スポーツとしてスキーが普及すると、昭和初期には冬場の営業も行われるようになった。

　日本における近代スキーは、1911(明治44)年にオーストリア陸軍参謀少佐、テオドール・エドラー・フォン・レルヒ(1869～1945)によって日本に伝えられ、大正時代になると冬のスポーツとして愛好者が増えていった。日光にスキーが入ってきたのも大正4年の頃といわれている。(『日光市史』による)

　1929(昭和4)年になると東武日光線の開通により雪質の良い湯元地区にも山スキーを楽しむ人々が入り始め、1932(昭和7)年には、湯元スキー場が開設されると湯元温泉街も冬場の営業が行われるようになり、1954(昭和29)年には、国民保養温泉地の第1号として指定をされている。

野州二荒山温泉図(栃木県立博物館所蔵)
1889(明治22)年の日光湯元温泉。ケンブリッジ大学図書館のサトウ蔵書の中には、野州二荒山温泉図が遺されている。

3　賜暇帰国と西郷・ウィリスとの別れ

　日光との関係からは少し離れるが、1875（明治8）年から1877（明治10）年のサトウの主な事跡をたどってみたいと思う。

　サトウは、1875年2月に2回目の賜暇で帰国をすると、7月から翌年の1月にかけて長年の夢であったスイス・イタリアの旅に出ている。

　この旅の経験はサトウの人生の大きな転換ともなっている。さらに日本に帰任すると、2人の友人との悲しい別れが待っていた。

①英和口語辞典の出版

　日光からの旅を終え東京に戻ると、サトウと外務省に勤務していた石橋政方との共編となる『英和口語辞典』の原稿をロンドンに送り印刷をしている。

　この辞書の編纂は、サトウが日本に来日してから4年後となる、1866（慶応2）年から始めていたが、日の目を見たのが、編纂を開始してから9年後となる1875年であった。この年にようやく初版が出版され、1879年には、第2版が出版されている。

　『英和口語辞典』は、日本の話し言葉に精通したいと望んでいた人々には不可欠な手引き書となっているが、サトウは通訳官として言葉の重みを理解しており、言葉という障害を取り除こうと努力した人物でもある。言葉はその国の歴史を背負い、文化そのものであるとも認識していた。

　余談になるが、1985（昭和60）年に横浜開港資料館で「幕末のイギリス外交官アーネスト・サトウ」特別企画展が開催され、その一環として横浜開港資料館館長とアーネスト・サトウの孫にあたる武田澄江さんと林静枝さんとの対談が催されているが、この中で武田

家では、言葉の面では厳格で、正しい日本語でないとよく叱られていたと語っている。ここにも言葉というものは、その国の歴史を背負い、文化そのものとしていた、サトウの影響が残されているためなのだろう。

イザベラ・バードも日本奥地の旅に『英和口語辞典』を持参していたが、これはサトウが、日本語を全く知らなかったバードへの支援として送ったものであった。

ここで、帰国したサトウの足跡をたどってみたい。

②サトウのグランド・ツアー体験

17世紀以降、イギリスの上流階級では、子弟の教育の総仕上げとして大陸旅行（グランド・ツアー）に送り出す習慣があった。それは、国際人としての見聞を広めることと、旅先での危難にあたり勇気と才覚を養うもので、さらにグランド・ツアーの大きな収穫の一つとしてスイス・アルプスの雄大で崇高な景観の発見や、温暖なイタリアの風光、そして壮大なローマの遺跡に初めて接すると、霧と雨に閉ざされる日々の多いイギリスに育った青年たちには、人生観を一変させるほどの強烈なものがあったといわれている。

サトウは、1回目の賜暇で帰国した際に父デーヴィッドとともに、ドイツ・フランスを訪れていたが、自ら望んで極東の日本での仕事を選んだ限り、イタリアへの旅はできないと諦めていた。しかし1875年2月に2回目の賜暇で帰国した際にサトウは、賜暇を延長してもらい、7月末から翌年1月上旬までの約半年、スイス・イタリア各地を旅行している。

知的好奇心の旺盛なサトウにとって、イタリアの歴史・文化は、強く興味を抱かせるものがあった。日本への帰任

イタリア・シエナのドゥオーモ
（2011〈平成23〉年9月撮影）
イタリア・ゴシックの代表的な建築物。

イタリア・フィレンツェ　（2011〈平成23〉年9月撮影）

においても、パリを経由してフィレンツェ、ローマに滞在し、ナポリから日本に向け出航している。

この旅を通じ、ヨーロッパの文化を再認識するとともに、スイス・アルプスの雄大で崇高な自然にふれることにより、新たな自然・風景観や英国紳士としてのアイデンティティーなどが形成されている。これ以降、彼の目に映る風景にも大きな変化があらわれている。

風景観賞の変化

幕末に訪れていた瀬戸内海の光景は、以前は風景として捉えていなかったが、イタリア・スイスの旅を体験した後に、長崎から横浜に向けての航路で見る瀬戸内海の光景を、「スイスやイタリアの湖といえども、この風景には及ばない」(『遠い崖13』)と、単なる眺めや光景ではなく、美として賞賛するようになっていった。

静かな海に浮かぶ島々、白い砂浜、山腹の段々畑に美しさを感じ、目の前を通り過ぎてゆく瀬戸内海の光景は、異国の地にいるサトウの心を癒していた。

スイス・イタリアへの旅以降、日本国内でも崇高な自然を求めて、立山をはじめとする日本各地の山々を訪れるようになっていった。日光においても白根山をはじめとする、日光連山の山々を踏破するようになる。

サトウと同様に瀬戸内海の風景を捉えていた人物がいる。

近代ツーリズムの生みの親といわれているトーマス・クックであった。彼は1869年11月に地中海と紅海を結ぶ全長160キロのスエズ運河が開通すると、その3年後の1872年には、世界1周旅行を売り出している。

世界1周旅行には、クック自らが添乗員として西回りに、日本にも立ち寄

り、瀬戸内海を通過しているが、この時に見た瀬戸内海を「私はイングランド、スコットランド、アイルランド、スイス、イタリアの湖という湖の殆ど全てを訪れているが、ここはそれのどれよりも素晴らしく、それらの全部の最も良いところだけとって集めて一つにしたほど美しい」（石井昭夫訳）と、サトウ同様に波静かな瀬戸内海の風景を賞賛している。

　クックの世界1周旅行の売り出し以降、日本にもグローブトロッター（世界漫遊家）と呼ばれる人々が訪れるようになり、本格的な日本のガイドブックが必要とされていった。

　日光にも明治10年代になると、「グローブトロッター」と呼ばれる旅行者が訪れるようになっていった。

『中央部・北部日本旅行案内』の出版

　サトウのグランド・ツアーの旅には、マレー社の旅のハンドブックを持参していたのだろう。それが後の『中央部・北部日本旅行案内』（『A HANDBOOK FOR TRAVELLERS CENTRAL & NORTHERN JAPAN』）の出版につながり、本書は単なる旅のガイドブックではなく、当時の日本学研究の第一人者たちが研究した日本の動植物や美術工芸、地理・地形、宗教など日本に関する百科辞典ともいえるものであった。

　『中央部・北部日本旅行案内』は、サトウが日本に帰任後から準備に入り、初版は1881年3月にサトウとホーズの共編著として出版している。

　1891年の第3版からは、チェンバレンがサトウから版権を譲り受けてW・B・メイスン[30]との共編で上梓し、題名も『日本旅行案内』とし、最終第9版まで版を重ねたベストセラーであった。

　1913（大正2）年の最終第9版が出版されるまで、32年間にわたり、改訂が続けられてきたことからも、その人気

の一編が窺える。

『中央部・北部日本旅行案内』の初版本は横浜のケリー商会から出版されているが、改訂第2版からはロンドンのマレー社から刊行され、日本を訪れる外国人旅行者の最良の手引き書となっていった。

本書には、「日光とその周辺」と題して、日光の歴史や名所旧跡などが詳細に紹介され、これにより日光を訪れる外国人が増えていった。

③西郷・ウィリスとの別れ

1877年のサトウの事跡をたどってみたい。

1月にサトウは、イギリスから帰任途中の上海でパークスから鹿児島の政治情勢の調査の訓令を受け、2月2日、鹿児島に入っていった。

鹿児島医学校長兼病院長として勤務していた親友のウィリス宅を訪れたが宮崎に往診中で、再会できたのが2月8日であった。その3日後の2月11日には、約20人の護衛に付き添われた西郷隆盛がウィリス邸を訪問し、サトウと面会をしている。懐かしい人であった。

サトウには、新政府と薩摩の関係を仲介できないか、西郷にあたってみようという下心があったが、すでに仲介できる状況ではなかった。この時の様子を日記には、「西郷は監視されているようで、二、三言葉を交わすのみであった」と記している。

短い会話であったが、その中でサトウはこの戦いは西郷の本意ではないと感じ、すでにどうにもならない状態にあることがわかったのだろう。サトウとの面会の6日後には西郷は死を覚悟のうえで出陣している。これが西郷との最後の別れとなった。サトウは西郷を「ラストサムライ」と思っていたのか

ジャパン・パンチの1881年3月号に掲載された「旅行案内の著者サトウとホーズ」
(『ワーグマン素描コレクション』下巻より転載)
このガイドブックは、「日本アルプス」という言葉を最初に活字で著した本であった。
日本山岳会創設の1人である小島烏水は、記念すべき『山岳1号』で、「外国人が書いた、旅・登山の案内書だがこれに勝るものは無い。特に日本アルプスの記事は日本の地理書にも無く、多くをこの本から教えられた」と記している。

もしれない。

　サトウとの面会後、西郷は熊本に向け旅立ち、2月22日には熊本城を総攻撃するが、攻略に失敗すると、3月1日には、田原坂の攻防が始まり、以降、西郷軍は前進困難となり、徐々に後退することとなる。

　9月になると鹿児島に戻り、城山に立てこもり抗戦するものの、天に見放された西郷は、9月24日、政府軍の銃撃を受けた後に自決している。

　ここに国内最後の内乱であった、西南戦争が終息をしているが、西南戦争の終息は、「サトウの明治維新」の終末でもあり、ある虚しさを感じていた。

　宇都宮城趾には、明治5年に東京鎮台の宇都宮駐屯部隊が置かれ、西南戦争では宇都宮からも政府軍として出兵していった。

　その一兵士が書いた「西南戦闘日誌」が遺されているが、その日記には、城山総攻撃となった9月24日の天候は、午前中は晴れていたが「午後には細雨（さいう）」となったと記されている。これは西郷の慚愧（ざんき）の念からだろうか（栃木県文書館所蔵）。

　一方、ウィリスは西郷隆盛などの推薦により鹿児島医学校兼病院長として勤務していたため、この西南戦争により本国イギリスに帰国せざるを得なくなった。

　その背景には、ウィリスは英国から軍艦を借りて形勢を逆転しようとした西郷軍の特使として、実現はしなかったものの英国軍艦の借り受け交渉をしていたためともいわれている（『ワーグマン素描コレクション』）。

　ウィリスが鹿児島医学校で教えた医学は、常に実践的・実用性を基本とするもので、彼の教育を受けた学生の中には、東京慈恵会医科大学を創設した高木兼寛（かねひろ31）など、その後の日本の医学界

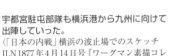

宇都宮駐屯部隊も横浜港から九州に向けて出陣していった。
（「日本の内戦」横浜の波止場でのスケッチ ILN 1877年4月14日号『ワーグマン素描コレクション』下巻より転載）

の指導的立場の人物が輩出している。

彼が日本の外科医学の近代化に果たした功績は大きく、今でも鹿児島ではその遺徳が慕われている。

西郷隆盛とは、1877年2月11日の面会が最後の別れとなったが、ウィリアム・ウィリスとは、サトウが1884(明治17)年1月にバンコック(シャム)駐在の代表兼総領事となった同年の9月に、サトウの尽力でウィリスは総領事館付医師に再び任命され、バンコックで生活をともにするようになった。

サトウは、1889年5月にウルグアイの弁理公使としてバンコックを離れることとなったが、その後もウィリスは、バンコックに留まり9年間、医者として医療に従事し、日本と同様に医師として高い名声を得ているが、しかし灼熱の気候は巨漢であったウィリスの健康を蝕み、1893年8月、英国に帰国している。

帰国後は病気養生をしていたが、1894(明治27)年2月14日、北アイルランドの兄ジェームズの家で没している。享年57歳であった。

ウィリスは、バンコックに滞在中に死後の財産処分についての遺言書を書きのこしていた。

鹿児島医学校に勤務していた当時、日本人女性と結婚し子どもを設けている。子どもはウィリスが引き取り育てていたが、その息子アルバートの母親である江夏八重には、アーネスト・サトウを介して300ポンド遺贈することを依頼してあった。

アーネスト・サトウは、このような遺言書を書かなければならなかった、ウィリスの不幸に胸が押しつぶされそうな想いであったが、日本公使に就任すると、早々にウィリスの遺贈の依頼を履行している。

西郷の特使、ウィリアム・ウィリス
手に持つ帽子には島津家の家紋「丸に十の字」が描かれている。(『ワーグマン素描コレクション』下巻より転載)

4　日光連山の山歩き

1877年3月に本国から東京に戻ったサトウは、4月に甲府を旅行し、7月にはディキンズ夫妻とともに富士登山をしていた。続いて9月にもディキンズとともに、榛名山、浅間山、白根山、男体山など北関東の山歩きと植物調査（採集・標本作成）をしている。

日光連山の山歩きは、1877年9月12日に東京を出発し、伊香保温泉に立ち寄り、パークス夫妻も登頂した浅間山に登り、赤城山を経由して9月24日には、群馬県片品村から憧れの日光白根山に登山をしているが、白根山では途中、道に迷い遭難騒ぎを起こしていた。

①白根山で道に迷う

日光を訪れるのはこれで3度目となる。白根山登山では、片品村の小川で地元の78歳になる老人の案内人をつけ白根山へと向かっていった。

『片品村史』によると、小川では昔から「白根まいり」と呼ばれる信仰登山が盛んに行われていたことが記録されている。サトウの案内役を務めた老人は、「白根まいり」の先達であったのだろう。

東京から白根山を望む

サトウにとって白根山は憧れの山であった。「東京の九段坂の上から、そして日光と都の間にある多くの地点から白根の姿が遠望できるのであるから、晴れた日には頂上からは広大な風景が望めるはずだ」（庄田元男訳）と、日記に書いている。当時は、東京から日光の山々が見え、その中でも白根山はひときわ雪に覆われ白い山体の姿を現し、いつか登りたいと思っていた。

白根山という名前も冬に雪がいち早く積もり、ひときわ白く輝くところから付けられている。

東京開成学校で物理学を教えていた

練馬区役所展望ロビーから望む白根山（若林純氏撮影）

練馬区役所展望ロビーから望む男体山（若林純氏撮影）
男体山は別名日光富士とも呼ばれている。

アメリカ人教師ヴィーダーが、1877年12月21日から翌年の10月21日まで、東京の本郷加賀屋敷（現本郷キャンパス）から毎日、午前7時と午後1時30分に男体山や富士山などの山々を観測していた記録が遺されている。これによると男体山が見えた日数は75日となっているが、これを1年に引き延ばすと約90日、東京から男体山が見えていたこととなる。ちなみに富士山が見えた日数は82日でこれを1年に引き延ばすと約100日となっている。

白根登山コース見取図

第3章　アーネスト・サトウと明治初期の日光　　143

　明治期には日光の山々が東京から観測でき、サトウの憧れの山である白根山も見えていた。

白根山登山

　白根山は、男体山の「奥の院」ともいわれ、標高は2578m、国内では、これより北に白根山より高い山がないことから「以北最高峰」とも呼ばれ、深田久弥の『日本百名山』や花の百名山にもその名を連ね、高山植物の宝庫としても知られている。

　『中央部・北部日本旅行案内』には、「その山腹には様々な種類の高山植物が自生していた」（庄田元男訳）と、記してあり、サトウも白根山の高山植物に興味を抱いていた。

　サトウが興味を抱いた高山植物も近年、シカによる食害で「シラネアオイ」などの高山植物が急速にその数を減少させるなど、生態系の変化が進んでいる。サトウが白根山を訪れた時には、噴火により高山植物への影響も出ていた。

　白根山は、金精山、座禅山、五色山に囲まれた複式火山で、1872年5月と、その翌年の3月にも噴火が起こっている。サトウも難儀しながら、奥白根へと向かって行った。

　サトウが訪れた1877年には、新しい円錐形の火口も確認され、一部では、まだ植生への影響があったようであるが、サトウは、「噴火が引き起こした傷は既に部分的であるがシャクナゲやコケモモなどが生え回復してきている。……戦場ヶ原でも地獄の茶屋（龍頭の茶屋）で1フィートの灰が積もったという」（庄田元男訳）と、噴火時の状況などを日記に書きのこしている。

　アーネスト・サトウの研究家である尾田啓一氏は、サトウの自然観察の記述は、「高いレベルの自然観察者のフィールドノートを見るようであり、

前白根山から仰ぐ白根山（1974〈昭和49〉年5月3日撮影）

シラネアオイ（花期は6月中旬）

白根山は古くから本草学者の研究の場であり、シラネアオイについて武田久吉は、昭和23年に刊行された『民俗と植物』のなかで、このように記している。「日光、白根山の前白根に多く、そして花が一見アオイに似ているので、この名が与えられたのだが、この山が昔から登られて、そこにこの草が生ずることがよく知られていたために、シラネアオイの名はかなり古い文献にも見当たるのである」と記している。『日光山志』にもシラネアオイは絵が添えられ紹介されている。

その資料的価値はひじょうに高い」と評価をしている。

2014(平成26)年、戦後最悪となった御岳山の噴火を受けて、「白根山火山防災協議会」が開催されているが、この中で白根山が噴火した場合の「噴火シナリオ」が初めて示され、サトウが書きのこしているように、火山灰は戦場ヶ原の赤沼付近で数十センチとなる可能性が示され、具体的な防災対策の検討が進められるようになった。

さて、サトウと案内人は、奥白根から前白根(標高2373m)を経由し金精峠に進む予定であったが、濃い霧のため道を間違え、外山へと向かい、外山沢を下り始めている。日記には、「しばらくたどるとやがて下降不能な滝に出会い、引き返さざるを得なくなった」と、書きのこしているが、この滝は外山沢の最上流にある緑滝であろう。外山沢は、雲龍渓谷と並び日光の秘境の一つに数えられ、岩登りの道具や技術がなければ前進は不可能である。

時刻も午後6時を過ぎ、サトウはやむなく野宿をして、日の出を待つこととした。翌25日は、コンパスや高度計を使い、もと来た道を引き返すという山の原則を守っているが、危機にあたりサトウらしい判断である。

幸運にもサトウ一行を捜していた人々に出会い、無事に金精峠から湯元温泉にたどりつき、3年前にも利用していた吉見屋に止宿している。

サトウが山中でビバークしていた9月24日は、西郷隆盛が自刃した日で、享年51であった。それを知るのは、東京に戻ってからである。

さらにサトウの山旅は続けられている。

1874年に奥日光を訪れた時には、雨で男体山登山を諦めたが、今回の山旅では、大真名子、男体山の山頂を目指

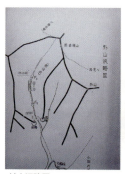

外山沢略図

早春の白根山と中禅寺湖
サトウや武田久吉の研究を長年続けられている尾田啓一氏は、白根山の春先の岩肌と積雪が織りなす模様は北を向いて横たわる白虎を思わせる雪形のようであると見ている。

している。

通常であれば、白根山であのようなことがあった後での登山は諦めるところであるが、予定どおりに大真名子、男体山へ登っている。

かつてサトウの上司であったアダムズは、「私はこれほど大胆不敵な人物に出会ったことがない」と、サトウを評価しているが、まさに大胆不敵で驚異的な体力の持ち主である。これも幕末期に多くの修羅場をくぐってきたからだろう。

②男体山登山と湖畔の変貌

9月27日の大真名子山頂では、日光修験道の遺跡、寒沢宿から登ってきた4人の修行僧に出会っている。サトウが出会った4人の修行僧について日光山興雲律院の中川光熹住職は「日光の登山史」の中で、「秋峰禅頂の最後の行者であった可能性は強い」と、記している。山頂には、ブロンズでできた国常立尊像が安置され、志津小屋には「数え切れないほどの巡礼者がいた」(庄田元男訳)と、サトウは日記に書きのこしている。

志津は日光連山の中心地で、男体山、太郎山、大真名子山への登山が最も容易であることから、昔から日光山修験道の重要な拠点とされ、女峰山、大真名子、男体山などは、日光山修験道として明治初期頃まで、多くの人々が心身鍛練の修行を行っていた。日光の登山道の大半は、修験道が、現在もそのまま登山道として使われている。

サトウ一行は、この日はいったん湯元温泉の吉見屋に戻り、翌28日に再度、志津小屋方面から男体山に登っている。

男体山山頂では、白根山、庚申山、太郎山などの山並みや紺碧に光る中禅寺湖を眼下に眺め、この雄大な風景と

白根山概念図
(『栃木県山岳遭難防止対策協議会登山ガイド』より)

ともに、「岩山の背後には錆びた剣が無数に置いてあった」ことや植物調査など、サトウは広範囲な博物学的見地から男体山の自然を観察していた。

サトウが男体山登山をする2カ月前には、大森貝塚の発見者としても著名な生物学者、エドワード・モース（1838〜1925）もサトウのガイドブックを頼りに日光を訪れ、男体山登山を愉しんでいる。

サトウ一行は北斜面の志津方面から山頂を目指していたが、モース一行は南斜面となる中禅寺湖畔側から山頂を目指していた。

山頂には、「槍の穂や折れた刀身が散っていた」ことや、「立てた誓を力強めるためにささげた、何本かの丁髷」があったこと、そして富士山を遠望したことなどが彼の著書、『日本その日その日』の中に記されている。モースもまた、考古学的見地から男体山山頂からの風景を眺めていた。

モースは、男体山頂遺跡の最初の発見者ともいわれているが、男体山頂遺跡は、1924（大正13）年に初の本格的考古学調査が行われ、さらに、1959（昭和34）年の調査で男体山山頂からは、平安から室町時代にかけての鏡、密教法具、古銭、土器などが出土し、日本有数の祭祀遺跡であることが判明している。モースは、すでにこの登山で山頂部には祭祀遺跡があることを確認していた。

外国人による男体山登山は明治6年頃から行われていたともいわれている。ドイツ人医師デーニッツやラインは、植物採取を目的として男体山に登っていたが、『日光市史』によると、モース

裏男体の志津
標高1785m。表男体山の5合目に位置する。

早春の男体山（上吉原勉画）

の男体山登山が外国人としての最初の近代登山であったと書かれている。これは、近代登山をスポーツやレクリエーションとして捉えたからだろうか。

今回のサトウの山旅では、採取した植物標本のひと揃いを人夫に持たせて日光の山々を踏破している。男体山でも途中で実をつけたブナとヤマナシの木を見つけ、標本にして持ち帰っているが、その後、植物標本類は、すべてディキンズの研究用に贈与している（武田久吉『エルネス・サトウの片影』）。山頂で風景を愉しんでいたサトウ一行であったが、東斜面から霧が立ちこめてきたため、急峻な山道を中禅寺湖畔へと下りていった。

サトウが登山した北側（裏男体）からの登山ルートは、「前年まで登ることは禁じられていた」と、書きのこしている。

サトウやモースなどの登山により奥日光の山々は、それまで信者しか登る者がいなかった「信仰の山」であったが、風景を楽しむ「近代登山」へと幕開けしていった。

男体山概念図
（出典：『栃木県山岳遭難防止対策協議会登山ガイド』）

日本アルプスを世界に紹介

サトウは、スイスの旅以降、登山にも興味を抱き、北関東の山々以外にも日本の主峰を踏破している。

1887（慶応3）年8月には、富山湾の船上から雄大な北アルプスの立山連峰を英国人として初めて遠望し、その11年後となる1878年には、退役海軍士官ホーズと信州の大町側から針ノ木峠を越える立山登拝路をたどって北アルプス北部を横断している。

その2年後には、戸隠・妙高を踏破し、さらに翌年の1881年の夏には、ホーズとともに、奈良田（現在の山梨県早川町）から南アルプスの間ノ岳（標高3189m）と農鳥岳（標高3026m）などにも登り、富士山には3度登頂するなど、日本の山々を踏破して世界に日本の大山脈、日本アルプスがあることを、ホーズとの共著である『中央部・北部日本旅行案内』の中でいち早く紹介したのはサトウであり、日本に「近代登山」を導入した先駆者でもあった。

湖畔の変貌

男体山から湖畔に下山したサトウは、「3年前までは1軒もなかったのに今では4軒の旅宿ができていた」（庄田元男訳）と、湖畔の変貌を書きのこしている。

3年前（明治7）年に当地を訪れた時には、湖畔には行者小屋と六軒茶屋があっただけであったが、この頃から六軒茶屋が旅宿に変わりつつあった。

六軒茶屋でも外国人が利用できる旅宿は、茶屋としては後発となる米屋と蔦屋であった。サトウは、米屋で休憩しながら、ビールを飲んでいたのだろう。1881年に刊行した『中央部・北部日本旅行案内』には、米屋では、「粗末だがテーブルと椅子が用意されていてビールも飲める」（庄田元男訳）と、紹介されている。

大町山岳博物館から望む北アルプス（後立山連峰）
中央部が蓮華岳（2799m）その左が北葛岳（2551m）と七倉岳（2509m）。サトウは1878（明治11）年、信州大町から蓮華岳と針ノ木岳の鞍部となっている針ノ木峠を越え越中立山へと向かっていった。

一方、この翌年（明治11）の6月には、イザベラ・バードも湯元温泉を訪ねる途中、中禅寺湖畔の集落を通っていたが、人気のない湖畔の集落には一抹の寂しさをも感じていた。

当時は、湖畔に住民が定住するようになってから、まだ、5、6年目であり、そこには子どもの姿もなく、ようやく中禅寺湖畔も風景地として内外に認識されつつある時代であった。

サトウ一行は、9月29日に湯元温泉から日光山内へと下っていった。

日光では、四軒町にあった金谷カテッジインに宿を取ろうとしたが、料理人を同行していないヨーロッパ人を泊める用意ができていないと断られ、やむなく神橋近くの小西旅館に宿泊をしている。

日光山内では、三仏堂が新たな場所に建設されつつあることなど、3年前と比べると神仏分離が進んでいるのを確認し、霧降の滝などの近傍をめぐり、10月1日、約3週間に及ぶ山旅を終え、東京の飯田町の家へと戻っていった。

サトウの旅日記の最後の部分には、「ガイドブックは今や第3版を出版してもおかしくない時期にきている」と、記されていることから新たな旅宿の出現や道路の整備などによりガイドブックの改訂版の必要性を感じていたのだろう。先述したように、初版は1875年に『A Guide Book to Nikko』（日光案内）として刊行されているので、2年後に第3版の出版を企画しているところから、このガイドブックは好評であったようである。

③ディキンズと伊藤圭介

東京に戻ったサトウは伊香保まで旅に同行していたディキンズに「白根はじつに興味ぶかい火山で、もう一度

登ってみる価値があります。時間に限りがあったので、庚申山までゆけませんでしたが、湯元から、大真名子山と男体山には登りました」(『遠い崖13』)と手紙に書いている。

サトウはこの頃から植物に強い関心を示し、シーボルトの門下生でもあった東京大学理学部員外教授を勤め、日本の近代植物学の祖といわれる伊藤圭介からも植物学について指導を受けているので、日光の植物についても聞き及んでいたのだろう。

伊藤圭介は、1827（文政10）年に日光を訪れ、薬草の採集を行っているので、日光の植物についても熟知している。

シーボルトが著した『日本植物誌』の中でシャクナゲについて、「この美しい種は北日本北部の高山に生育し、とりわけ日光の山々には多く見出される」と、覚え書きに書きのこしているが、シーボルトも伊藤圭介から日光の植物について聞き及んでいた。今でも中禅寺湖南岸と湯ノ湖南岸には、アズマシャクナゲの群生地がのこされている。

サトウは、ディキンズへの手紙で今回の旅で採取した植物の同定を依頼しているが、ディキンズはサトウの植物研究などの師友であった。

ディキンズは、サトウより5歳年上でロンドン大学の理学、医学の両学士号を持ち、植物学に詳しく、特に、イギリスで室内の観賞植物として人気のあったシダ類に注目し、日本で採取した標本などをロンドンのキュー植物園に送っている。その中の一つにオオクジャクシダがあり、キュー植物園のフッカー園長は、ディキンズにちなみネフディウム・ディキンシイと命名、現在でも世界遺産となったキュー植物園にはネフディウム・ディキンシイをはじめ世界中から集めた多くのシダ類が育てられ、イングリッシュガーデンには

コッツウォルズ地方のヒドコート・マナー・ガーデンにあるシダ類やグラス類

必須の植物となっている。

　伊藤圭介は、1888年には、日本初の理学博士の学位を受け、「雄しべ」、「雌しべ」、「花粉」という言葉を作ったことでも広く知られているが、ディキンズは1879年に、イギリスに帰国をすると伊藤圭介の伝記『伊藤圭介略伝』を英訳している。これはディキンズが日本に滞在していた時に伊藤圭介と交流があり、サトウや圭介が小石川植物園で植物の学名を見出すのを助けていたので、それが縁で、伊藤圭介の評伝を英訳していた。

　サトウは小石川植物園で伊藤圭介やディキンズから本格的に植物学を学び、植物名をカードに整理し、研究をしている。そのためだろうサトウの日記には、多くの植物の名前が書き込まれている。

　伊藤圭介は、1877年に、東京大学最初の学術的出版物となる『小石川植物園草木目録』を上梓しているが、これにもディキンズの協力があったのだろう。サトウは、ディキンズへ次のような手紙を送っている。

　「伊藤圭介が作った小石川植物園の『草本目録』を一部、お届けします。これによって、あなたが作った植物のリストを確認したり、それに追加したりすることができました」（『遠い崖13』）と、ディキンズも小石川植物園などの植物リストを作成し、サトウはこれを基に植物の調査・研究をしていたことが記されている。ケンブリッジ大学図書館のサトウ蔵書の中には、伊藤圭介が著した『草本目録』が遺されている。

　サトウはその後も、植物に強い関心と愛着を持ち続け、その知的好奇心は、植物学者となった次男の武田久吉博士へと受け継がれている。

小石川植物園（日本庭園と旧東京医学校）
サトウは、伊藤圭介やディキンズから植物学を小石川植物園で学んでいた。

日本における近代登山

　日本における「近代登山」の歴史を紐解くと、1874（明治7）年に3人のイギリス人がピッケルとナーゲル（鋲靴）を用いて六甲山に登ったことに端を発しているといわれている（安川茂雄『近代日本登山史』）。

ナーゲル（鋲靴）（大町山岳博物館所蔵）

　近代登山を導入した3人のイギリス人とは、アーネスト・サトウと「日本考古学の父」と呼ばれ、「日本アルプス」の名付け親であるウィリアム・ガウランド[35]、化学者で東京開成学校（東大）の教師でもあったロバート・ウィリアム・アトキンソン[36]である。3人は登山靴を履き、ピッケルを手にして故国を遠く離れていたが、せめてもヨーロッパ・アルプスの雰囲気を味わいたいと思ったのかもしれない。

　ガウランドとアトキンソンは「日本アジア協会」に所属し、アーネスト・サトウが主編著者となって1881年に出版された『中央部・北部日本旅行案内』には、当時、人跡未踏地であった中部山岳地帯の記事の筆者としてW・ガウランドやR・W・アトキンソンと紹介されている。ガウランドは外国人としては初めての槍ヶ岳登頂者であり、アトキンソンは1879年に八ヶ岳、白山、そして立山に登頂し、その山旅を「中央部・北部日本旅行案内」の中で紹介し、本書は中部山岳地帯を歩く者の必読の書となった。なお、ガウランドの山の足跡は、中部山岳地帯のみならず、鳥海山や日光連山にもその足跡を残しているようだ（布川欣一『明解　日本登山史』）。

　近代登山の象徴といえるピッケルが日本人の手により日本に持ち込まれたのは、1910（明治43）年にユングフラウの登頂に成功した加賀正太郎（1888～1954）により持ち帰ったものとされている（栃木県立博物館『行楽・観光・レジャー』）。

　彼は、ユングフラウの登頂によりヨーロッパアルプスの4000メートルを超える山に登った日本人第1号の名誉を得て、持ち帰った山道具は現在、長野県大町山岳博物館に日本の近代登山史を飾るものとして展示されている。

　加賀正太郎もヨーロッパ的風景地である中禅寺湖に魅せられ後年、中禅寺湖畔の菖蒲ヶ浜に自らの山荘を構え、登山やハンティング・釣りなどを愉しんでいるが、現在でもその山荘は、菖蒲ヶ浜に遺されている。

大町山岳博物館に展示されている加賀正太郎のピッケル（向かって右側）

5　足尾銅山から日光へ

　1880年9月24日、従者の本間三郎[37]を伴い、4度目となる日光への旅へと向かっていった。この年の1月には長男、栄太郎が誕生している。

　岩槻から古河、幸手を経由して野木、栃木へと向かい、ボートに興味のあるサトウは、栃木の町内を流れる「巴波川（うずまがわ）はカヌーでの川くだりにはもってこいの場所」と、日記に記しているが、東京でもサトウは、隅田川などでカヌーを漕ぎながら、移りゆく東京の風景を眺めていたので、巴波川の流れに興味を覚えていたのだろう。

　栃木町では老舗の料理屋である鯉安（こいやす）で昼食をとり、巴波川（うずまがわ）沿いに下永田に向かっていった。

　この旅の翌年、1881年にサトウとホーズの共編著として発行された『中央部・北部日本旅行案内』の中では、「栃木は人口4000人で栃木県庁所在地であり、下野で最も重要な町である」（庄田元男訳）と、紹介されている。サトウが訪れた当時の栃木の町は、巴波川に栃木河岸（かし）があり、舟運の物資集散地として隆盛を極め、栃木県庁も栃木町に置かれ、文化・商業・交通の一大中心地であった。

　イザベラ・バードも『日本奥地紀行』の中で、当時の栃木の街並みをこのように記している。

　「栃木という大きな町に着いた。……多くの屋根が瓦葺きで、町のたたずまいは、これまで通ってきたどの町よりもすばらしい」（金坂清則訳）と、宿泊した宿では外国人女性の一人旅であったため、難儀をしているが、商人の町として繁盛していたことを書きのこしている。現在でも巴波川沿いには多くの蔵が残され、往時が偲ばれる街並みが残されている。

現在の巴波川（幸来橋下流、塚田歴史伝承館付近）

①栃木町から足尾へ
大越路峠と芭蕉の句碑

　サトウ一行は栃木町から下永野に向かい道路沿いにあった絹屋という宿屋に止宿し、翌日は、大越路峠で休憩をしながら秋色に色づいたアケビをスケッチしている。サトウも画家ワーグマンの手解きを受け、絵心もあったのだろう植物画にも挑んでいた。

　大越路峠は、舟運の盛んな栃木町と日光を結ぶ重要なルートの峠で、多くの人々が日光を目ざして峠を越えて

足尾銅山から日光への旅コース見取図

日光連山

━━━ アーネスト・サトウがたどったコース

野渡より舟で帰京

いった、現在はトンネルが開通したことにより峠に至る道路は、通行止めとなり周辺の林相も変貌しているが、今でも峠には1838（天保9）年に建立された松尾芭蕉の句碑が遺されている。

　そこには、「梅が香に　のつと日の出る　山路かな」と刻まれていた。句意は、「余寒が頬に冷たい明け方の山路を歩いていると、どこからともなく梅の香が漂ってきた。すると、その香に誘われるように、真っ赤な太陽が目の前にいきなり姿を現し、まわりがぱっと明るい光に包まれた」という旅の経験に基づく芭蕉51歳の最晩年の句で、早春の山路で、朝日の昇る感動の一瞬をとらえた名句でもある。

　峠には茶屋があり、サトウも茶屋で休憩しながらこの句碑を見ていた。

　大越路峠は1872年、最初に日光を訪れた際に帰路として通っていた峠であった。その際には、勝道上人の修行の場であった出流山満願寺へと寺坂峠を越え向かっていったが、今回の旅では、大越路峠を越え下粕尾から発光路へと、さらに粕尾峠を越えて足尾に向かうコースをたどっている。

　発光路は足尾銅山が活況を呈すると栃木方面から多くの食料品や日常品などの生活物資が運搬され荷継所として賑わっていたが、サトウが訪れた時には、まだ宿も1軒もなく寒村であったと記されている。

発光路牧場

　発光路には、サトウが訪れる4年前の1876年、安生順四郎（初代栃木県会議長）により創設された牛乳の生産を目的とした「発光路牧場」があったが、サトウの旅日記には何も書かれていないことから、この牧場には気がつかずに通り過ぎていたようだ。

　牧場創業者の安生順四郎は、日本人は蛋白質が不足しているので、これを

補うためには牛乳が最も適しており、さらに西洋文化の導入により菓子その他の食品に牛乳の需要が多くなることを知り、牧畜に目をつけたという(『粟野町史』)。

牧畜以外にも、杉、ヒノキの植林や桑苗、漆などを植え付け、林業経営や養蚕業・漆器類の製造なども営もうとしていた。

当初の牧場敷地面積は、65ヘクタールで洋牛など、22頭を飼育していた。その後、官有地約3,800ヘクタールを借受し牧場を拡張しているが、牧場経営の実態は、広大な山林の払い下げを受けるために銀行などから無理な融資を受け、その返済に苦慮していたといわれている。

1906(明治29)年には、発光路牧場は閉鎖されたが、殖産興業の一翼を担おうとした情熱と遠大なる構想には、明治の人々の近代国家建設にかける気概が感じられる。

サトウと我が国初の洋式牧場

サトウは、我が国初の近代洋式牧場といわれる、元会津藩士広沢安任(1830～1891)により1872年、青森県下北(三沢市谷地頭)の原野に開設された「広沢牧場」の創業にも協力をしていた。洋式牧場の開牧にあたり、アルフレッド・ルセーとアンドリュー・マキノンの2人のイギリス人を紹介している。

ルセーは、イギリスで東洋学を学び幕末に来日、越前福井藩に雇われ、洋学を教えていたこともあるインテリである。一方のマキノンはスコットランドの農夫で牧畜のベテランであった。この2人によりイギリス流の牧畜技術が日本に伝えられ、日本産牛馬の品質改良を行うなど、「日本近代畜産」の礎を築いている。

サトウと広沢安任との出会いは、幕

マキノン(左)とルセー(右)
(三沢市先人記念館所蔵)

末動乱の時期にサトウの従者であった野口富蔵を通じて出会っていた。

広沢は幕末には会津藩公用方を務め新撰組の管理などを行っていた。戊辰戦争では一身を挺して藩主の冤罪を総督府に訴えたが、京都で長州人たちを弾圧した罪で投獄され、それを救い出しているのも、またサトウであった（星亮一『下北の大地』）。サトウは木戸孝允に広沢の助命を乞う書簡を送り、これにより広沢は九死に一生を得ていた。

サトウの1896（明治29）年5月7日の公使日記で次のように触れている。

「会津の広沢富次郎（安任）が、1868（明治元）年に彼のために私が木戸に口添えしてくれたお蔭で命を助けられたと語ったそうだ。おそらく実際にそれが役にたったのだろう」と、元会津藩士であった日下(くさか)義雄より広沢が始めた洋式牧場などの話聞き、日記に書きのこしている。これは広沢安任の死後5年後のことであった。

明治になってからも武士道精神に崇敬の念を抱いていたサトウは武士として最後まで戦い抜いた会津藩士のその後の動向についても気にかけていた。

広沢牧場は、戦後の農地改革後牧場経営を辞め、この土地を三沢市に寄付している。現在は、広沢安任をはじめ、この地域の発展に尽力した人々を顕彰する「三沢市先人記念館」が牧場跡地に建てられ、館内にはアーネスト・サトウと広沢安任との交流や勝海舟などとの交流について展示・解説され、極寒の地、下北半島に移住せざるを得なかった会津藩士の苦難の歩みを今に伝えている。

先人記念館（左）と牧場開拓時代を再現しているブロンズ像（右）

②庚申山登山

　サトウの旅に話を戻そう。発光路集落から粕尾峠を越え足尾に向かうコースは、登山のような「崇高な自然」は感じられなかったかもしれないが、素朴で親しみやすい自然の風景がそこにはあった。

　一行は発光路から標高1100mの粕尾峠を越え足尾に入りここで止宿。翌朝、勝道上人により766年に開山された深山幽谷の世界が広がる庚申山に向かっている。

　庚申山は江戸後期の読本作家、滝沢馬琴により著された『南総里見八犬伝』や庚申講の信仰で知られ、江戸時代には庚申山、鋸山、皇海山の尾根を登り修行する「三山駆け」と呼ばれる信仰登山が盛んに行われていた。

　庚申山の山頂手前からの眺望は、百名山の皇海山や袈裟丸連峰、日光連山を見渡せる絶好の場所であり、サトウもこの絶景に満足しているようで、「よく晴れた日でこの登山はとても成功したと言っていい」(庄田元男訳)と、書きのこしている。

　1890年には、武田久吉に強い影響を与えていた植物学者三好学[39]により庚申山の岩場で食虫植物であるコウシンソウが発見されている。コウシンソウはタヌキモ科の多年草で、高さ約5センチ、花の大きさは1センチ程度の薄紫の可憐な花を切り立った断崖に咲かせ、現在では、国の特別天然記念物に指定されている。

　サトウ一行は別所(庚申山荘近くにあった猿田彦神社社務所)で1泊し、翌朝、足尾銅山、神子内を通り、細尾峠で英国公使館書記官(1879年には代理公使を務めていた)のケネディ夫妻[40]と合流し日光へと向かっているが、当時の足尾銅山の様子はどうであったのだろう。

コウシンソウ記念切手
(著者所蔵)

1946(昭和21)年に焼失した社務所に代わり1946(昭和23)年に建てられた庚申山荘

現在の庚申山荘(日光市役所足尾総合支所観光課提供)

足尾銅山

　足尾銅山は、1550（天文19）年頃に発見されたと伝えられている。1610（慶長15）年、備前楯山で銅鉱床が発見されると本格的採掘が開始され、幕府の直営鉱山として幕府財政を支え、オランダにも輸出されていた。採掘した銅は江戸城や日光東照宮の造営にも銅瓦として使用され、ピーク時で、1,500トンもの銅を産出し、足尾の町は「足尾千軒」といわれるような発展を見たが、幕末に至っては産出量が減少して休山の状況であった。

　1871年には民営化されていたが、銅の産出量は減少したままであった。

　1877年、古河市兵衛は渋沢栄一[41]ら[42]の出資により廃山同然であった足尾銅山の経営に着手したが、数年間は全く成果が出なかった。

　1881年に、鷹之巣坑で有望な鉱脈を発見するとともに、新たな技術の導入や経営の近代化を進め、1890年代（明治20年代）には、日本産銅の40％を産出する日本一の銅山に成長させていった。

　その一方で急激な銅山開発は足尾鉱毒事件と呼ばれる公害を引き起こしている。渡良瀬川の上流部にあった松木村では、1883年頃から煙害が発生し、下流部における鉱毒被害が最初に表面化したのは、それから2年後。渡良瀬川の名産となっていた鮎の大量死という事件が発生している。

　サトウが最初に足尾を訪れていた1880年当時は、古河市兵衛が銅山経営に難渋していた時代で、周辺環境への悪影響はまだ出ていなかったが、それから数年後には精錬所付近の樹木が枯れ始めている。

　パークスやサトウなどは、明治初期から足尾銅山には注目していた。

久蔵川、松木川、仁田元川の合流地点付近の山々
1973（昭和48）年には、足尾銅山は閉山されたが、煙害などにより表土が流され、日本のグランドキャニオンとも呼ばれていた。現在は、ボランティアなどにより、周辺の山々で、緑化が行われている。

③松平容保と保晃会

ケネディ夫妻と合流したサトウは、9月29日に東照宮、大猷院を訪れている。旅日記には、「午前中家康の霊廟をそして午後には家光のそれを訪れた。前者の禰宜は保科といい後者のそれは以前西郷と呼ばれた会津の人である」(庄田元男訳)と書かれているが、これはサトウの誤解であった。

東照宮の案内役を務めていたのが、元会津藩家老であった保科禰宜(西郷頼母)[43]で、大猷院では、「西郷と呼ばれた会津の人」でなく、輪王寺の担当者が案内していた。

ここでも、元会津藩の人々に注目していたことが窺える。

1880年2月に旧会津藩主松平容保[44]が、日光東照宮の5代目の宮司に赴任すると、同時に会津藩の家老職を務めていた西郷頼母近悳が宮司を補佐する禰宜に就任している。

西郷頼母は、明治になると藩主である保科家の分家であったため、本姓を西郷から保科に改姓していたので、それでサトウは誤解をしたのだろう。

サトウが元会津藩の家老であった西郷頼母に興味を覚えたのは、会津藩の士風に崇敬の念を抱いていたからで、サトウの回顧録には、「会津の人々との友情は明治になってもつづいた」(坂田精一訳)と、書きのこされている。

このためだろう後年、サトウが中禅寺湖畔に建てた山荘の最初の管理人は会津の人であった。

保晃会の設立

松平容保が宮司を務めていた頃の東照宮をはじめとする二社一寺は、幕府からの庇護を失い、経済的に困窮し、社殿修理にも困難をきたしていた。

そうしたなか1879年に安生順四郎や矢板武[45]、印南丈作[46]などの栃木県の有力者たちが二社一寺の建築物の維持・保

東照宮神官録には禰宜保科近悳とある。

全を図るため、会員から寄金を募り、この資金の利子によって日光山の奉賀活動を行う「保晃会」を組織し、初代会長には東照宮宮司となった松平容保が、副会長には安生順四郎が就任している。保晃会立ち上げの中心的役割を担っていたのが、発光路牧場の創設者でもある安生順四郎であった。

保晃会の設立準備は、1875年頃から進められ、1879年7月、前アメリカ大統領ユリシーズ・グラントが日光を訪れた際に、助言を受けたことも一つの契機となり、構想が実現化され保晃会が設立されていった。

ちなみに前アメリカ大統領グラントは、日光を訪れる7年前に、世界最初の国立公園といわれる「イエローストーン国立公園」の指定に署名したその人であり、1872年には、日本から岩倉使節団がアメリカを訪れ、首都ワシントンでグラント大統領に謁見をしているので、伊藤博文とは旧知の仲であった。

『日光市史』には、「明治12(1879)7月、伊藤博文とともに日光を訪れた前米国大統領グラントは、日光の美観を賞賛し、殿堂の保護を提唱した」と、記述されているところから、アメリカのイエローストーン国立公園のような制度が、日本でも必要であると説いていたと推測できる。

安生たちは、グラント将軍に随行していた伊藤博文内務卿に謁見し、二社一寺の保存について嘆願しているが、その答えは、西南戦争後の日本の財政は困窮しており、国による保存は時期尚早であるというものであった。

このため、安生たちは、地域住民を中心とした保全活動を行う「保晃会」設立の願書を同年11月11日付で内務卿の伊藤博文あてに提出している。

早くも、同月の28日には、国の認可を受け保晃会は発足し、具体的活動

は翌年よりスタートしているが、偶然だろうか保晃会の具体的活動が開始された年にサトウは日光を訪れていた。

サトウのアドバイス

パークス伝の中に記述されている、1881年の日本の出来事として、「各方面の日本人が30万円という多額の寄付をした。日光は倒れた徳川王朝の歴史と深い由縁のあるところで、これは日本人の全国的な行為として真に最初のものである」（高梨健吉訳）と、保晃会活動が紹介されている。

これは、サトウによりイギリス本国へ保晃会活動が報告されたもので、サトウは、保晃会による歴史的建造物の保全活動について設立時より関心を持っていたことが窺える。

1881年の2月には、保晃会のメンバーが英国公使館に出向き、外国の事例などサトウからアドバイスを受けている（『日光の風景地計画とその変遷』）。この時に、芸術家で社会主義者であるウィリアム・モリスにより1877年に設立された「古建築物保護協会」などの保全活動や、「イエローストーン国立公園」などの話題も出ていたと想像できる。

イギリスの建築物の保護・保存を定めた最初の法律は、1882年の「古記念物保護法」であり、その制定の翌年となる1883年には、保晃会の総会で安生は、「外国では由緒あるお墓や建築物を国や地方が保護している例もあることを知った」と、報告をしているが、これもサトウからのアドバイスであったのだろう。

サトウや前アメリカ大統領グラントのアドバイスは、後の「日光山ヲ大日本帝国公園ト為スノ請願」運動が日光から生まれていく大きな要因の一つともなっていった。

サトウの報告書には、寄付金の額が

1884（明治17）年9月20日付で発行された保晃会会員証（「栃木県立文書館栃木の人物展」より転載／坂田泰久家文書）
第1号の会員証は保晃会の設立に貢献した安生順四郎に与えられた。

30万円と書かれているが、寄付金は計画どおりに集まらず、日光山の奉賀活動も当初意図したようには進展しなかったといわれている。

しかし、1887（明治30）年の古社寺保存法の制定に先立ち、地域住民・国民レベルで文化財の保護や環境保全に努めた歴史的意義は大きなものがある。

イギリスで発祥したナショナル・トラスト運動(48)は、1895年に3人の市民により創設されているが、イギリスでのナショナル・トラスト運動が始まる16年前には日光では、民間団体である「保晃会」により歴史的建造物等の保全活動が行われていた。

勝海舟と保晃会

明治になってからの勝海舟は、旧幕府の世話人であったことなどから、保晃会とも深く関わりを持っていた。

勝海舟は、安生順四郎から依頼を受け、徳川宗家をはじめ旧御三家・越前松平家などから寄金を集めて、保晃会を「徳川共同体」の精神的支柱にしようとしていたようである。(49)

一方の安生順四郎たちは、徳川家を前面に出すことにより募金の目標達成を図ろうとしていた。そのため、保晃会の会長には、徳川幕府のため最後まで戦いを続けた松平容保が就任している。いずれにしても保晃会は徳川を背景として設立されていったと見ていいだろう。

サトウの帰京

サトウ一行は東照宮などの見学の後、裏見の滝から、山岳信仰の道であった志津道を登り中禅寺湖を訪れている。

帰路は、鹿沼を経由して、利根川の上流となる渡良瀬川の野渡（現栃木県野木町野渡）から蒸気船で東京へと戻っていった。

明治政府は殖産興業政策の一環とし

保晃会碑（1892年11月建碑）
保晃会碑について海舟は、『氷川清話』にこのように書き残している。
「国が小さければ、景色も小さく、人間の心も小さい。……しかし日光はやや規模が大きいから、欧米の土地を踏んで来た人に見せても決して恥ずかしくない。将来きっと繁盛するだろう。繁盛すれば火事の恐れがあると思って、数万坪の公園を作ったが、石碑は、その公園の真中にあるのだ。文も字もみなおれの手際だ。…石は石巻の産だが、こんな大きな石は決して他にはない。特別の列車で送ったのだが、建立までには確か7千人も人夫を使ったであろう」
海舟も石碑とともに、風景地としての日光を高く評価している。
この巨大な石碑は、1896年になると、保晃会批判の一要因となっていった。

て、国内における商品流通を発展させるため、鉄道建設を行うとともに、河川交通の振興を図るために、1877年5月1日には、渡良瀬川の生井村(現栃木県小山市)から東京深川間は、日本通運㈱の前身となる内国通運会社の「通運丸」という外輪型蒸気船を就航させていた。サトウも外輪型蒸気船「通運丸」を利用して帰京していった。

④芭蕉とワーズワース

サトウが裏見の滝を訪れる約190年前の1689(元禄2)年5月、俳聖松尾芭蕉と門人の曾良が日光を訪れている。

芭蕉たちは、日光に着いた当日に東照宮を参拝して、「あらたうと青葉若葉の日の光」と句を詠み、翌日は裏見の滝と憾満が淵を見物している。裏見の滝では、「暫時は滝に籠るや夏の初」(しばらくは　たきにこもるや　げのはじめ)という句を遺し足早に黒羽に向け出発していった。

現在では、滝の裏側に廻ることはできないが、芭蕉やサトウが裏見の滝を訪れた時にはその名前が示すように滝の裏側に廻ることができ、この句がのこされている。

サトウの同僚で生涯の友人であったアストンは、五、七、五の十七文字からなる世界最小の定型詩である俳句を世界に紹介した1人でもある。

その中で、芭蕉を「a great traveller (偉大な旅人)」と称しているが、これは『おくのほそ道』の冒頭に「月日は百代の過客にして行きかふ年もまた旅人なり」とあることからだろう。

芭蕉が生きたのは、ワーズワースに先立つこと100余年。とはいえ、この2人の詩人は自然から受けるインスピレーションを詩作として昇華させ、その後の自然観に大きな影響を与えている。

裏見の滝(著者所蔵絵葉書より)

2014年、私がイギリスの湖水地方にあるワーズワース博物館を訪れた時、偶然にも自然に対する感性が類似しているワーズワースと松尾芭蕉の特別企画展が開催されていた。

ワーズワースの影響

アストンやサトウが俳句に目を向ける時、その脳裡には常に自然詩人で「英国の湖畔詩人」とも呼ばれているウィリアム・ワーズワース[50]の影が投影されていた。

サトウ蔵書の中には、1858年に出版された『ワーズワース詩集』があり、この詩集は学生時代に購入をしていたようで、詩集には1860年1月31日と、サトウのサインがのこされている。

サトウもワーズワースの有名な散文作品である『湖水地方案内』を読んでいた。この1冊は、彼の風景観や自然観に大きな影響を与え、後に、湖水地方の風景を彷彿させる中禅寺湖畔に自ら の山荘を創建する一つの要因ともなっている。

ワーズワースの自然を讃える詩は、イギリスの産業革命の進展によって破壊され失われていく自然、特に農村の景観美を惜しみ、自然保護を強く訴えている。その影響を受けたサー・ロバート・ハンター[51]やオクタビア・ヒル[52]、ハードウイック・ローンスリー[53]などにその志は引き継がれ、先述したナショナル・トラストが1895年に創設されていった。

ワーズワースの自然を讃える詩が自然保護活動に取り組む人々を駆り立てる原動力にもなっていた。

このようなイギリスでの新たな自然観や自然保護思想についてサトウも知識を持ち合わせており、「保晃会」のメンバーにアドバイスをしていた。このためか保晃会活動は、二社一寺の建造物の保全だけではなく周辺の山林（保

ワーズワースの肖像

企画展に展示されていた「古池や」句短冊

ワーズワースと松尾芭蕉の特別企画展のポスター

晃林）などの環境保全活動も広く行われるようになっていった。

日本においてもワーズワスの自然を讃える詩は、日本人にも共感を与え、明治期の日本文学にも影響を与えている。

明治以前の日本では、集落を取りまく二次林と、それらと混在する農地など、いわゆる里地里山の景観を風景観賞の対象としていなかったが、ワーズワスの影響を受けて里地里山の景観を取り上げた国木田独歩（1871～1908）の『武蔵野』などが出版されると、里山林の美しさが広く紹介されるようになり、人間の生活圏と自然が入り交じる里地里山が風景地として観賞の対象となっていった。

サトウもまた、今回の旅で見ていた巴波川の支流、永野川沿いに広がる山々を背景とした牧歌的な田園地帯の眺めに、美を見出し風景として捉えていただろう。

『武蔵野』が書かれた背景には、このようなエピソードが遺されている。国木田独歩は、親友の田山花袋と連れだって1897（明治30）年4月21日から6月2日までの約40日間、日光山内の「照尊院」で半僧生活を送っている。日光のダイナミックな自然は、文学者たちの自然観に大きな影響を与えていた。

その翌年となる1898年に独歩の代表作となる『武蔵野』を上梓しているが、これは、日光の大自然と武蔵野の身近な自然を対比して、里山林の美しさを書き上げていたものであった。

⑤賜暇帰国からバンコック総領事へ

足尾銅山から日光への旅の翌年、1881年には、サトウとホーズの共著となる『中央部・北部日本旅行案内』が横浜のケリー商会から出版され、「日本

永野川沿いの田園風景（左）とイギリスの田園風景（右）

アジア協会」からは、言語、宗教、日本の歴史などサトウ論文が多く発表されている。これら論文の作成などで疲労が蓄積していたのだろう、12月の中旬にサトウは発作に見舞われ、激しい頭痛と熱が続き錯乱状態となり、この時に一時、日本を訪れていた親友のウィリスの早期治療や兼夫人の献身的な看護を受け一命を取りとめている。サトウ38歳の時であった。

　医師のウィリスがその場におり、早期治療を受けられ後遺症もなかったということは、サトウは強運の持ち主であったのだろう。ベルツ博士の診断では、病名は「脳鬱血(のうっけつ)と肝障害を伴う発熱発作」とある。横浜開港資料館の武田家文書には、この時の兼夫人の献身的な看病記録がのこされていて、2人の深い結びつきを感じる記録となっている。

　サトウの病状が良くなるのを見届けると、ウィリスはイギリスに戻っていった。サトウも九死に一生を得たことで大きな転換を決断している。それは日本での領事部門から1階級上の外交部門への転進を考えたことである。

　1882(明治15)年には日本滞在20年目を迎え、賜暇(しか)を取り従者の本間三郎を伴い、イギリスに一時帰国をしているが、19歳で来日したサトウも39歳になっていた。

　1883年にはヴィクトリア女王陛下から聖ミカエル・聖ジョージ勲爵位を受け、翌年の1884年1月には、バンコック駐在代表兼領事に任命されバンコックに渡っていた。

　この時期にサトウは、蒐集していた大量の和漢古書の処分を決意している。それは、日本学者としての決別でもあった。現在はこれらの蔵書は、英国図書館(旧大英博物館図書館)、ケンブリッジ大学図書館、オックスフォー

ド大学図書館などに収蔵されている。

一方で、1884年3月20日付のディキンズへの手紙にこのように書いていた。

「私は、生々しい後悔の念を抱かずにあの国のことを思ったことは一度もありません。英国から遙か遠く離れているにもかかわらず、あそこでは非常に幸せでしたし、国内を旅行するのは楽しいことでした。ときどき私は、昇進のためにだけにあの国を離れたのは何と愚かなことだったろう、と思うのです……」(『遠い崖14』)と、昇進のため家族と別れ日本を離れたことを後悔している。

暑熱のバンコックの気候には閉口したのだろう、同年の10月から11月にかけて休暇を取り日本を訪れ、横浜領事裁判所の判事を務めていたハンネン[54]とともに日光の旅を愉しんでいる。

6　日本での休暇

1884年10月6日、横浜港に到着したサトウは、家族の待つ飯田町の家へと向かっていった。

サトウの日記には、初めて2人の子息のことが記されている。

「栄太郎は、一昨年より格別背が伸びない、知恵がついた。久吉、色白く、我が弟、セオドーアによく似たり」(長岡祥三、関口英男訳)と、2人の成長を喜んでいる。長男栄太郎4歳9カ月、次男久吉1歳7カ月であった。

その後、駐日公使を務めるプランケット夫妻などと箱根旅行に赴き、11月7日、皇居で行われた園遊会に出席し、その翌日の8日にハンネンと従者の本間三郎を伴い、5回目となる日光への旅に出発している。

同年の5月には上野から高崎まで鉄道が開通していたので、上野から本庄

までは、鉄道を利用し、本庄から大間々へ、さらに渡良瀬川に沿って足尾に入り阿世潟峠を経由して中禅寺湖畔を訪れている。

途中、渡良瀬渓谷については、「この季節の渓谷で最も美しい場所の一つであり、この規模の川としては渡良瀬川は私が日本でみてきた中で最も美しいと思う」(庄田元男訳)と、渡良瀬川の渓谷美を絶賛しているが、サトウが絶賛した渡良瀬川の渓谷は、「関東の耶馬渓」とも讃えられる美しい渓谷で有名な「高津戸峡」とそれに続く渡良瀬川の渓谷であった。秋には、カエデが色づき見事なコントラストを見せている。

①変わりつつある足尾の山々

サトウが最初に足尾を訪れた翌年の1881年頃から、足尾銅山の採掘が本格的に開始されている。このためか、沢入から赤倉の間で道路修復工事が行われていたことや宿泊した通洞にある泉屋という旅籠が混雑していることなど地域が活況を呈している様子が日記に書きのこされている。

サトウが渓谷美を絶賛していた渡良瀬川では、鮎が大量に獲れ、友釣りなどが盛んに行われていたことが『中央部・北部日本旅行案内』には記されているが、サトウが訪れた翌年の1885(明治18)年には、「鮎の大量死」という事件が起き、新聞でも報道されていたが、これはまだ世論の高まりには至らなかった。

しかし鉱毒による被害は確実に拡大し、やがて魚類から農作物へと拡大していったが、サトウが足尾を訪れた時点では、まだ目に見える被害は少なかったようである。

足尾鉱毒事件が表面化するのは、1890年8月の大洪水を契機としている。この大洪水により栃木・群馬両県

はねたき橋からの高津戸峡

7郡の農地が大きな被害を受け、漁業から農地に被害が拡大し、大きな社会問題へとなっていった(『足尾銅山史』)。

阿世潟峠への道

11月10日、サトウ一行は半月峠から中禅寺湖に至るコースを目指したが、途中で道に迷い、赤倉に戻り久蔵沢沿いの道を阿世潟峠へと進んでいった。

当時は、製錬所(吹所)で鉱石を薪で焼いて荒銅としていたため、多くの薪が使われていた。また、蒸気機関用燃料や杭木としても木材が使われ、奥日光からも多くの薪や木炭が足尾に運ばれている。

日記には、「左手に工場を見て通り過ぎ、鉱山まで薪を運ぶための平坦な良い道を久蔵を通って左岸伝いに進んだ……赤倉から立ち昇る煙……」(庄田元男訳)と、阿世潟峠を越え久蔵沢から精錬所までの道は薪の運搬用としても使われ、銅の製錬が行われていた様子を書きのこしているが、エコロジストでもあったサトウは銅山周辺の自然環境の悪化を危惧していたのだろう。

サトウ一行がここを通過した数年後の明治20年代には、製錬所からの有害ガスで久蔵沢付近の樹木が枯れ、山地崩壊が発生している。

大正時代になると、阿世潟峠への道は廃道となり、さらに、社山や半月山付近の樹木にも被害が発生した。その中でも一番深刻な被害があったのは、製錬所の上流にあった松木村であった。

松木村は、1892年頃には40戸267人が農林業や養蚕を生業として暮らしていたが、製錬所からの煙害により1902(明治35)年には廃村となり、今でも当時の墓石や祠が残され、静かに今を見つめている。

足尾銅山は、明治政府の「富国強兵・殖産興業」を合い言葉にした近代国家建設に大きな一翼を担ったが、そ

荒涼とした旧松木村跡

の一方で鉱毒事件という大きな影も落としていた。

サトウはその後、足尾で起こった鉱毒事件を知っていて、1896年には、当時の農商務大臣であった榎本武揚[57]に現地視察を勧め、現地調査を行った榎本武揚は、「国の対応すべき公害」であるとの立場を明確にして鉱毒事件の責任をとって農商務大臣を辞任している。後任は、外相の大隈重信が兼務することとなり、1896年5月27日には「鉱毒予防工事命令書」が出されている。その内容は、古河側に排水の濾過池と堆積場の設置、煙突への脱硫装置を命令し、期限内に各工事が終了しなかった場合には、鉱業を停止するというものであった。古河は予防工事を期限内に終了させたが、当時の技術では完全な鉱毒の除去に至らず、その後も足尾鉱毒事件は続いている。

北岸から望む阿世潟峠

旧松木村より上流を望む
精錬所から放出された亜硫酸ガスにより土壌が流れ出し岩盤だけの山となったが、近年、NPO法人などにより植樹が行われ緑が回復してきている。一時は、日本のグランドキャニオンとも呼ばれていた。

サトウが所持していた足尾銅山の写真
（横浜開港資料館所蔵）
サトウたちが足尾銅山にいかに関心を持っていたかが窺える写真である。

② 阿世潟峠
大町桂月の見た阿世潟峠道

　阿世潟峠（1417m）は社山（1826.6m）と半月山（1753.1m）の稜線上にあり、明治の紀行作家、大町桂月（1869〜1925）が1909（明治42）年に上梓している「関東の山水」の中で、地元の人々は、この峠を「あせのたわ」と呼んでいると紹介している。「たわ」とは山のくぼみを示し、サトウもアゼガタの「タ」は「タルミ」の省略形であると日記に記している。

　阿世潟峠からの眺望について桂月は、「湖水あり、渡良瀬川流域の群山があり、富士山あり」と、湖や富士山が眺望でき、結びに「阿世潟に登らずば、日光山の美を説くなかれ」と、ここから望む風景を絶賛しているが、サトウ一行も峠からの眺めを愉しんでいたのだろう。

　明治末期になると、サトウが歩いた久蔵沢沿いに阿世潟峠に至る道路は煙害などにより荒廃がさらに進んでいる。

　桂月は「関東の山水」の中でこの道路の状況を次のように書き遺している。

「足尾より中禅寺湖に出づる唯一の道路とて、冬期を除きては往来少なからず、処々茶店あり、その三番目の茶屋までは普通の山路なるが、それより下赤倉までは天下の危道也険道也、否危険の度を通り超して悪魔的道路也、近年洪水多きがためにかくなりたりとぞ。洪水多きは、山に草木なきが為め也、草木なきは銅山の烟毒の然らしむる所也」と、道路が荒廃している様子を悪魔的道路と表現し、その原因は、製錬所からの有害ガスであることを明記し、近代国家建設に伴う陰の部分を紀行文の中で告発していた。

　この悪魔的道路と呼ばれた足尾と中禅寺を結ぶ阿世潟峠道は、1920（大正9）年に廃道となり、これに代わり半月

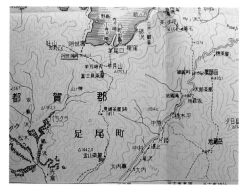

阿世潟峠位置図（矢島市郎『日光とその周辺登山図』より転載）
足尾から半月山を経由するコースには、金山茶屋、見晴茶屋、富士見茶屋の3軒が記されている。
阿世潟峠越えのコースは、廃道となったため、この位置図には記載されていないが、足尾から中禅寺湖に至る最短コースでもあったため、明治期には多くの人々に利用されていた。

第3章　アーネスト・サトウと明治初期の日光　　173

阿世潟峠から見た男体山と中禅寺湖
同じ視対照であるが、俯瞰することにより奥行きを感じる風景となっている。
サトウもまた、峠から見た中禅寺湖の風景に奥行きを感じていただろう。このため、後年南岸に建てられる山荘も高台に建てられている。

山の中腹を巻くようにして半月山の鞍部に出る半月峠の新たなルートが開削され、これに伴い阿世潟にあった茶屋は八丁出島近くの狸窪(むじなくぼ)に移転し、最近まで釣り人用の民宿として利用されてきたが、現在では、瀟洒な別荘が建てられている。

③風景地の発見と湖畔の最初の外国人別荘

阿世潟峠を下り、サトウ一行は7年前の男体山登山の際に、湖畔の宿で休息をしたことのある米屋(こめや)という宿を目指している。

峠を下り、湖畔に出るとそこは大日崎と八丁出島に囲まれた美しい入江となり、ここも峠と同様に阿世潟と呼ばれ、3軒の茶屋と渡し舟があったが、11月にはシーズンオフで休業となっていた。

白根山から吹き下ろす西風の中、中禅寺湖南岸から歌ヶ浜、湖水の唯一の出口となっている大尻川を渡り、北岸にあった米屋旅館へと向かっていった。

サトウの愛した風景地の発見

途中、砥沢(とざわ)を越えた高台から湖越しに望む、雪に覆われた秀麗な山容の白根山は東京からも目にしていたが、間近に望む白根山の雄大なその姿に心を奪われていた。サトウにとっては、新たな風景地の発見であった。

秋の強風が止み、鏡のような湖面に映し出される社山(しゃさん)などの周辺の山々が重なり、水面がどこまでも限りなく続くような風景と、この時期になると緑も少なくなり荒涼とした感じが逆にふるさとの風景を彷彿させていた。

イザベラ・バードも、「日本で見てきたなかで最高に美しい絵のような景色」(金坂清則訳)と絶賛した風景地は、北海道の有珠山(うす)の裾野に広がる荒涼としたアイヌの集落があった有珠湾の風景であった。

英国の湖水詩人といわれるワーズワースは湖水地方の湖を、「湖の水は水晶のように透明で、しばしば周辺の丘の姿が鮮明に写し出されるので、どこまでが本体でどこから実態のない影なのか見分けがつかないほどである」と、湖水の透明度の高さを書きのこしている。

英国公使夫人であったメアリー・フレイザーは、中禅寺湖を「クリスタルな水をたたえた高原の湖」と、表現しているところから、透明度の高い中禅寺湖をサトウもまた、湖水地方の風景と重ね合わせていたに違いない。

さらに、高台から湖を望む風景には、勝道上人が中禅寺湖を包みこむ山水の境地に宗教的霊感を得て、これを観音の補陀落浄土に見立てた崇高な世界が広がり、サトウもこの風景を目だけではなく心で観て、その心象風景は暑熱のバンコックに勤務していたサトウにとって心の癒しとなり後年、自らの山荘をこの地に創建しこの風景地をこよなく愛している。

英国大使館別荘からの夕景は、まばゆい光で水面(みなも)がきらめき、英国最高の画家と讃えられるジョゼフ・マロード・ウィリアム・ターナーの描く絵のような風景が広がっている。

サトウもバードが有珠湾の夕景に感動したように「金色とピンクに染まる夕景」に魅せられ、バードもまた、サトウの山荘が完成した直後の1894（明治29）年8月、山荘に招待され、約1カ月間滞在しているので、中禅寺湖の夕景と有珠湾の夕景を重ね合わせていたのだろう。

米屋(こめや)旅館と避暑地の形成

米屋では、1881年に刊行した『中央部・北部日本旅行案内』の中で、「中禅寺湖畔の村の中心に近いところに若干の快適な宿があり、特に湖の展望に

阿世潟峠付近から望む白根山と社山

中禅寺湖南岸からの風景（中禅寺ブルー）
ワーズワースが見た湖水地方の湖と同様にどこからが山か空か見分けのできない中禅寺ブルーが広がっている。

めぐまれている米屋が推薦できる。粗末だがテーブルと椅子が用意されていてビールも飲める」(庄田元男訳)と、読者に推薦をしていたため、外国人の利用者も増え、宿のおかみから「ガイドブック」で好意的にとりあげてくれたお礼として、戦場ヶ原周辺で捕獲した雉(きじ)を頂いたことが、旅日記に書かれている。

奥日光はこの頃から、外国人の避暑地として形成されていったと見ていいだろう。これに伴い、長く殺生禁止の地であったが、戦場ヶ原周辺を猟場としていたようである。

『中央部・北部日本旅行案内』は好評で、米屋でも中禅寺に保養を求めてくる外国人も宿泊できる業態へと変えていった。

この地を訪れる外国人の中には、湖畔の風景に魅せられ別荘を建てたいと希望する人も現れ、米屋の主人、井上政平(せいへい)は1887(明治20)年頃、湖畔に建てられた最初の外国人別荘建設に尽力した人物でもある。

外国人にとって別荘建設においては、風光明媚な土地の確保や大工たちの手配など、宿の主人の協力が必要不可欠のものであった。

明治20年代になると政平は宿の経営を息子の保三郎[57]に任せ、避暑に来る外国人の別荘建設に専念していった。バトンタッチを受けた保三郎は、開放された中禅寺湖にコイやイワナを地元民と一緒に放流し、中宮祠漁業組合の結成などにも尽力している。

最初の外国人別荘とキリンビール

湖畔に最初に建てられた外国人別荘は、1874年に来日したイギリス人法律家で来日当初は横浜で弁護士や英国公使館顧問弁護士を務め、1885年以降は、日本の司法省法律顧問も務めたウィリアム・モンターギュ・H・カー

中禅寺境地並湖水図(『日光山志』より転載)

明智平展望台から望む中禅寺湖

クウッド（1850〜1926）[58]により創建されたといわれている。

カークウッドもサトウの友人の一人で、『中央部・北部日本旅行案内』を見て米屋旅館に来ていた。

カークウッドの別荘は、「西四番別荘」[59]と呼ばれ、大正時代になると一時、イタリア大使館別荘としても使われていたが、1923（大正12）年からは、大黒屋旅館（現ホテル湖上苑）として中禅寺湖を訪れる多くの旅人に利用されている。

「西四番別荘」のエピソードとしてフレイザー夫人の著書『英国公使夫人の見た明治日本』の中には、1889（明治22）年の出来事として次のような記述がのこされている。

「私たちの友人の幾人かは、仲間で日光の上の中禅寺にすてきな別荘を建てましたが、その方たちがこんな話をしてくれました。昨年の夏、暑さで疲れきった英国人ふたりが彼らの家に飛び込み、びっくりしている使用人にむかって、30分以内に12人分の朝食を用意してくれと言ったそうです。残りの人たちはまだ道を進行中でした。食事には、オムライス、ビーフステーキ、キリンビールと、それから何かしらもっと並べたらしいのですが、ふたりがこうしたこまごました指示におよぶころには、日本人の『ボーイ』が英語を三語思い出し、丁寧に会釈して、『コレ、ヨーロッパ人ハウス！』と言ったのです。不幸な侵入者たちはひとことも言わず逃げ去りました。たぶん2、300ヤードほど先へいったところにあるすばらしい宿で、ほしかったものすべてにありついたことでしょう」（横山俊夫訳）

カークウッドから聞いたエピソードだろうが、中禅寺湖畔の最初の外国人別荘は数名の者により共有され、1889年には外国人別荘として使用されてい

クリスタルな水をたたえたイギリス湖水地方のウィンダミア湖の風景

英国大使館別荘から中禅寺湖を望む
サトウの山荘からの眺めは120年前と変わらない。

たことが書きのこされている。

　驚くことに、当時すでに中禅寺ではオムライスやビーフステーキなどが提供されていたようである。

　ビールの銘柄にキリンビールと書かれているのは、1885年に岩崎弥之助、渋沢栄一、後藤象二郎、グラバーらが共同出資して、キリンビールの前身となる「ジャパン・ブルワリー社」を設立する際に、この別荘の持ち主の一人であるカークウッドも関係していたためであった。

④女峰山登山

　11月11日、サトウは湯元温泉を訪ねているが、シーズンオフで旅宿は閉鎖され、やむなく鉢石に下り、定宿となった鈴木ホテルに宿泊して翌日は、東照宮裏手の開山堂より七滝を望みながら雪の中を女峰山に登っている。

　山頂付近では約30センチの積雪があったが、山頂から360度の眺望を愉しみ、次のように書きのこしている。

　「北方に目をやると海原（うなばら）のように続いている山の先に素晴らしい眺めが広がっている。那須岳は噴煙を上げているのでよく目立ち、磐梯山も見えた。東の高原山は火山性のようだ。すぐ西隣には帝釈山があり、それから小真名子、大真名子、男体と続く……白根のぎざぎざの頂上が望めるがいずれも雪に覆われていた。南西の遙かかなたに浅間山、八ヶ岳その他諸々の山、おそらく信州・飛騨山脈であろうが一つ一つを見分けることはできなかった。南方は、横に長く広がる秩父連山の上に富士山が半分顔をのぞかせていた」（庄田元男訳）

　女峰山頂より望む大半の山々が過去に訪れたことのある山で懐かしく、そして若き日の日本への憧憬と情熱を燃やし続けた日々を想起していたのだろう。

旧英国大使館別荘からの夕景
ここにはバードの見た「金色とピンクに染まる夕景」が広がっている。刻々と時間とともに風景が変化するのも魅力の一つとなっている。

女峰山概念図
（出典：栃木県山岳遭難防止対策協議会登山ガイド）
サトウ一行は、東照宮裏手より稚児ヶ墓、黒岩を経由して女峰山頂と登っている。

サトウにとって、特に思い出にのこる山旅は、1878年7月から8月の約1カ月、退役軍人で海軍省のお雇い外国人であったホーズとともに、立山・飛騨山脈を踏破した山旅であった。

　この山旅では、小諸から上田に向かい、大町から針ノ木峠を室堂に至り、日本最古の山小屋である室堂小屋で一夜を明かし、雄山（標高3003ｍ）を目指したが、雨のため山頂への登頂を断念している。この時の山旅を想起していたのだろうか、日記には「信州・飛騨山脈」の文字が書き残されている。

⑤国際的避暑地の形成要因と保晃会活動

　保晃会とサトウの関係については、先述したように保晃会活動にイギリスの保全活動などについてアドバイスをしていたようで[60]、サトウの1884年11月12日の日記には、「女峰山から宿に戻ると、保晃会のメンバーで熱心に会の活動に取り組んでいる荒川金平が『日光のり』をみやげに訪ねてきていた」（庄田元男訳）と、保晃会メンバーの荒川金平と面会したことが記されている。

　清流の多い日光では、かつて大谷川などで川のりが採れていたと記録されている。

　味と香りは浅草のりに近く、清涼な水辺でないと生育しない川のりは、極めて採取される量が少ないために珍重され、大谷川海苔の名前で土産品として販売されていた。

　荒川金平は、日光ならではの品を手みやげにサトウが宿泊していた鈴木ホテルを訪れ、サトウから保全活動のアドバイスを受けていたようで、その後、保晃会活動の顕著な働きがあったことが記録されている。

避暑地形成の要因

　日光が避暑地として形成された要因の一つに清涼な気候とともに山麓の清

富山市内から望む立山連峰（著者所蔵絵葉書より）
一般に立山という時は、最高峰の大汝山（3015ｍ）と雄山（3003ｍ）を指している。

らかで富豊な水も関係していたのだろう。

　特に、明治初期から中期（明治10、15、19）年にかけては、全国的にコレラが流行し、東京や横浜に居住していた多くの外国人は夏になると、清涼な空気と水を求め日光を訪れている。当時の高原避暑地は、サナトリウム的機能も果たし、その代表的な場所が、日光や箱根・軽井沢であった。

　1886年7月に歴史学者のヘンリー・アダムズ[61]とともに、来日したアメリカ人画家ジョン・ラファージ[62]は、その回顧録『画家東遊録』[63]の中で日光への旅の動機を書きのこしている。

　「コレラが襲ってきた。そこで私たちは日光に行き、Fの家の近くで一月過ごすことに決めた。日光の涼しさやその他の魅力を忘れかねて、しきりに帰りたがっていたドクターは私たちを日光へ案内し、道中いろいろなことを教えてくれることになった。これからお送りする報告はドクターから聞いたものも少なくない」（桑原住雄・久富貢訳）

　ここで登場するFは、東京大学で哲学・経済学を教えるかたわら日本美術革新運動を展開したアーネスト・フェノロサであり、フェノロサもこの時期には日光山内の輪王寺支院禅智院の別荘を借受していた。

　ドクターと呼ばれている人物は、医学博士で日本美術に興味を持ち日本美術院の名誉賛助会員となったウイリアム・ビゲロウ[64]である。日光を訪れたラファージは、日光における自然と宗教の融合について知り、それに深く心を動かされ、多くの風景画を描いている。

　アダムズとラファージの日本での案内役は、フェノロサとビゲロウ、岡倉天心の3人であった。この3人ともに1885年に仏教に帰依し、明治期の日

日光市内から望む帝釈山、女峰山、赤薙山、手前のピークが外山

本美術界に大きな足跡を遺している。

　明治期に日光が国際的避暑地として形成されていった大きな要因は、清涼な気候や水、そして多彩な植物など、日光には豊かな自然環境があったからといっていいのだろう。

　フェノロサなどが滞在していた山内地域は、神仏分離により、どのように変貌したのだろうか。

山内の別荘と岩崎っ原

　江戸時代には日光山輪王寺塔頭(たっちゅう)（小寺院）が山内地区に20院80坊を合わせて100カ寺を数えていたといわれているが、明治政府の神仏分離令により、15院に縮小を余儀なくされている。

　廃絶された85カ寺の一部は、欧米人などの避暑用別荘として利用されるようになっていった。現在でも山内には、元ホーン家別荘（現レストラン明治の館）や宣教師で建築家のジェームス・マクドナルド・ガーディナーの設[65]計ともいわれ地元では、「赤門」と呼ばれている元駐日米国公使エマソン別荘、さらにアントニン・レーモンドが設計[66]した旧トレッドソン別荘（現イーストマン氏別荘）が遺されている。

　山内の別荘で特徴的なことは、アメリカ人が避暑用別荘を構えたということだろう。ヨーロッパの外交官たちは中禅寺湖畔に避暑用別荘を構え、いろは坂の上と下で棲み分けをしている。これは、ヨーロッパの外交官たちは貴族であり、貴族制度のないアメリカ人にはヨーロッパ文化の社交の場は窮屈だったのかもしれない。

　山内には外国人別荘とともに、徳川公爵家別荘、三条公爵家別荘、勝伯爵家別荘、前田侯爵家別荘、安田財閥創設者の安田善次郎などの政財界の貴顕(きけん)紳士の別荘も建てられているが（「旧日光に於ける華族等の別邸について」）、これは保晃会が発足すると、日光と中

央との結びつきが強化され政府高官や、財界とのパイプができたことにより、神仏分離令により衰退する日光山を再生するためには、外国人の避暑地としてだけではなく、政財界の貴顕紳士の別荘用地として、その誘致を行っていたのではないだろうか。その中心となった人物が、安生順四郎や高橋源三郎であったと考えられる。

　三菱経済研究所に遺されている岩崎家別荘に関する資料の中には、1883年に安生順四郎の斡旋により、別荘用地として安川町の土地を取得したとする書類が遺されている。

　その書類には、別荘の管理は保晃会メンバーの荒川金平が現地代理人となり、建物の修繕などについては、西沢金山の経営者であった高橋源三郎の名前が記載されていた。2人とも保晃会活動などを通じて、安生順四郎とは親しい間柄にあった人達であった。

　さらに徳川公爵家別荘や勝伯爵家別荘の管理などは、安生順四郎や高橋源三郎が行っていたことなどから、保晃会に関わる人々が政財界の貴顕紳士の別荘を、山内地域周辺に誘致することにより、日光山の再生を図ろうとしていたと見ていいのだろう。

　岩崎家別荘用地は、地元では、「岩崎っ原」と呼ばれ、1938（昭和13）年には、栃木県および日光市に譲渡され、現在は、西参道駐車場や日光総合会館が建てられている。

保晃会活動と東照宮への参拝

　さて、日光みやげを持参した荒川金平については、群馬県の篤志家から保晃会への多数の協賛を得たと『日光市史』に記録されているが、これらの努力にもかかわらず、1882年からの西南戦争後のデフレ施策により深刻な不況となり、募金活動は遅滞し、目標額の半分にも達していなかった。

岩崎っ原（『安川町百年史』より。1931〈昭和6〉年4月撮影）

西参道駐車場と日光総合会館（2015〈平成27〉年4月撮影）

そこで、全国の富豪や資産家、皇族など政財界の貴顕紳士を対象として募金活動が行われ、それが上流志向と見なされている。

1885(明治18)年になると、ようやく寄付金は目標額の半分である15万円を達成でき、原資の利息により「保晃林」と呼ばれる杉の植栽や建造物の土台などの応急処置が施されるようになってきた。

しかし、1896(明治29)年になると突然として発起人らが会名を利用して私利を図っているなどのへの非難が新聞紙上で展開されている。これは保晃会活動が大衆から乖離(かいり)していった反映であったといわれている(『栃木県の歴史』)。

サトウの日記などにも保晃会の記録は、これ以後一切のこされていない。

保晃会は、1897年に我が国最初の文化財保護法となる「古社寺保全法」が制定され、国法に指定された文化財の維持修繕の経費が国費から支出されるようになると、1916(大正5)年には解散となっている。

その後サトウは、東照宮を参拝しているが、「今は総体としてかつて思ったほど美しいとは感じられなかった」(庄田元男訳)と、書きのこしている。これは明治維新によって幕府の庇護がなくなり、これまで社殿の大修繕事業は20年ごとに、小さな修繕は10年ごとに実施され、絢爛豪華な建造物の美を保ってきたが、今までのような社殿修理ができなくなったことや、サトウが日本の建築の原点といわれる伊勢神宮や世界最古の木造建築である法隆寺なども訪れていることから、これらと比べてのことだろうか。

サトウ一行は、11月13日には日光を出発し宇都宮に向かっていった。

⑥栃木県庁の移転

サトウ一行は、日光から2頭立ての四輪馬車で宇都宮に向かっている。所要時間が4時間であった。

宇都宮では、伝馬町にあった手塚屋に宿泊しているが、ここは日光の鈴木ホテル同様に馬車の繋留場にもなっていたので、ここに宿泊することになった。

1877年から、宇都宮～浅草間を乗り合い馬車による旅客運送が開始されている。それまでは徒歩で3日前後を要していたが、乗り合い馬車の運行により12時間に短縮され、交通網の整備により多くの外国人が宇都宮を経由して日光を訪れるようになっていった。

馬車運行が開始された1877年には、エドワード・モースも宇都宮まで乗り合い馬車を利用して日光を訪れていた。

三島通庸と栃木県庁の整備

サトウの日記には、「道路は、徳次郎の上方にある国有林から、新県庁を宇都宮に建設すべく伐採木が引かれているのでひどく荒れていた」(庄田元男訳)と、書かれている。

栃木県庁は、1882年4月から、栃木町から宇都宮町への県庁移転請願運動が始められているが、第3代目の栃木県令となる三島通庸(みちつね67)が1884年、県令として赴任をすると、県庁の所在地である栃木町が自由民権運動の活発な地であったことなどもあり、同年1月21日には栃木町から宇都宮町塙田村二里山への県庁移転が決定されている。

早くも4月8日には二里山で地鎮祭が行われ、宇都宮・河内郡からおよそ9,000人以上の作業員が集められ、急ピッチに造成工事が行われていった。

丘を削り、道路を開き、大谷や新里から石材を運搬し、篠井・塩野室の国

有林から木材を運び入れ、短期間に3層楼上に時計台を備えた、和洋折衷の近代化を象徴する新庁舎を完成させている。

この建築の請負人は、宇都宮材木町の川上勝蔵と石町の梶倉蔵で、いずれも大工の棟梁であった。(68)新県庁の整備には、宇都宮や鹿沼の大工の大半が動員され、使用された木材は土台は檜の六寸角、柱も六寸角材のいずれも太い木材が使用されている。

木材の伐り出し・運搬には大変な労力を要していたのだろう。このため、サトウの日記には、「伐採木が引かれているのでひどく荒れていた」と、道路が荒れていることが記されている。

開庁式は9月15日を予定していたが、民権家の不穏な動きのため度々延長され、1884年10月22日に挙行され、政府からは三条実美太政大臣をはじめ多くの顕官が出席している。

『栃木県史』には、「県庁開所式における参列者の宿舎割」が残されている。これを見ると宇都宮の伝馬町にあった「稲屋」には、アメリカ、フランス、ドイツ公使館の書記官およびオーストリア公使が宿泊し、「手塚屋」には、イギリス公使館の書記官などが宿泊をしていた。

白亜の殿堂である栃木県庁や周辺の道路整備などが日本の近代化を国内外にアピールする絶好の機会と考えた三島県令は、外国公使なども招待していた。

栃木県庁の開所式が延期されていたのには、急進的な自由党員が民権運動を厳しく弾圧していた三島県令や、政府高官を爆殺する計画があり、その爆弾を製造中に誤爆が起き、計画が明らかになると、官憲の自由党員への追及がさらに厳しくなっていったという背景があった。

高橋由一が描いた栃木県庁(栃木県立美術館所蔵)

三島県令により建造された栃木県庁
(『栃木県庁の記録』より転載)

この弾圧に対抗して民権運動家たちは茨城県加波山（かばさん）で蜂起するという事件を起こしている。いわゆる「加波山事件」と呼ばれるこの事件のため、県庁の開所式も延期となっていた。

　この加波山事件により、栃木県庁の開庁式の1週間後には、日本最初の近代政党といわれた「自由党」は解党となり、自由民権運動自体も下火となっていった。

　三島県令が進めていた洋館建設や道路整備は、明治政府のスローガンであった「富国強兵・殖産興業施策」を具現化するもので、そのため開所式後には、その実績が認められ三島県令は内務省土木局長に栄転している。

　県庁の開所式に出席した三条実美太政大臣は、この式典が終わり初めて日光を訪れ、秋の日光に魅せられたのだろう、後に自らの別荘を日光山内に建てることとなる。(69)

　由一の作品としては、県令三島通庸の委託で制作した石版画「東北新道石版画」が有名であるが、明治17（1884）年8月2日に東京を出発し、宇都宮の伝馬町にあったサトウも宿泊している手塚屋に8月3日から5日まで逗留し、この時に栃木県庁の絵を描いている。由一の56歳の作である。

　宇都宮に建てられた栃木県庁舎は三島が山形県令時代の1877年に建築した山形県庁舎と同じ形式で造られ、明治という新時代を象徴する白亜の殿堂であったが、残念ながら1888年には焼失している。

　1878（明治11）年に山形を訪れたイザベラ・バードは、三島県令のもとで大きく変貌しつつある山形県都の姿も見ていた。バードが見た山形県庁も1911（明治44）年の山形大火で焼失している。

　その後の栃木県庁は、赤坂離宮（現

片山東熊により設計された3代目の栃木県庁
（『栃木県庁の記録』より転載）
初代の栃木県庁は、栃木町に造られていたので、片山東熊により設計された栃木県庁は、3代目となる。

迎賓館）や帝国京都博物館などの設計を手掛けた片山東熊（1854〜1917）により設計され、1891（明治23）年3月30日に落成式を迎えている。栃木県庁の設計者である片山東熊は、辰野金吾らとともにジョサイア・コンドルの東京大学での最初の弟子であった。

宇都宮に宿泊していたサトウ一行は、11月14日、人力車と徒歩に別れて、東京に戻っていった。

サトウが訪れた翌年の1885年には、宇都宮まで鉄道が開通するが、鉄道の開通により宇都宮や日光は大きく変貌していった。

鉄道が開通して11日後の1885年7月27日の下野新聞には、「鉄道が開通して1週間を過ぎざるうちに東京より日光へ避暑参詣に来る外国人その他の客は甚だ多く鉢石町の旅店も殊の外繁盛なり」と、日光の繁盛ぶりが紹介されている。

7　東京での家族の住まいと夏の日光への旅

①東京での住まい

東京に戻ったサトウは、前年に次男である久吉が誕生していたためか、日本の家族のために新たに旧旗本屋敷であった富士見町（千代田区富士見町2-17）の家を購入している。

この家は、関東大震災や東京空襲もまぬがれ、1976（昭和51）年まで武田家の住居として使われ、現在は法政大学80年館（図書館）となっている。そこには、日本の近代化に貢献したサトウへの感謝の記念碑が建てられていた。

サトウは、公使館の移転とともに住まいを替えている。

江戸でも横浜同様に外国人は築地に設けられた居留地への居住が原則であったが、後には公使館職員については居留地外へも住居が認められるようになっていった。

法政大学に設置された記念碑

富士見町での武田兼と久吉（横浜開港資料館所蔵）

「この地は明治開国の立役者であり、日本近代化の恩人である英国人アーネスト・サトウゆかりの一隅であって、その夫人武田兼のために購入した旗本屋敷跡である。……」と、記念碑には刻まれている。

イギリス公使館が高輪泉岳寺のそばに仮事務所を設けた時には、伊皿子町の旗本屋敷を譲り受け、住居としている。

その後、公使館が三田台町聖坂上の旧上野沼田藩土岐家下屋敷に移った時には、正泉寺(しょうせんじ)を宿舎とし、ここに居住しているが、この時期に兼夫人と所帯を持ったと思われる。

麹町へのイギリス公使館の移転が決まると、サトウも新公使館の近隣の飯田町6丁目20番(現千代田区富士見2-9、現飯田橋の日本歯科大学)を住居としている。[70]

父アーネスト・サトウと同様に「山と植物」を愛好していた武田久吉の生誕の日から明治43年、28歳で英国留学(明治43年〜大正5)年のため日本を離れる時までが描かれている自伝的な著書『明治の山旅』(昭和46年に創文社から出版された久吉最後の著書)の冒頭に、この住居についてこのように触れている。

「明治16年といえば、1883年、その年の3月、牛込見付内の邸(飯田町)に呱々の声をあげたが、そこはかって、千姫の居た吉田御殿の跡であり、後には皿屋敷のお菊の、怪異伝説と結びつけられた所ということで、千姫によって殺されたという多数の男性と、お菊を祀ったのと二柱の稲荷神社があった。間もなく現在の旧旗本屋敷跡に移って、手斧(ちょうな)造りでこそないが、鍛冶屋の打った四角な釘を用いた、旧市内では珍しい百年近くも経った、古い建物に住みついて、今日に至っている」。武田久吉も古風な住居に愛着を持っていたのだろう。明治を象徴する一例として書簡の冒頭を飾っている。

生後間もなく移転したという、旧旗本屋敷の前の持ち主は、生麦事件にも関係していた旧薩摩藩士で、明治新政府の元老院議員にもなった海江田信義

で、敷地は約472坪あったといわれているが、ここでも幕末のサトウと薩摩藩の関係を窺い知ることができる。

②バードの見たサトウの自宅と演奏会

飯田町のサトウの自宅で、1878年10月5日にイザベラ・バードたちを招待して雅楽と伝統舞踊を鑑賞させるための会が開催されている。

バードは飯田町のサトウの家を『日本奥地紀行』の中で次のように触れている。

「サトウ氏が自宅でとても興味深い会を催した。その美しい日本家屋には、日本とヨーロッパの趣味がよく簡素な調度品が設えられていた。客間は完全な和室だった。天井も柱も鉋かけの白木で、灰緑色の壁は表面のざらつきがきめ細やかであり、上品な床の間がつき、美しい〈畳〉が敷かれ、部分的にはペルシア絨毯が敷かれていた。そこには、落ち着いた色調の立派な一脚の長椅子と数脚の椅子、ランプが一つのっただけのテーブル、数冊の稀覯本を置いた小卓があり、ほんの二、三の青銅の置物と数枚のすばらしい版画が飾られ、壁には花を生けた花器がかけてあった。まさに完璧な設えだった」（金坂清則訳）と、和洋折衷の生活様式が採り入れられていることや、サトウの趣味の良さと和書の蒐集だけでなく浮世絵や古美術品なども蒐集していたことを窺える記述となっている。

サトウの日記には、「男女合わせて10人ほどの演奏者がいた。琴が五面、女性の歌い手が3人、笙を吹く者が2人である。会は大成功であった。私は春の弥生を歌い、そのあとで琴の曲をピアノで演奏したので、聴衆は大いに喜んだ」（庄田元男訳）と書きのこしている。サトウは優れたピアニストでもあり、古美術品の蒐集家としての一面

牛込見付（飯田町）にあったサトウの住居
（横浜開港資料館蔵）
現在は、日本歯科大学となっている。

も持っていた。

　大英博物館には、サトウにより日本の琴5面が送られているが、この時の演奏会に使われていた琴だったのかもしれない。

　バードは、この演奏会の模様を『日本奥地紀行』の中で、「東洋の音楽（雅楽）というものが私には苦痛を覚える秘儀なのである」（金坂清則訳）と書いている。バードをはじめ、当時の西洋人は、日本の伝統音楽である雅楽や能楽は不協和音に聞こえ苦手としていたようで、サトウ自身もまた、日本の伝統的音曲は苦手としていたが、ここでは、「春の弥生」を歌い、ピアノ演奏までしている。まさに日本の音曲まで熟知している当時の日本学者としては、第一人者となっていた。

　日本人が、五線譜で記される西洋音楽を最初に歌ったのは、賛美歌であった。西洋の音階に日本語を乗せて歌ったのも賛美歌であり、記録によると1872年に「主は我を愛す（Jesus Loves Me）」の日本語歌詞が考案され、日本人が初めて日本語で歌った賛美歌であるといわれている。

　明治10年代以降になると、西洋音楽は文部省唱歌として広く日本国内に普及されるようになっていった。

　サトウの趣味は、音楽だけでなく、日本の古美術品の蒐集にも及んでいる。1879年には、ウィリアム・アンダーソンとともに、京都・奈良での美術品の調査・蒐集を行っているが、これらの品々は後に、アンダーソン・コレクションとして大英博物館に収蔵されることとなる。

　古美術品の蒐集においては、葛飾北斎の完全な『富嶽三十六景』（0.1ポンド）や『北斎漫画』（0.4ポンド）などを蒐集できなかったことを非常に悔やんでいる記述がサトウの回顧録には遺さ

れているが、当時は、古美術品や浮世絵なども安価で販売され、海外に流出している。

現在、大英博物館に収蔵されている北斎の「赤富士」などの浮世絵は、アンダーソンのコレクションであったのだろう。

③サトウの転地療法と夏の日光への旅

バンコックで生活を始めて3年目を迎える、1886年になると、サトウは、熱帯性の気候と、疲労が重なり体調を崩し、その転地療法と静養のために、3カ月の休暇を取って、家族の待つ日本へと戻ってきた。

日本での転地療法については、領事館付医師となっていたウィリスの勧めもあったのだろうが、サトウは、日本を思い起こすだけで気力が戻ってくることを感じていた。

日本へ旅立つ前にサトウはイギリスの姉に、このような手紙を送っている。

「日本への旅を考えただけでも気力がもどってきますし、25年前にわたしが心に思い描いたあのなつかしい風景、そそり立つ崖と、その岸辺に打ち寄せる青い波と、あの風景がふたたびよみがえってきます」(『遠い崖14』)と、書き送っているが、「青い海に洗われた、遠くそそり立つ崖」がサトウの抱く日本の原風景であり、その風景を想うだけで気力が出てきていた。

医師のウィリスは、風景の持つ癒しの効果を知っていたのだろう。そのために、サトウに日本での転地療法を勧めている。

サトウは、6月末から9月末までの約3カ月間を日本で過ごしていた。6月23日に長崎に着き、その4日後に横浜に到着している。

凱風快晴(複製/著者所蔵)
葛飾北斎(1760〜1849)は、生涯で3万点以上の作品を残しており、ヨーロッパにも紹介され、ゴッホやモネに強い影響を与えている。
ヨーロッパから輸入されたベルリンブルー(ベロ藍)の青のグラデーションを使ったことにより名作『富嶽三十六景』の「神奈川沖浪裏」が誕生している。サトウやディキンズなども北斎の浮世絵に魅了されていた。

ヘボン博士との再会

7月13日には、横浜に昼食に出かけ、その後、ヘボン家を訪ねている。イザベラ・バードの『日本奥地紀行』に協力し、日本アジア協会の会長などを務めていた「ヘボン（ヘップバーン）博士は、72歳となり、その夫人クララは、68歳になっていた」と、日記に記されている。

ヘボン夫妻は、サトウと再会した、その6年後には体調を崩し、日本を離れアメリカに帰国しているが、帰国する1892年5月、日本での最後の旅行地は、想い出深い日光であった。その年の10月、日光の想い出とともに、33年暮らしていた日本を後に帰国している。

ヘボン博士は、スコットランド系のアメリカ人宣教医、ジェイムズ・カーティス・ヘップバーンが本名であったが、日本人からはヘボン博士と呼ばれていた。

ヘボン博士は、信仰の篤い両親のもと、1815（文化12）年、ペンシルバニア州ミルトンに生まれ、プリンストン大学を卒業後、ペンシルバニア大学で医学を学び、脳卒中の論文で医学博士の学位を得た医師であった。

1840（天保11）年にクララ・リートと結婚すると、その翌年には米国長老派海外伝道団の呼びかけに応じ、宣教医として中国に赴任し、中国では6年間宣教医として活動したが、1846（弘化3）年には、帰国してニューヨークで医院を開業した。1858（安政5）年、日米修好通商条約が締結されると、一切の私財を投じて条約締結後の翌年に来日している。

横浜では、施療と布教に携わる傍ら、画家岸田劉生の父である岸田吟香の協力を得て、1867（慶応3）年、初の英和辞典『和英語林集成』を編纂した。この辞書は大ヒットし、明治時代の英

語辞書の定番的存在となっている。サトウと同様に、言葉という障害を乗り越え、日本と西洋を結ぶ文化の懸け橋となった人物でもある。

またクララ夫人は1863（文久3）年、居留地39番地の自宅に「ヘボン塾」を開き、塾生の中には、高橋是清、林薫、益田孝などがいるが、後に明治学院とフェリス女学院というキリスト教主義学校創設の基礎となっている。ヘボン博士も明治学院の初代学長を務め、幕末から明治期にかけて、日本の近代化に貢献した外国人の1人であるとともに、日光の最初の避暑客でもあった。金谷カテッジインは、ヘボン博士のアドバイスにより1873年に外国人用の宿泊施設として創業している。

ヘボン博士との再会後に、旅好きのサトウは7月17日から箱根・日光へと旅に出ている。そこで約1カ月間の避暑生活を過ごしていた。

サトウの日記などから、日光への旅をたどってみたいと思う。

夏の日光への旅

前年、1885年7月には、上野から宇都宮まで鉄道が開通していた。7月24日には、鉄道を利用して日光への玄関口となった宇都宮に到着している。

宇都宮からは、人力車で日光へと向かっていった。途中、大沢宿で休憩し、美しい杉並木を観賞している。サトウにとっては、6回目となる日光への旅であったが、夏に日光を訪れるのは初めてであった。

宇都宮まで鉄道が開通したことにより、鉢石宿や山内などは、大きく変貌し、避暑客で混雑していた。1885年8月10日の『下野新聞』では、「日光山には凡そ80人位の外国人が来晃し、1カ月から3カ月の約束で、山内の坊舎を借受して滞在している」と報じているところから、宇都宮までの鉄道開通に

より、日光は「高原避暑地」として成立していったと見ていいだろう。東町となる鉢石宿は混雑していたため、サトウは西町にあった佐野屋に止宿している。

サトウ一行は、宿の近くの憾満が淵や裏見の滝、外山などを訪れ、7月29日には、清滝から小来川に至る途中にある滝ヶ原峠を訪れている。ここから女峰山を眺めているうちに、同じような風景地であった山久保峠への途中で見た女峰山の山容を思い出していた。

1872年、サトウが初めて日光を訪れた帰路に、山久保から古峰ヶ原神社などの勝道上人の修行の場を訪れ、東京に戻っていっている。当時の楽しい旅を想起し、日記に書き残しているが、いかにサトウが日光の山々に愛着を抱いていたかを知る記述でもある。

7月30日には、湯元温泉へと向かって行った。馬返から中宮祠までは、難所といわれた中禅寺坂を上り、華厳の滝を観瀑したが、この年は雨が少なく日照りが続いていたため、湖水の水位が下がり、華厳の滝からは落水していなかったことが日記に記されている。

地元の記録でも、湖水の水位は例年よりも3尺（約90センチ）下がり、華厳の滝から一滴も落水していなかったことが記録されている。

六軒茶屋の馴染みの宿である米屋で昼食を取り、舟遊びを愉しんでいる。舟から眺める中禅寺湖南岸の雄大な風景に感銘を受け、午後2時頃には湯元温泉へと向かって行った。

湯元温泉では、吉見屋を定宿としていたが、宿の主人から不満を漏らされている。それは、サトウが編纂した『中央部・北部日本案内』の中で、吉見屋をこのように紹介していたからである。

「右側一軒目の新しい吉見屋という旅宿からの眺めは最高で風呂の設備も

山久保への途中で見た女峰山

滝ヶ原峠から見た女峰山

あるが、法外な料金と主人の無礼な態度には注意を要する」（庄田元男訳）。サトウの日記には、吉見屋は「もはや上等の宿とは言えない」と書き残している。

旅の同行者である英国公使サー・フランシス・B・プランケット夫妻は、吉見屋に宿泊したが、サトウは、共同浴場である自在の湯の近くにあった西町の佐野屋の湯元支店に止宿している。

日光の風景と、温泉がサトウに元気を与えたのだろう。翌7月31日は、晴天に恵まれ、木漏れ日の中を白根山や男体山、太郎山を望みながらプランケット夫妻とともに、千手ヶ浜よりボートで阿世潟に渡り峠を越え、足尾へと向かっていった。

7月31日と8月1日の2日間は足尾を訪れ、足尾銅山の近代設備などを見学している。

サトウにとって足尾は、これで3度目となる訪問であった。1度目の訪問は、1880年9月、庚申山の登山の折であった。2度目は、1884年11月、バンコックから休暇で日光を訪れる際に、足尾に立ち寄っていた。

足尾銅山は、2度目の訪問時期から、銅生産量が飛躍的に増大していた。明治13年の産銅量を見てみると、91トンであったが、2度目の訪問となる4年後の明治17年には、2,286トンに増大している（『足尾銅山史』）。この産銅量の増産は、明治17年に相次いで直利（富裕な鉱床）を発見することに成功していたからであった。以後、急激に発展し、東洋一の生産量を誇る銅山へと成長するとともに、その一方で、煙害の発生や、水質汚染などの鉱毒問題も発生させていった。サトウ達も足尾を訪れた際には、谷が煙りで充満しており、気分が悪くなったと、日記に書き残している。

阿世潟峠から望む渡良瀬流域の連山

サトウたちが足尾を訪れた折には、銅山経営者である古河市兵衛や渋沢栄一、さらに後藤象二郎夫妻、陸奥宗光夫妻など、日本の政財界の要人たちも足尾を訪れていた。

サトウやプランケット公使の足尾訪問については、当時の足尾銅山の責任者であった木村長兵衛の書簡にも書き遺されている。(『足尾銅山物語』より)

陸奥宗光夫妻一行は、8月6日には、足尾より伊香保に向け出発していることが、下野新聞で報じられている。ちなみに、陸奥と古河市兵衛は、陸奥の次男潤吉が古河家の養子になっていたという関係があり、1884年から約2年間、陸奥宗光がヨーロッパを外遊している際にも、それを財政的に支援していたのも古河市兵衛や渋沢栄一であった。

サトウと陸奥は1867年12月23日、鳥羽伏見の戦いに先立つこと約10日前、大阪で面会していた。この面会で陸奥は、「新政府の承認問題」についてサトウの意見を打診している。これを基に意見書を起草して岩倉具視に提出。これがきっかけとなり新政府の外国事務局御用掛に任命されていた。サトウとの出会いは、陸奥の大きな転機ともなっていた。

亮子夫人とは足尾で開かれた晩餐会で、はじめての出会いであったが、サトウの日記には、「陸奥の二度目の夫人、若くてたいへんな美人、すずしい眼とすばらしい眉」と、日本の女性の容姿をめったに賞賛したことがないサトウが「美人」であるとはっきり書きのこしている。

サトウは、近代鉱山技術を導入しての銅山開発を目の当たりにした一方で、阿世潟峠から見る足尾銅山周辺の山々は、前回訪れた2年前に比べて、樹木が伐採されていることも確認して

後藤象二郎 (1838～1897)
(『英国公使夫人の見た明治日本』より転載)

いる。この頃から足尾銅山周辺の自然環境に大きな変化が出てきていた。1885年10月31日の下野新聞でも銅山周辺の樹木が枯れ始めていることが報道されているが、この記事が地元紙として、足尾の鉱毒に関する最初の報道となっている。

足尾で面会した後藤象二郎は、懐かしい人であった。

サトウは、18年前の1868年、京都で起きたパークス公使の襲撃事件を思い出している。

1868年3月23日、明治天皇と外国公使の謁見が紫宸殿(ししんでん)で行われるため、宿泊先であった京都の知恩寺を出発したパークス公使一行が、2人の暴漢に襲われ、護衛兵10数人が負傷するという襲撃事件があった。パークス公使の護衛として同行していた後藤象二郎や中井弘蔵の奮戦により、パークス公使は無事であった。

サトウも間一髪のところで助かったが、しかし乗っていた馬は、乗り手の膝(ひざ)の近くを切られ、鼻先の一部も切り落とされていたという、生々しい襲撃事件であった。

京都ではこの時期になってもまだ、外国人を襲う攘夷主義が蔓延(はびこ)っていた。明治天皇との謁見は、その3日後に無事行われている。サトウは、そんなことを懐かしく思い出している。

後藤象二郎は、1881年に板垣退助らとともに自由党を結成していたが、加波山事件などにより、1884年には自由党が解党されていた。サトウは後藤に、自由党のリーダーとしての地位を投げ出さないようにとも促している。その結果1892年8月からスタートした第2次伊藤博文内閣では、後藤は農商務大臣に、陸奥は外務大臣に就任している。外務大臣として陸奥は、不平等条約是正や日清戦争の講和に尽力するこ

旧英国大使館別荘から見る社山（本田浩氏撮影）

ととなる。

中禅寺湖南岸からの風景の再確認

サトウは2年前に足尾から阿世潟峠を越え、中禅寺湖を訪れた折に発見した、砥沢(とざわ)の高台にある風景地を舟から再確認していた。

前回訪れた時には、11月になっていたため、周辺の緑も少なく荒涼とした感じが、逆にふるさとの風景を彷彿させていた。

今回は、緑豊かな周辺の山々が静かな湖面に映し出され、鮮やかなコバルト・ブルーの水面(みなも)の輝きや、湖からのさわやかな風、時間とともに移り変わる水景に感動すら覚えている。

将来、日本に戻る時には、この場所に山荘を造りたいとの想いを、さらに強く抱いていた。

野門への旅

8月10日には、公使館職員のレアードとともに、裏見の滝から富士見峠を越え、栗山の野門を目指している。

富士見峠は、帝釈山と小真名子山の鞍部に位置し、標高2036mの高所にあるが、かつては、栗山と日光との無人の交易所としても機能していた。

サトウたち一行も峠にあった交易所を見ている。そこには、栗山で作られていたのだろう「曲げ物」などの木製品が置かれていた。一行は山路を野門へと向かって行った。

野門集落は、平家の落人伝説や、戊辰戦争の折には、山内の宿坊に祀ってあったと思われる「男体山三社の御神体」と「徳川家康公の御神体」が秘かに野門に遷(うつ)され、それが栗山東照宮と呼ばれており、サトウもこのことを聞き及び、野門に向かわせていた。

野門から上栗山に向かい宿を探したが、ここでは宿が見つからず、やむなく栗山村と今市宿の交易所となっていた小休戸(こやすど)へと向かって行った。

栗山東照宮

小休戸の宿では遅い夕飯となったが、そのメニューがオニオンスープとカレー、デザートに桃が出されと日記に書き残しているが、当時すでにカレーの缶詰が作られていたので、これを持参していた。灼熱のバンコックで生活していたサトウにとって、カレーは健康を維持するためにもなくてはならない食材となっていた。

　カレーは、インドを植民地支配していたイギリス人が自国に持ち帰りイギリス風にアレンジされ、日本に伝わっ

たといわれている。日本に初めてカレーライスの調理法が紹介されたのは、1872年に出版された『西洋料理指南』の中である。現在では、ラーメンと並んで、日本人の国民食と呼ばれるほど人気がある料理となっている。

サトウが止宿した小休戸は、かつて今市と栗山を結ぶ大笹峠越えの中継地として栄え、元禄年間には集落を形成していたという記録も遺されているが、現在は、かつて旅籠として使われていた1軒だけが、往時をしのぶ建造物として道路脇に遺されている。サトウ一行もここに止宿したのだろう。地元の記録では、この旅籠は明治元年に建てられたもので、当時の典型的な町家造りの建屋となっている。

翌日のコースは、サトウは日記にこのように書いている。

「日光に至る最短の道は、六方と呼ばれる渓谷のそばにある」と、記しているので、小休戸から六方沢を通り、霧降高原に至る古道をたどった可能性もあるが、現在では、この古道は遺されていない。

その後、霧降高原の道を霧降の滝へと向かい、そこから外山の裾を通り佐野屋へと戻っていった。

日本アルプスも踏破している健脚のサトウらしい山歩きで、静かな高原の風景や多くの高山植物が観察でき、満足を覚えていたことだろう。

この旅日記には、所要時間や上栗山から各地までの距離が詳細に記入されており、その正確さには驚きを覚える。上栗山から宇都宮県庁14里（約55キロ）と記述されている。これには、『日本旅行案内（中央部・北部日本旅行案内）』の新たなルートとして野門・上栗山ルートを設定したいとのサトウの意向が窺えるものであるが、日本を離れているサトウには改定版の作業を行う

霧降の滝の下滝
華厳の滝、裏見の滝と並び、日光三名瀑に数えられている。赤薙山から流れ出る霧降川を落差85メートルで、上下2段に分かれ流れ落ちている。上滝は落差45メートル、下滝は落差40メートルを滑るように流れ落ちている。

ことができず、友人のディキンズ宛の手紙にも「改定は1888年の真夏までかかるだろう。日本にいる誰かにそれをやるように手渡さなければならない」と書き送っている。

第3版となる『日本旅行案内書』は、先述したようにチェンバレンがサトウから版権を譲り受け、1891年に出版することとなる。

8月15日には、日光を後に宇都宮へと向かっていった。

宇都宮では、当時、河内郡の郡長を勤めていた川村傳蔵（1845〜1917）と偶然汽車の中で会い、サトウの旅日記には、その名が記されている。

川村傳蔵と独逸鹿（ドイツしか）

川村傳蔵は、栃木県庁の宇都宮移転においては、政治的手腕を発揮し、中心的な役割を担うとともに、その移転・建設費用の半額を供出している（「川村家の記録」）。この時期は、義父の傳左衛門とともに、器械製糸場となる紡績会社大嶹商舎（おおしま）の経営にも参画しているので、日本の主力産物であった絹貿易の仕事を通じて、サトウとも面識があったのだろう。

川村傳蔵は、1888年から1904（明治37）年まで宮内省の主猟官を務め、明治天皇のおぼえも良かったと伝えられている（「川村家の記録」）。

『日光市史』によると、1884年には、日光一円の広大な地域が、宮内省の御猟場に指定されている。さらに1887年1月には、久次良村（くじらむら）（現日光市久次良）倉下の121ヘクタールと小倉山が御料地に編入され、3月には、宮内省主猟局により、久次良村に独逸鹿畜養所が設けられている。

御猟場や独逸鹿畜養所の管理運営のため、地元の実力者であった川村傳蔵が、主猟官に任命されていたと考えられる。任命された1888年には、中禅寺

湖を含む奥日光地域一帯、11,316ヘクタールにおよぶ広大な土地が御料地に編入されている。

　独逸鹿は、ドイツ皇帝が明治天皇に献上されたものといわれ、ドイツ特命全権公使を長年勤め「ドイツ翁」とも呼ばれた、青木周蔵の那須野ヶ原にあった青木農場でも、10頭の独逸鹿が飼育され、多い時には1,500頭を数えたという(『青木農場と青木周蔵別荘』)。

　独逸鹿畜養所は、1901(明治34)年に廃止され、宮内省日光御猟場も1925(大正14)年12月に廃止されているが、引き続き猟場区域は、1万ヘクタールに縮小されたものの、1973(昭和48)年まで、鹿などの特殊猟場として農林省国営猟区となっていた。

　ここでは、捕獲の一方で、猟場に隣接して日光町から今市町にかけて、7,000ヘクタールの禁猟区が設けられ、鳥獣の保護も図られている。国営猟区では、捕獲と保護により鹿を中心とする野生鳥獣の生息数の調整が図られていた(「国立公園」「国立公園に於ける鳥獣保護」)。

　サトウはその後、家族の待つ東京へと戻って行った。

　日本国内では、1885年の12月に、第1次伊藤博文内閣が組閣され、サトウの旧友である井上馨たちは、内閣の要人に就任していた。このためサトウは、良好な日英関係を構築するには、プランケット公使の後任は、自分をおいて他にいないと確信していたが、それが実現されるまでに、9年という時間が必要とされた。

8 三条実美の日光での足跡と鹿鳴館時代

サトウと日光の関係からは離れるが、三条実美公爵の日光での足跡や鹿鳴館外交などをたどってみると、日光での本格的ホテル建設の背景や中禅寺湖畔が国際的避暑地として形成されていく経緯の一端が見えてくる。

①三条公爵と日光

先述したように、三条実美公が日光を初めて訪れたのは、栃木県庁の落成式後となる1884年10月29日であった。

東照宮参拝においては、元会津藩家老であった保科頼宜（西郷頼母）や保晃会副会長を務めていた安生順四郎などが案内役を務め、秋色に彩られた日光は、ふるさとの京都が偲ばれていた。

日光訪問の翌年には、太政官制度が廃止され、第1次伊藤内閣が発足している。これに伴い三条実美公は、太政大臣から内大臣に転じているが、この内大臣は三条公爵処遇のために創られた名誉職であり、閑職でもあった。

内大臣に就任してから足繁く日光を訪れるようになり、1887年には自らの別荘を山内に構えるようになっていった。[71]

この頃の三条公爵についてイギリス公使夫人のメアリー・フレイザーは、「私が彼から受ける印象は政治には悲しくなるほど辟易した人、といったところです」（横山俊夫訳）と書きのこしている。フレイザー夫人は、維新後の薩摩・長州との藩閥体制の調整役を長年務め、ようやくその役から開放された三条公爵を、「政治には悲しくなるほど辟易した人」と表現したのだろう。

三条公爵は、故郷の京都に似た日光の風景を好み、四季折々の日光の自然を愛でている。その中でも秋は最も好む季節で、小倉山の紅葉や中禅寺湖畔

三条実美公爵（1837〜1891）
（『英国公使夫人の見た明治日本』より転載）

二荒山神社中宮祠拝殿に三条実美公爵の筆による額がある。内大臣と書かれていることから1888（明治21）年頃に書かれたものか。

メアリー・フレイザー（1851〜1922）
（『英国公使夫人の見た明治日本』より転載）

に遊び和歌を詠まれている。

1890年8月には、北白川成久王殿下とともに小倉山御料地に遊んでこのような歌を遺している。

「ここもまた秋やよからむ　ふるさとの小倉のやまの名をうつしたる」

現在、小倉山にある三条公爵の歌碑は、絹地に書いた歌を小杉冨三郎自らが彫りあげ、建立したものである。この歌を絹地に書き、御料地の監守であった小杉冨三郎に届けられたという。

小杉冨三郎は画家小杉放庵の父で、後に2代目の日光町長を務めた人物でもある。中禅寺湖畔では、錦に染まる雄大な風景に感動し、このような歌を遺している。

「もみじ葉の錦にかこふ幸の海　聞きしに勝る景色とぞ見る」

②鹿鳴館時代

三条実美公が太政大臣や内大臣を務めていた、1883年から1887年までの時期がいわゆる鹿鳴館時代であった。

明治新政府の重要課題であった、不平等条約を改正するため、日本が文明国家であることを欧米諸国にアピールするため、イタリアルネッサンス様式に英国風を加味したレンガ造りの鹿鳴館という欧風の建物を造り、舞踏会などを開き、極端な欧化政策を推進していった。いわゆる鹿鳴館外交が行われていた。

しかし、当時は国会も法律整備もできていない日本は、欧米諸国と同等とは見られず、この鹿鳴館外交は成果を上げられなかった。

その中心的人物であった井上馨外務卿は1887（明治20）年には外務卿を辞任している。

井上外務卿の辞任と同時に鹿鳴館で

歌碑の近くにある山の神の石碑
1925（大正14）年、日光御猟場職員一同により建立。

小倉山にある三条実美公爵の歌碑
歌碑の側面には、明治太政大臣正一位　三条公御筆　小杉冨三郎謹自鎸　高橋源三郎補助と彫り込まれている。

の催しも下火となったが、文化外交ともいえる鹿鳴館外交は、皇族や政財界の大物などを中心メンバーとする東京倶楽部[74]などの社交クラブや、伝統文化が息づく日光などでは避暑地外交として継承され、海外の賓客や外交官をもてなす社交場となっていったのがホテルであった。

文化外交の場であった鹿鳴館も、1890（明治23）年には宮内省に移管され、やがて華族会館に払い下げられている。

この時代には、宮内省も外交交渉に積極的に関与しており、その中心的役割を果たしていた人物が元外交官で、宮内庁式部長官であった三宮義胤（よしたね）男爵である。

③小倉山御料地と奥日光御料地

外山の東、赤沢と鳴沢に挟まれた、なだらかな地形の山を小倉山と呼んでいる。この小倉山は、1887年に121ヘクタールが宮内省が管理する小倉山御料地となっている。

京都の趣きのある小倉山の地は、御用邸建設用地として確保されていたが、御用邸建設は、1891年に三条公爵が薨去（こうきょ）したことになどにより実現できず、1899（明治32）年に、田母沢の地に御用邸が建てられている。[75]

一方、明治天皇や三条公爵の足跡が遺る中禅寺湖畔は、1888年に境内地11,316ヘクタールの湖を含む広大な用地が宮内省に移管されているが、この移管の目的は何であったのだろうか。

栃木史心会会報第3号には、金谷正夫氏の「明治・大正・昭和にわたる日米英の掛け橋」と題する談話が掲載されている。その中で、中禅寺湖周辺は外交上の配慮から避暑地となった旨の発言があること。さらに、宮内省に移管後の1893年には、中禅寺湖北岸の

鹿鳴館
・竣工　1883年7月
・設計　ジョサイア・コンドル
・施工　土木用達組（大倉喜八郎と堀川利尚の共同出資で設立）
・舞踏会場となる大広間や大食堂、宿泊施設、バーやビリヤード室が設えてあった。
・1940（昭和15）年、老朽化により解体。

大崎に英国代理公使の別荘が建てられ、その後、湖畔にはヨーロッパの外交官などの多くの別荘が建てられている事実から、当時の外交問題の最大の課題であった、外国との条約改正などをスムーズに進めるため、中禅寺湖畔を外国貴賓の避暑地とする考えもあったものと推測できるだろう。

　大正天皇も皇太子時代には足繁く中禅寺湖を訪れている。二荒山神社中宮祠敷地内には、今でも大正天皇の御座所として使われていた北岳南湖閣がのこされているが、郷土史家で中宮祠自治会長を務めている小島喜美男氏は、北岳南湖閣は、奥日光が国際的避暑地であった往時の迎賓館的役割を果たしていたと考えている。

④北岳南湖閣

　北岳南湖閣は三条実美公爵が命名したといわれ[76]、その名前の由来は、男体山を背後に前面に中禅寺湖を一望できる場所に建てられていたことから、北岳南湖閣と命名されたと伝えられている。

　北岳南湖閣は、現在では山手側に移築され動態保存されているが、この建物も前面に広縁が設えてある。これは湖水の風景や湖水に映える月や星影を愉しむためのものであった。

　建家は木造2階建て、屋根は寄せ棟銅板葺きで、1階、2階に欄干を巡らせ、2階の南の部屋が御座所となっている。
　創建当時の屋根は柿葺(こけらぶ)きとなっていたと伝えられている。

　御座所の天井は、最も格調が高いといわれる格天井(ごうてんじょう)で、1間半の床の間は畳床となり、その右手に1間の床脇が設えてある。

　内壁は和紙の張り付け壁で、黒漆塗の押縁で和紙を押さえている。

　次の間は襖とおさ欄間で仕切られ、

北岳南湖閣

御座所

天井は竿縁天井、内壁は御座所同様に和紙の張り付け壁で、床脇には日の出棚が設えてある。

建物内部は、素木（しらき）に白壁で構成され、質素で装飾性は少なく、それが、格式と厳粛さを備えた空間を造り出している。

田母沢御用邸の皇后陛下謁見の間

田母沢御用邸の造りは北岳南湖閣の御座所と同様に素木に和紙の白壁で、黒漆塗の押縁で和紙を押さえてあり、工法的には、北岳南湖閣と同様の工法が採用されている。天井は竿縁天井となっている。

北岳南湖閣の建築時期は、地元では1887年に建築されたといわれ、中禅寺湖一帯が宮内省に移管される1年前であり、建設時期からも、奥日光の迎賓館的役割として建てられたものと考えられる。

その建築様式・技法は、明治中期に建てられている、田母沢御用邸や旧英国大使館別荘、同時期の木造旅館・ホテル等とも類似していることから、工事に関わった職人は、日光の伝統技術を継承している日光の匠によるものと推測されている。[77]

奥日光が国際的避暑地として形成されるのも、当時の政治的な配慮によるものであり、奥日光と同時期に国際的避暑地として形成された、軽井沢や箱根などとの違いもここにある。

北岳南湖閣の木組み
北岳南湖閣の建築美は、軒（のき）の木組みにある。これを見ていると、当時の職人の技術と心意気が伝わってくるように思われる。日本の伝統建築の美についても研究していたアーネスト・サトウも、北岳南湖閣の軒の木組みの美しさは、観ていたはずである。

田母沢御用邸皇后陛下謁見の間

〈補注〉

1)『遠い崖9 岩倉使節団』萩原延壽著 朝日新聞社
2) 稲屋

宇都宮郷土史によると「上野新右衛門を上本陣、石塚治郎兵衛を下本陣と称し、伝馬町、福田小兵衛(丸屋)林庄兵衛(稲屋)を脇本陣という」と記録され、サトウの宿泊していた「稲屋」は江戸時代には、宇都宮宿で脇本陣を務めていた。東京日日新聞によると明治12年、第18代アメリカ合衆国大統領であったユリシーズ・グラント将軍が日光訪問の際の宇都宮での宿泊先は、「林庄平の家」と書かれていることから稲屋に宿泊していた。

なお、一方の脇本陣、丸屋は1867年に木造3階建ての洋館を建て、この建物が宇都宮で初めての洋風建築といわれている(『栃木の近代建築』)。建物の場所は、日光街道と奥州街道の追分けから5軒目に建てられ、「本陣何処だ丸小の向かいだよ」と歌の文句となっていたといわれている。当時の宇都宮のランドマークとなっていた。稲屋は、丸屋より数軒東に寄ったところにあった。

3) 大鳥圭介(1833〜1911)

播州赤穂に医者の子として生まれる。緒方洪庵に蘭学を、江川太郎左衛門に兵学を学んだあと、徳川幕府の歩兵奉行を勤めた幕末・明治の政治家。

1868年の戊辰戦争では、旧幕府・上野彰義隊と会津藩士の連合軍3,000人の総指揮官として日光廟にたてこもったが、板垣退助との話し合いに応じ、日光での戦闘を止め、会津に退いて日光を戦火から守った。

明治維新以降は、駐清国公使や駐朝鮮公使などの外交で活躍している。

4)『運命の風景』 志村富寿著 日本経済評論社
5) 平野勘三郎の宿

「日光道中宿村大概帳」によると鉢石宿の本陣は下鉢石に高野家と平野家の2軒と御幸町に入江家の1軒の計3軒があったと記されているが、もともと本陣とされていたのは入江家1軒のみで、ほかは脇本陣である。サトウ一行の泊まった平野勘三郎の宿は脇本陣であった。

6)『風景学』 中川理著 共立出版
7) 女人禁制また、牛馬禁制

男体山全山が日光二荒山神社の御神体とされ、1872年太政官通達で神社仏閣の女人禁制が解かれるまで、女人禁制・牛

馬禁制の山となっていた。
8)六軒茶屋

　1931（大正6）年に発行された「二荒山神社」によると1741（寛保元）年に中宮祠に茶屋4軒置くことを許され、和泉屋、中村屋、山城屋、大木戸屋が開業し、その後1804（文化元）年、さらに米屋、大黒屋の2軒の開業が許され、六軒茶屋と呼ばれるようになった。大黒屋はその後、伊藤文吉が営業の権利を譲り受け、蔦屋として宿の営業を行っている。伊藤文吉は聖地であった中宮祠に通年で住んだ最初の人物といわれている。

9)『日光市史』　下巻
10)『日本旅行日記2』　アーネスト・サトウ著　庄田元男訳　平凡社
11)河鍋暁斎（1831～1889）

　幕末から明治にかけて活躍した浮世絵師。幼くして浮世絵師・歌川国芳に入門し、ついで狩野派を学び1850（嘉永3）年頃、狩野派の絵師として日光東照宮の絵画の補修に携わっている。

　1876（明治7）年、チャールズ・ワーグマンの案内でフランスの実業家エミール・ギメや画家のフェリックス・レガメが河鍋暁斎宅を訪れ、その際にレガメが描いた暁斎の肖像画がある。

建築家ジョサイア・コンドルも1880年に暁斎の門に入り日本画を学んでいる。
12)岸田吟香（1833～1889）

　日本の新聞記者、実業家。1863年眼病を患いヘボン博士の手当を受け、これが縁となり『和英語林集成』の編成を手伝うようになった。

　1866年、『和英語林集成』の印刷刊行のためヘボン博士と上海に渡航し、翌年の5月に辞書は完成している。日本に帰国するとヘボン博士により処方された眼薬「精錡水」の販売を銀座で始め、好評であった。1873年には、東京日日新聞に迎えられ、台湾出兵の際には従軍記者として活躍し、日本初の従軍記者でもある。洋画家の岸田劉生は、岸田吟香の四男。

13)横山孫一郎（1848～1911）

　語学の天才、国際ビジネスマン。横浜で高島嘉右衛門（1832～1914）の通訳としてハリー・パークス公使などとの交渉に活躍し、嘉右衛門とともに寒村であった横浜にガス、電気、水道、下水道整備などの公益的な事業の導入に尽力している。高島嘉右衛門は、「高島易断」による占いで有名で「易聖」とも呼ばれているが、事業家でもあった。また、高島嘉右

衛門は、伊藤博文とも懇意にしており、長女のたま子は伊藤博文の長男博邦と結婚している。今でも横浜には「高島台」や「新高島駅」などその名がのこされている。

孫一郎は、1873年に大倉組商会が設立されると、この会社の副頭取になり、翌年ロンドン支店が設置されると支店長として対外貿易の拡大に努めている。

後に、帝国ホテル支配人や国光生命、大日本ホテル等の重役を務め、アーネスト・サトウとは、対外貿易などを通じて交流があった。特に初代帝国ホテルの建設にあたっては用地の確保などの各種調整に尽力している。

14）五百城文哉（1863〜1906）

明治時代の洋画家。

1884年農商務省山林局に勤める。この頃、高橋由一の門に入り洋画を学ぶ。1892年から日光に住み植物や日光名所を描く。1893年、シカゴ万博に「日光東照宮陽明門」を出品。

文哉は自宅の庭に日本最初といわれるロックガーデンを築くほどの高山植物愛好家で同じ愛好家の城数馬、植物研究者の牧野富太郎、アーネスト・サトウの次男武田久吉らと交遊し、日本の高山植物を本格的に描いた最初の洋風植物画である「日本高山植物写生図」を遺している。弟子に小杉放庵や福田たね（青木繁と交際）がいる。

15）『日光山志』

江戸末期に書かれた日光山の案内書。八王子千人同心が日光に赴任した機会を利用して編纂されたという。サトウの持っていた『日光山志』には、1872年3月28日と記入されているところから、1回目に日光を訪れた時に購入していた。

16）植田孟縉（1757〜1843）と『日光山志』

1757年、吉田藩の藩医熊本自庵の子として生まれ、19歳で八王子千人同心組頭の植田元政の養子となる。孟縉は、八王子千人同心組頭として14回にわたり「日光火之番役」を務めている。このことが聖地日光の地誌となる『日光山志』をまとめる一つのきっかけとなった。

『日光山志』は、長い歳月をかけて編纂されている。草稿は、1818（文政元）年頃に4巻本として仕上がったと考えられている。その後、1824（文政7）年に十巻本としてまとめ、将軍の日光社参の案内書として幕府に献上している。それが改稿され、1837（天保8）年には、5巻本として刊行された。

『日光山志』は、数多い日光に関する著

五百城文哉（須藤家所蔵）

作の中でも類書を見ない地誌として評価されている。この版木が現在、日光輪王寺に伝えられていることなどから、サトウの所持した『日光山志』も輪王寺から贈られたものであったのだろうか。
17) 鈴木ホテル主人、鈴木喜惣次の子孫にあたる鈴木寿一氏からの聞き取りによる。
18) エルヴィン・フォン・ベルツ (1849〜1918)

　西南ドイツのビーティヒハイムに生まれた。ライプチヒ大学に学び、1876年、東京医学校 (現東大医学部) の内科教師に迎えられ、生理学、内科、病理学、産婦人科学、精神科学などを教えた。彼は、寄生虫病 (ツツガムシ) の原因を究明する一方、温泉や海水浴、スポーツの有効性を説き、特に草津温泉との関わりは深い。また、日本美術にも造詣が深く、約6,000点にのぼる美術・工芸品を収集している。特に河鍋暁斎を高く評価し、親しく交わっていた。

　アーネスト・サトウとは公私にわたり付き合い、1881年サトウが病で倒れた時には、ウィリスとともに治療を行っている。
19) エルヴィン・クニッピング (1844〜1922)
　ドイツのクレフェ生まれ。アムステルダムの商船学校を卒業後、汽船クーリエ号1等運転士として航海中の1871年、東京で下船した際に大学南校 (東大) 教授ワグナーにすすめられて、同校でドイツ語、数学を教え、1876年から内務省などに勤め、1891年に帰国。20年間、日本に滞在していた。

　日本で教師や海員試験官など多くの職種を経験したが、彼の最大の功績は内務省地理局に勤務していた当時に日本最初の天気図を作成したことがあげられる。サトウも彼の勤勉さを称賛している。日光には1871年の夏から度々訪れている。
20) 『日本アルプスの発見』　庄田元男著　茗渓堂
21) エミール・ギメ (1836〜1918)

　フランスの実業家、旅行家。美術鑑定・収集家としても知られている。父、ジャン・バチスト・ギメは科学者でウルトラマリン (群青) の発明家である。このウルトラマリンの発見がギメ家に莫大な資産をもたらすことになり、エミール・ギメも1860年に父より工場を引き継いでいる。1875年アメリカのフィラデルフィア万博を見学中に画家フェリックス・レガメと出会い、彼をイラストレーターとして雇い、日本、中国、インドの宗教調

査旅行をすることになる。
　1876年8月26日、横浜に到着している。この時期は日本では廃仏毀釈の宗教改革中であり、ギメにとっては好都合であった。3カ月の滞在期間中に神仏像600体、宗教画300点そして多数の陶磁器などを収集している。
　帰国後は、リヨンに「ギメ東洋美術館」を開館し、広く日本文化を紹介している。
22)フェリックス・レガメ（1844～1907）
　フランスの画家、挿絵画家。1870年代にアメリカに渡り、シカゴでデッサンの教育の改善に取り組むが、早くから日本に関心を抱いていた。日本から帰国後は、日本を紹介する数々の出版物を出し、1900年にパリ日仏協会を設立、ギメが副会長に、レガメは事務局長に就任している。河鍋暁斎が海外で評価が高いのもレガメによるところが大きい。
23)『クロウ日本内陸紀行』　岡田章雄、武田万里子訳　雄松堂
　アーサー・H・クロウ、生没年不明。英国の商人で会社を経営していたらしい。1882年英国王立地理学会の特別会員となる。著作は『日本内陸紀行』のみ。1881年6月1日横浜に到着し、9月18日函館を出航するまでの3カ月、日本を旅行している。
24)彦坂誼厚（ひこさかじんこう）（1833～1897）
　叔父の日光山護光院大僧都諶貞に学び、1868（明治元）年、35歳で日光山総代となる。神仏分離令の際は日光山の仏堂の破壊を防ぎ、神仏分離令で「輪王寺」の称号は没収され、もとの「満願寺」に戻るが、1883年、門跡号を復興して「輪王寺」を再興した。1885年、輪王寺門跡、1895（明治28）年、大僧正、1897年7月5日死去。
25)「神徳集」　全8巻からなる徳川家康の伝記
26)『アーネスト・サトウの読書ノート』楠家重敏著　雄松堂出版
27)『栃木の日光街道』　日光街道ルネサンス21推進委員会　下野新聞社
28)「金剛桜」（輪王寺HPより）
　1881年輪王寺第73世門跡彦坂誼厚大僧正が隣接境内地に生える山桜の大木を移植、当時すでに推定樹齢400年といわれる老木を三仏堂前に移植され、多くの人々の心配をよそに見事に根付いた。1898年大僧正が亡くなられ、金剛心院の法名より金剛桜と命名される。
　1936（昭和11）年、三好理学博士の調

査により山桜の優れた突然変異種であることが判り、国の天然記念物に指定された。
　昭和30年代に入り樹勢の衰退が見られたため、樹勢回復治療が施され、さらに1998（平成10）年から2度目の樹勢回復治療が施され、現在に至っている。多くの人々の努力により今年の春も見事な花を咲かせている。

29)『完訳　日本奥地紀行1』イザベラ・バード著　金坂清則訳注

30) W・B・メイスン (1853～1923)
　1853年、英国のノーフォークで生まれ、1875年に電信の技術分野でお雇い外国人として来日。モールス信号の改良など日本の近代化に貢献している。後に第一高等学校の英語教師を務め、この教師時代にグローブなどを使用した近代ベースボールの普及にも貢献している。日本人女性と結婚をし、東京倶楽部のマネージャーなども務めている。1923年関東大震災で横浜にて死去。

31) 高木兼寛 (1849～1920)
　海軍医総監・東京慈恵会医科大学の創設者。
　1870年薩摩藩により創設された鹿児島医学校に入学し、校長の英医ウィリアム・ウィリスに認められ、教授に抜擢された。1875年、イギリス留学を命じられ、ロンドンのセント・トーマス病院医学校に入学する。帰国後は海軍医療の中枢を歩み、当時軍隊で流行していた脚気についてその撲滅に尽力をし、「ビタミンの父」とも呼ばれている。カレーを脚気の予防として海軍の食事に取り入れたのも彼によるところである。（海軍カレー）

32) ディキンズ (1838～1919)
　フレデリック・V・ディキンズ。医師、弁護士、日本学者。
　1863年5月、汽船の軍医として来日し、葛飾北斎を学術研究の対象として最初に取り上げた人物である。
　サトウとは、1865年10月にパークス公使の随行員として、箱館視察をしており、これ以来、生涯の友として交流を持っていた。ディキンズは、1879年に帰国、パークスの推薦でロンドン大学の事務総長を務め、帰国後も日本文学の研究を続けている。
　幕末、明治初期の日本の歴史書ともいえる「パークス伝」は、彼により編纂されている。

33)「日光の登山史」『日光近代学事始』中川光熹著　栃木県歴史文化研究会　随想舎

34)『日本学者　フレデリック・V・ディキンズ』　秋山勇造　お茶の水書房

35) ウィリアム・ガウランド（1842〜1922）

　1842年、英国のサンダーランドに生まれ、大阪造幣所の分析技師として招聘され、1872年来日、1878年には、日本のマッターホルンと呼ばれている槍ヶ岳に外国人として初登頂を果たしている。

　ガウランドの業績として、日本への近代登山の導入とともに、日本の古墳研究が高く評価されている。彼の実地踏査は、宮崎、佐賀、福島まで及んでおり、調査した横穴式石室は406にも達している。

　1888年までの16年間にわたり、日本に滞在して冶金（やきん）技術の指導など多方面にわたり日本の近代化に貢献していた。

　ガウランドを大阪造幣所の分析技師として推挙したのは明治政府高官とも交流があったアーネスト・サトウであったといわれている。

　アーネスト・サトウもガウランドに触発され1880年、前橋の大室古墳群の調査を行っている。

36) ロバート・ウィリアム・アトキンソン（1850〜1929）

　1850年、英国のニューキャッスルに生まれ、ロンドン大学でアレキサンダー・ウィリアムソン教授の助手を務めていた際に、伊藤博文や井上馨などの多くの日本人留学生を支援していたウィリアムソン教授の推薦で、東京開成学校の化学と農学の教授として1874年、来日、1879年の夏には、同僚のディクソンとともに八ヶ岳、御岳、白山、立山に登山している。

　1878年、東京化学会（現日本化学会）の創立に貢献しているが、サトウとは、1869年の第1回の賜暇でサトウがイギリスに帰国した頃から交流があった。

37) 本間三郎

　越後出身、1880年9月1日からサトウの従者となり、アーネスト・サトウの生涯を通じての忠実なバトラー。

　元イギリス大使夫人のフライ豊子さんが2007（平成19）年10月に宇都宮市での講演会で次のような話をしている。

「デボンのオータリー・セントメリーの教会を訪れた際に老婦人から、サトウが晩年バトラーの本間さんが御者になって、教会に日曜日に来ていた光景を覚えていると言っていた」と、本間三郎は晩年までサトウを支えた一人である。

　サトウの死後、本間三郎は日本に帰国

本間三郎（『図説アーネスト・サトウ』より転載／横浜開港資料館所蔵）

してホテルに勤務していたといわれている。

38) 安生順四郎（1847～1928）

栃木県議会議員、保晃会会員、酪農家。

都賀郡久野村（鹿沼市久野）の名主の家に生まれ、幕末期に江戸に出て学び、後に明治維新で要人となる人々との交流を築いたといわれ、特に勝海舟とは公私にわたり交際をしている。

1879年第1回県会議員に当選、議長に選出された。

その後、県会議長に3度選ばれている。1886年に上都賀郡の郡長に就任し、1890年までその職にあった。一方、日光の文化財の保護にも尽力し、「保晃会」を設置してその中心的役割を果たしている。また、順四郎は、発光路に牧場を開いて乳牛を飼育するなど産業面にも先進的な取り組みをしている。晩年は、栃木県を離れ東京に居住。一代で財を築き、そのすべてを一代でなくしている。

39) 三好学博士（1862～1939）

我が国植物学界の黎明期にあって、その礎を築き、幾多の優秀な学徒を育てるとともに、植物学者として天然記念物の保護活動に多大な功績を残した。1890年に足尾庚申山で後に天然記念物となったコウシンソウを発見、命名している。

特に、桜の研究や天然記念物指定などの自然保護思想は、今日の日本人の自然観に大きな影響を与えている。

「景観」、「生態学」といった新たな概念を提唱し、天然記念物保護運動を行うなど、植物学の立場から近代日本の発展に貢献している。

アーネスト・サトウの次男である武田久吉博士も三好博士から触発を受けた一人である。

40) ケネディ夫妻

英国公使館員。1879年パークス公使が帰国した際に代理公使を務めている。

41) 古河市兵衛（1832～1903）

古河財閥の創始者。

幼少時より丁稚奉公や行商に従事したのち、小野組に入り生糸貿易に手腕をふるう。1874年、小野組破産後は独立、1875年東京に古河本店を開設し、渋沢栄一らの資金援助で銅山を中心とした鉱山経営を行った。足尾、草倉、院内、阿仁、久根などの多くの鉱山を経営し鉱山王と称され、のちの古河財閥の基礎を築いている。しかし、足尾銅山の急激な発展は晩年鉱毒事件として問題化していった。

安生順四郎

古河市兵衛

42) 渋沢栄一 (1840～1931)

明治の日本経済を代表する実業家。470社余りの企業の創設・発展に関わっている。

渋沢は、現在の埼玉県深谷の富農の家に生まれ、若い頃は尊王攘夷に走り横浜の外国人襲撃に参加しようとしたこともあったが、縁あって一橋家に仕える。1867年に徳川慶喜の弟、昭武の訪欧の随員となり、各地で近代国家のさまざまなシステムを学んで帰国。

維新後は大蔵省に入り我が国の財政制度の確立に携わったが、1873年、財政改革の主張が聞き入れられず、井上薫らとともに官を辞する。以降、渋沢は民にあって資本主義、すなわち多数の株主による会社の設立を推進した。第一国立銀行を創立したほか数百にのぼる会社の設立に参画した。儒教の精神を西洋流の企業経営に採りこみ、義に適った利を求め、「道徳と経済の合一」をモットーとした。

渋沢栄一は、多くの人々と交流しているが、アーネスト・サトウもその1人である。

43) 西郷頼母（保科近悳　1830～1903）

会津藩家老。

33歳で会津藩家老職に就任。会津藩主松平容保に京都守護職辞退を進言。

戊辰戦争では和議恭順を唱え抗戦派に命を狙われ城下を脱出し、箱館戦争に参加する。降伏後は館林藩に幽閉され、維新後は保科に復姓。赦免後、1871年、伊豆松崎に行き、塾長を勤め、3年後に福島に戻り棚倉の都々古別神社宮司となったが、西南の役を起こした西郷隆盛との交流がきっかけで解雇され、松平容保が東照宮宮司就任と同時に次席の禰宜となり宮司を補佐した。また、大東流合気道の達人としても知られ、西郷を名乗らせた養子の四朗は講道館四天王の1人で姿三四郎のモデルでもある。

44) 松平容保 (1836～1893)

会津松平藩第9代目の藩主。

岐阜県高須藩主松平義建の六男で、会津藩主松平容敬の養子となった。幕末、京都守護職となり公武合体を推進、孝明天皇の信任が厚かった。

戊辰戦争では奥州越列藩同盟の中心として討幕軍と抗戦したが敗れ、謹慎の身になったが、1872年謹慎が解かれ、1880年日光東照宮第5代宮司に任じられ、同時に社寺保存を目的に発足した保晃会の会長に就任している。

渋沢栄一

1884年いったん東照宮宮司を辞任するが、3年後の1887年に再度、東照宮宮司に任じられ、併せて二荒山神社宮司も兼ねた。

45) 矢板武（1849〜1922）

事業家、政治家。

印南丈作とともに那須疎水の開削に携わり、那須野が原の開発をはじめとし、栃木県の県北地方の産業開発に尽くした事業家。

日光鉄道会社、下野銀行、矢板信用組合などの発起人、設立委員としてこれらの事業に関わり、1898年には下野銀行ならびに矢板銀行の頭取になっている。

明治後期から大正初期にかけ栃木県関係の数多くの名誉職に就くなど、栃木県の政治・経済界で活躍した。

46) 印南丈作（1831〜1888）

那須野が原の開拓功労者。

日光で生まれ、幼名を源太郎といった。19歳の時、佐久山で旅籠を営む印南丈七の養子となる。

佐久山宿において名主や近隣8カ村の大総代になり、維新後は県庁職員となって、那須地方の政治・行政に力を尽くした。そのなかで那須野が原開発においては、疎水の必要性を痛感し、矢板武とともに那須開墾社を結社して疎水の開削にあたった。1885年に日本の三大疎水の一つ、那須疎水の開通を実現させ、また、生まれ故郷の日光の地が神仏分離以降荒れ果ててしまったことに対し、安生順四郎らとともに保晃会を結成し、日光の文化財の保護にも尽力した。

47) 『日光の風景地計画とその変遷』　手嶋潤一著　随想舎

48) ナショナル・トラスト運動

ナショナル・トラストとは、歴史的建造物や自然・街並みの保護を目的として英国において設立されたボランティア団体。

1895年1月12日に社会事業団体としてオクタヴィア・ヒル、サー・ロバート・ハンター、ハードウィック・ローンズリー司祭の三者によって設立されている。日本では、1968（昭和43）年に公益財団法人日本ナショナルトラストが設立されている。

49) 『勝海舟』　石井孝著　吉川弘文館

50) ウィリアム・ワーズワース（1770〜1850）

イギリスの代表的なロマン派詩人。

イギリス湖水地方の美しい自然に親しみながら少年時代を過ごし、革命下のフ

矢板　武

印南丈作

ランスに渡り革命思想の洗礼を受けるなど社会の変動に大きく影響を受けるが、彼は自然を愛し自然の中で生活することも好み、その作品にも自然を題材としたものが多い。

1810年に『湖水地方案内』と題するガイドブックを出版し、湖水地方の自然保護を訴え、これに影響を受け、後年、ナショナル・トラストが創設されていった。また、自然を愛する日本人の共感を呼んで明治・大正の日本文学にも多大な影響を与えている。

51）サー・ロバート・ハンター
（1844～1913）

弁護士。英国ナショナル・トラストの3人の創設者の1人、初代会長。弁護士で自然保護関係の訴訟に取り組み、ロンドン北東部のエピングの森の囲い込み（エンクロージャー）を開放し、入会地を保護した経験を基に、土地や建物を買い取り保存する発想を得たといわれる。

入会地保存協会に属し、その経験から、単なる啓蒙のためのボランタリーな団体ではなく確固とした基盤を持つ法人組織の必要性を確信し、ナショナル・トラストを発足させた。（公益社団法人日本ナショナル・トラスト協会冊子より）

52）オクタビア・ヒル（1838～1912）

社会改革者。ナショナル・トラスト運動の創設に参加した1人。ヴィクトリア時代中期の都市における労働者階級の生活環境は悲惨なものであった。このため、住宅改良運動やオープン・スペース運動に率先して携わり、19世紀の英国社会の改良運動に貢献した女性といわれている。

初代会長のハンター氏に、「新しい団体にはカンパニーよりトラスト（信託）という名を付けた方がいい、慈善的性格を強調すべき」とアドバイスをしているのも彼女といわれている。

53）ハードウィック・ローンスリー
（1851～1920）

聖職者。オクタビア・ヒル女史の考えに共感してナショナル・トラストの創設者の1人となった。英国国教会の牧師の仕事とともに、湖水地方で自然保護運動にも携わっていた。行動的で雄弁家であった彼は、ナショナル・トラストを宣伝し世に広める役割を果たしたといわれる。

54）ハンネン

ニコラル・ジョン・ハンネンは、横浜の英国裁判所の裁判官でサトウとは数回にわたり丹沢、宮ヶ瀬などの山旅をして

ウィリアム・ワーズワース

いる。後に上海領事を勤めている。

55) 榎本武揚（1836～1908）

幕臣、外交官、海軍中将、農商務大臣。ジョン万次郎の私塾で英語を学び、ここで箱館戦争をともに戦った大鳥圭介に出会っている。1856（安政3）年幕府が新設した長崎海軍伝習所に入所、国際情勢や蘭学を学んでいる。

1862年オランダに留学、1867年幕府が発注した軍艦「開陽」とともに帰国する。

戊辰戦争では箱館で最後まで戦ったが、1869（明治2）年5月17日、降伏をした。1872年、特赦出獄、その後、新政府に登用され、逓信大臣、文部大臣、外務大臣、農商務大臣を歴任した。農商務大臣時代は、足尾銅山鉱毒事件についてアーネスト・サトウの勧めなどにより現地視察を行い、1896年、初めて予防工事命令を出し、「国が対応すべき公害」であるとの立場を明確にし、鉱毒事件の責任をとって農商務大臣を辞任した。また、明治20年代には、日光に別荘を構え、1898年には、保晃会の3代目会長に就任している。

56) 矢島市郎（1895～1955）

我が国最初のナショナルパーク・レンジャー。当時は詳しく知られていなかった奥日光や奥鬼怒・尾瀬を広く紹介した人物。

東京神田神保町に生まれ、蔵前工校染色科入学。1918（大正7）年大阪芝川商店に入社し、ニューヨークおよびロンドン支店勤務。

1923年、東武鉄道浅草駅で食堂を経営。1924年同鉄道嘱託、1943（昭和18）年同鉄道入社し、1949（昭和24）年、同鉄道を定年退職後に日光国立公園博物館長に就任とともに、国立公園のレンジャー第1号として活躍をした。1955（昭和30）年12月19日、脳溢血のため田母沢御用邸（日光国立公園博物館）内で死去、享年60歳。

山王林道から太郎山の旧登山道入口には、「白樺は月が夜来てさらすらし」と、刻まれた石碑がある。石碑の裏側には、栃木県の初代観光課長を務めた千家哲麿氏の撰文が刻まれ、次のように記されている。

「矢島市郎さんのことを私達山仲間は、日光の山の神様と呼んでいた。誰よりも自然を愛し、自然に親しむことをなによりの喜びとしていた。特に日光は心の故郷とも言うべき所で限りない愛情がそそがれた。栃木県が国立公園のレン

矢島　市郎

太郎山登山口の石碑

ジャーをおいたとき最適任者として選ばれ、日本のレーンジャー第1号となった矢島さんは喜んでその仕事に専念された。

　今日矢島さんの精神は若い人に受けつがれ日光の自然は限りなく美しい。矢島さんの魂は、一番好きだった太郎山の頂から今も奥日光の自然を見護っているにちがいない」

　奥日光の自然が多くの人々に愛され、守られているのは、矢島さんたち先人の努力があったからである。

57) 井上保三郎（『郷土の人々』より）

　明治初期に井上政平の後継者として米屋を茶屋から中禅寺湖に保養を求めてくる外国人を相手としたホテル業に移行した人物。一方で中禅寺湖にコイやイワナを地元民と一緒に放流、のちには中宮祠漁業組合の結成にも尽力している。後発となる外国人専用の同業者、レーキサイドホテルと話し合い、米屋旅館と名を変え日本人旅行者専用の宿とした。また先代の政平は、1893年頃、大崎に御料地の土地を借受し、西九番別荘を建てている。

　1886年8月には有栖川宮殿下が米屋に宿泊をしており、米屋と皇室の関係が窺い知れる。また、博物学・民俗学の巨匠、南方熊楠も米屋に宿泊している。1回目が東京大学予備門学生の1885年7月16日。2回目が1922（大正11）年7月17日から8月7日まで変形菌調査採集のためである。六軒茶屋にあった米屋旅館は、1914（大正3）年10月の火災で焼失し、一時、カークウッドが使用していた西四番別荘で営業を再開していたが、その後、対岸歌ヶ浜地区に移っていることから南方熊楠の2度目の宿泊は歌ヶ浜地区に移転していた米屋旅館であったであろう。1885年8月には、河鍋暁斎も米屋に宿泊している。

58) ウイリアム・モンターギュ・H・カークウッド（1850～1926）

　1874年、来日し、横浜で弁護士を開業、駐日英国公使館法律顧問となる。

　1885年以降、司法省の法律顧問として大日本帝国憲法の制定などに貢献した。1901年帰国している。

　カークウッド邸は、東京赤坂に1889年、ジョサイア・コンドルの設計で清水組が施工している。

59) 西四番別荘

　中禅寺湖畔の外国人別荘は、湖水の唯一の出口となる大尻川に架かる大尻橋（現中禅寺湖橋）を起点として西方面と南

方面に別荘番号が付けられ、西四番別荘は、大尻橋から菖蒲ヶ浜方面に向かって四番目にある別荘。大正末期の外交団別荘見取図に西四番別荘が記されている。中禅寺湖畔の外国人別荘の呼び名は幾通りかあったようである。

60)『日光の風景地計画とその変遷』 手嶋潤一著　随想舎

61) ヘンリー・アダムズ（1838〜1918）

歴史学者・政治家。ハーバード大学を卒業後、母校の教壇に立ち、またノース・アメリカン・レビューの主筆を経て、駐英大使、国務長官などを歴任した人物。

来日前年に夫人のマリアンが自殺をしている。このため、極東の日本に行って苦悩から逃れようと考えたようである。

62) ジョン・ラファージ（1835〜1910）

画家、ステンドグラス作家。アメリカにおいてのジャポニズムの火付け役ともいわれている。

1861年、浮世絵で葛飾北斎を知り、それ以来浮世絵の収集を始めている。1886年の来日の目的は、ニューヨークの昇天教会の壁画にふさわしい風景を日本で見つけることにあったが、日光でそれにふさわしい風景に遭遇している。案内役となったフェノロサ、ビゲロウ、岡倉天心は、前年の1885年、三井寺で仏教に帰依しているので、仏教徒としての日本文化論を展開していたことが想像できる。

ラファージの浮世絵収集やフェノロサの日本美術の収集品は、後年来日する建築家フランク・ロイド・ライトにも影響を与えている。

63)『画家東遊録』 ジョン・ラファージ著　久富貢、桑原住雄訳　中央公論美術出版

64) ウイリアム・ビゲロウ（1850〜1926）

医学博士。ハーバード大学を経て医学博士となり、パリで細菌学を学んで帰国するが、パリで日本の美術品・工芸品に魅せられ、1882年にエドワード・モースの日本紹介の講演を聴いたビゲロウは、この講演に魅了され、モースを伴い来日している。当初は短期間の訪日予定であったが、その後8年間日本に留まり、フェノロサとともに美術品の収集と研究を続け、フェノロサの美術活動を財政的に支援し、フェノロサとともに仏教を研究し、やがて改宗している。収集した約5万点の日本美術品は、ボストン美術館に寄贈され保存されている。

65) ジェームス・マクドナルド・ガーディナー (1857～1925)

アメリカ人建築家・宣教師・教育者。アメリカのセントルイスに生まれ、ハーバード・カレッジに入学。1880年米国聖公会伝道局から東京築地の立教学校への派遣が決定され、立教学校の校長に就任する。1881年、日光を訪れフローレンス・ピットマンに出会い、翌年に結婚する。以後、毎年夏休みに家族連れで日光の寺院（安養院）を借り避暑生活を過ごしていたが、1910（明治43）年に自らの山荘を山内に建てている。現在の赤門と呼ばれる別荘の下側にあったので下赤門と呼ばれ、木造2階建ての山荘の外壁は朱に塗られ、南面にはベランダが設けられていたといわれているが、昭和50年代に老朽化により取り壊されている。

1891年立教大学校長を退任、本格的に建築家としての人生を歩み始める。1903（明治36）年にガーディナー建築事務所を開業。京都聖ヨハネ教会、聖アグネス教会、内田邸（外交官の家）などを手掛けている。日光では、1899年に木造の礼拝堂を建築したが、日光にふさわしい礼拝堂の必要性を感じ1914年に現在の日光真光教会に建て替えている。

ガーディナーの遺言によりその遺骨は礼拝堂の聖書台の下に夫人、娘、孫とともに眠っている。

ガーディナー夫妻はサトウとも交流をしており、サトウの日記には、夫人とその友人たちが1898年7月21日にサトウの中禅寺の山荘を訪れていると書かれている。ガーディナーもサトウと同様に多くの人々と交流を持っていた。

宇都宮市にある1933（昭和8）年に創建された日本聖公会宇都宮聖ヨハネ教会礼拝堂は、ガーディナー設計事務所のスタッフであった上林敬吉の設計で、礼拝堂に四角い鐘塔を立てた姿は、日光真光教会に酷似しており、ガーディナーの影響を強く受けている。

宇都宮聖ヨハネ教会は、鉄筋コンクリートの躯体に大谷石を貼り、全体に落ち着いた雰囲気があり、国の登録有形文化財になっている。

上林敬吉は、ガーディナーの遺作となったオランダ王国大使公邸やスペイン大使公邸をガーディナーの没後に引き継ぎ完成させている。

66) アントニン・レーモンド (1888～1976)

1888年5月10日、チェコのグラドノに

宇都宮聖ヨハネ教会

生まれる。幼少から建築家になる志を立て、プラハ工科大学で建築を学び、卒業後の1910年にアメリカに移住、カス・ギルバート事務所で働き始めた。後に画家を志してイタリアに渡っている。

イタリアからアメリカに帰国する船でスイス系フランス人でデザイナーのノエミ・ベルネッサン(1889～1980)と出会い、アメリカに帰るとすぐ結婚している。

1916年、ライト事務所に入所し、1919(大正8)年、帝国ホテルの設計監理のスタッフの1人として来日。日本に近代建築を導入した1人でもある。中禅寺湖畔にあるイタリア大使館別荘は、レーモンドの設計である。

67) 三島通庸(1835～1888)

薩摩藩士、明治の政治家。鳥羽・伏見の戦いに参戦するなど討幕運動に活躍。明治維新後は、東京府権参事をはじめ酒田県令、福島県令、内務省土木局長、警視総監などを務めた。東京府権参事時代に井上馨とともに銀座の煉瓦街の建設にも関わっていた。この時の経験から山形、福島、栃木で洋館建設や道路整備を推し進めている。

栃木県では、1883年から翌年の1884年のわずか1年間の県令であったが、この間、県庁の移転や塩原新道などの道路整備に取り組み土木県令と呼ばれる一方で、民権運動の弾圧を行い、鬼県令との異名でも呼ばれていた。

今でも塩原温泉では、尾崎紅葉や奥蘭田とともに塩原温泉の開発に尽力した三恩人の1人として地元から崇拝を受けている。

68)『栃木県建設業協会八十年史』 社団法人栃木県建設業協会

69)「旧日光市に於ける華族等の別荘について」 安生信夫著『日光山輪王寺』第81号

70)『駐日英国公使アーネスト・サトウとその家族』 千代田区立歴史民俗資料館

71)「旧日光市に於ける華族等の別荘について」 安生信夫著『日光山輪王寺』第81号

72) 小杉放庵(1881～1964)

明治・大正・昭和時代の画家。1896年から日光在住の洋画家、五百城文哉の内弟子となる。1900(明治33)年、上京し、小山正太郎の不同舎に入門する。

放庵は、自然を愛し自然に親しみ、ひたすら独自の道を切り開いた画人で、1925年には東京大学安田講堂の壁画を手掛けている。

73) 高橋源三郎(1860～1928)鉱業家。

日光の質屋を営む旧家に生まれ、1893

三島　通庸

年頃より鉱業家として旧栗山村川俣にある西沢金山の経営に奮闘した。西沢金山の本格的な採掘は1902(明治29)年に有望な鉱脈が発見されてからであり、全盛期の大正初期には鉱山関係者とその家族、約1,300人が狭隘な渓谷の急斜面で暮らしており、鉱山が経営する病院や小学校なども山中に整備され、この金鉱山から産出する鉱石により、当時の我が国の産業の発展に貢献している。勝海舟や品川弥次郎との交流は、その一つ一つがドラマであり、波瀾万丈の生涯を送った高橋源三郎らしい多くのエピソードが残されている。

74)東京倶楽部

1884年5月14日開設。日本の社交クラブの草分けとして知られ、会員は皇族や政財界の大物と多岐にわたる。倶楽部の設立においては、明治天皇が外務卿であった井上馨に命じて創られたともいわれ、明治天皇から御内帑金を受けている。このため倶楽部創設時には、鹿鳴館の一室を倶楽部として使用していた。

75)『小杉放菴の原風景』 石川正次著 文芸社

76)「日光の近代和風建築」『続日光近代学事始』岡田義治著 随想舎

77)『旧英国大使館別荘現況調査報告書』

高橋源三郎

第4章
国際観光地 日光の誕生

明治中期になると日光でも鉄道の開通などにより、多くの外国人が来訪するようになっていった。これに伴い、本格的なホテル建設が進められ、国際観光地へと変貌している。

国際観光地へ移行すると、お雇い外国人や外交官の中には、夏場に長期間滞在する利用者も現れるようになっていった。このため日光は、国際観光地に移行すると同時に、国際的避暑地へと変貌していったと見ていいだろう。特に、奥日光は、山岳避暑地として海外まで広く知れ渡っていた。

ここでは、交通網の整備などにより、日光が国際観光地として、どのように変貌していったのか、また、本格的なホテルとなる日光ホテルや新井ホテル、金谷ホテルなどの整備経緯と、その時代的背景などについてたどってみたいと思う。

1 鉄道の開通と欧米人の見た宇都宮・日光

大宮・宇都宮間の鉄道は、日本初の民間鉄道会社である日本鉄道会社により1885（明治18）年7月16日に開通されたが、しかし開通当初は利根川にまだ鉄橋が架けられておらず、鉄橋が完成したのは翌年の1886（明治19）年6月17日であった。この間、利用客は利根川を渡し舟で渡り、そこから列車を乗り継ぎ宇都宮に向かっている。

大量に人と物を移動させる鉄道の開通は県都となった宇都宮の近代化のシンボルであり、日光を国際的避暑地へと開幕させる大きな原動力ともなっていった。

このような時代に宇都宮・日光を訪れていた欧米人が当時の景観や文化などについて、どのように見ていたのだろうか。

①ピエール・ロチの見た宇都宮

　1885年夏に来日したフランス海軍の退役軍人で小説家のピエール・ロチ（1850～1923）[1]は、その年の晩秋に京都や日光を訪れ、その見聞記を『秋の日本』[2]と題してパリで出版している。この中には開通したばかりの鉄道を利用しての日光への紀行文が綴られている。

　横浜を朝6時半の列車で出発、途中栗橋で下車し利根川を舟で渡り、対岸で待機していた別の列車に乗り換え、午後2時に終点となっている宇都宮に到着している。開業したばかりの宇都宮駅前の様子がこのように記されている。

　「駅を出ると、そこにはおそらく鉄道が敷かれてから急にできたらしい、全然新しいまっすぐで幅の広い、そのくせいかにも日本式な、一つの街路がひらけている。奇妙な雑色のおびただしい看板をつけたり、長い竿のさきではためいているおびただしい小旗を立てていたりする、あめ屋だの、提灯屋だの、煙草屋だの、薬味屋などの店々。非常に新しい白木づくりの茶屋。門さきで客引をし、巴里杏のような眼をくりくりさせている滑稽な小婢（こおんな）ども。街上には、人力車と車夫たちのごったがえし」（村上菊一郎・吉永清訳）。フランス人のロチが初めて目にする宇都宮駅前の様子が外人特有の偏見があるにしても、明治という時代の風俗的混乱や滑稽感が如実に記されている。この後、ロチは茶屋で遅い昼食をとり人力車で日光へと向かっていった。

　日光の玄関口であった宇都宮も鉄道の開通により、それまでの伝統的な景観を大きく阻害していった。日本は、近代化を進めるなかで伝統的な景観が壊され、特に、夥（おびただ）しい数の看板や電柱が大きく景観を阻害し、大切な地域資源を失っている。

現在でも宇都宮駅前には、多くの看板が乱立している

日光市内。電柱電線がなくなれば格段と景観はよくなるだろう

景観はそこに住む人々の歴史と文化により形成されている。つまり景観は文化のバロメーターで歴史的遺産ともいえるものであるが、今の宇都宮や日光の景観はどうであろうか。

②キプリングが見た日光の色彩と景観保全活動

1889（明治22）年5月に『ジャングル・ブック』[3]などの作者でノーベル文学賞受賞者のイギリス人作家ラドヤード・キプリング（1865～1936）[4]も日光を訪れ、その印象を書きのこしている。元駐日英国大使ヒュー・コータッツィが編纂した『キプリングの日本発見』（加納孝代訳）[5]の中からその一部を紹介したい。

キプリングは、宇都宮まで5時間の汽車の旅をしたあと、馬車に乗り換え早春の日光へと向かっていった。

『ジャングル・ブック』が色彩豊かに表現されているように、キプリングは見た風景を彩り豊かな絵のように描き出す名手である。これもヨーロッパでの風景の発見は、絵画からということに由来するのだろう。

神橋については、「杉の巨木は真正面に暗緑色の壁のようにそそり立ち、深い緑色の渓流は、青い岩を噛みながらほとばしり下っていた。そしてその川の流れと森の真ん中に、血のような真っ赤な色に塗られた橋が架かっていたのである。それは朱の漆が施された、ただミカドのみが渡ることのできる神聖な橋であった」と、色彩豊かに神橋周辺の風景が綴られている。

キプリングは、山内にある杉の巨木についてこのように書いている。

「あたりの杉の木々の巨大さは圧倒的で、さっき見てきた日光街道の杉など、これに比べるとまるで子供だった」と、山内地区の杉の巨木について記している。

神橋
岩国の錦帯橋、甲州（山梨）の猿橋とともに日本三奇橋の一つに数えられている。

樹齢550年の太郎杉

山内地区には、室町中期の1476（文明8）年、日光山の43代座主についた昌源により、お堂や道筋などに数万本の杉や松が植えられたと記録されており、その杉は、「昌源杉」とも呼ばれている。地元で「太郎杉」と呼ばれている杉の巨木もその1本である。

今でも山内地区では、120年前にキプリングが見た神橋付近の風景や、杉の巨木は遺されているが、昭和30年代には道路拡張計画により樹齢約550年ともいわれている「太郎杉」など15本の杉の巨木が伐採されかけている。

これに対して地元の文化人らによる保存運動が起こり、東照宮は、国、県の道路拡張計画の取り消しを求めて1964（昭和39）年8月、宇都宮地裁に提訴している。

「道路拡張か杉の保全か」いわゆる「太郎杉問題」となり、9年間の係争の後に司法の場で「自然の価値」が認められ、杉の巨木は遺されることとなった。

当時は、景観の保全より開発が先行していた時代であったが、これを契機として景観保全や歴史的環境保全の認識が全国的に強まっていった。日本における景観保全の原点も日光にあるといっていいのだろう。

私たちが何気なく眺める風景も先人の努力により守られてきている。

③日光は地上で最も美しい場所

さてキプリングの日光滞在を見てみよう。宿泊した「日光ホテル」周辺についても、このように記している。

「近づきがたい厳しさをたたえた、冷たい藍色をした山の峰があった。山の頂上はまだ融けていない雪に蔽（おお）われていた。日光ホテルはその山の麓にあった。時はまさに五月。そのとき私の目の前を一羽の雀がくちばしに草をくわ

えて飛んだ。巣作りのためである。日光にも春が訪れたのだ」(加納孝代訳)と、日光ホテル周辺から見える厳しい自然と、のどかな里の暮らしをキプリングはその光景から感じていた。

　当時の日本人は、里地や里山は風景としては捉えていなかったが、キプリングは、里での人々の暮らしの中に、美を感じ風景として捉えている。

　憾満が淵も訪れている。そこでは、「並んで立っている私たちの目の前を狂ったように流れる急流は、薄紅色がところどころにまじる青い山の峰から発していた。目の前の岩の色は、真っ青な空と同じ色をしているが、そこにもところどころ薄紅色が混じっている」(加納孝代訳)と、書きのこしているが、薄紅色と書かれているのは、栃木県の県花である「ヤシオツツジ」が咲いていたのだろう。

　憾満が淵の風景をイギリス人特有の美意識で切り取り、「水と緑」が織りなす色彩豊かな自然美をつぶさに捉え、日光は「地上で最も美しい場所」と書きのこしているが、そこに浮世絵に見るジャポニズムの美を確認していた。

ドレッサーとホーム

　キプリングが宿泊している日光ホテルには、キプリングの父の知人でもあったチャールズ・ホーム(1848〜1923)も宿泊していた。ホームは、日本の古美術工芸の著名な輸入業者で、1893(明治26)年に設立されたロンドンの日本協会の設立メンバーとして、日本美術をヨーロッパに紹介した人物である。

　彼は、1885(明治21)年12月にリバティ商会創業者であるアーサー・レイゼンビー・リバティと妻エマ、そして画家のアルフレッド・イーストと世界旅行の途中に日本に立ち寄り、日光を訪れていた。

　ホーム一行は、日本でもイギリスが

日光市内より女峰山を望む

憾満が淵

産業化の課程のなかで失ってしまった工芸の価値や、日本の建築美を見出そうとしている。

一時、ホームの共同経営者であったヨーロッパにおけるジャポニズムの流行に大きな影響を与えていたデザイナーのクリストファー・ドレッサー（1834～1904）は、ホームより一足早く、1876（明治9）年に日光を訪れ、1882（明治15）年には、『日本、その建築、美術、美術工芸』を刊行しているが、この中で建築物として日光東照宮を最も高く評価している。ホームもまた、ドレッサー同様に東照宮や大猷院の精緻で色彩豊かな建造物を嘆賞していた。

ホームは、世界旅行からイギリスに戻ると、ケント州ベクリーヒースにあるウィリアム・モリス（1834～1896）のレッド・ハウスを購入し、日本で購入した美術工芸品を置いて手仕事の中に美があることを啓発している。

④物づくりの国への警鐘とアーツ・アンド・クラフツ運動

キプリングは日光では、東照宮などの建造物には興味を示していないが、京都では東本願寺の再建中の現場で、「日本人はほんとうにすごい。石工は石と、大工は木と、鍛冶屋は鉄と戯れ、芸術家は生、死、そして眼に入る限りのあらゆるものと戯れる」と、日本の匠の伝統的芸術に感動し、ギメやホーム同様に日本は物づくりの国・芸術の国で西洋化することにより、日本の美しいものが失われてゆくのを、心より愛惜している。

ヴィクトリア朝のイギリスなどでは、産業革命により工場で商品が大量に生産され、物資的には豊かになっていったが、その反面、苛酷な労働が強いられ人々は精神的に疲弊していった。

薄紅色のヤシオツツジ

特に、職人たちは機械化に伴う「分業」などにより単純労働者となり、労働の喜びや手仕事による美しく味わいのある品々が失われている。

　日本がこのようにならないようにと、キプリングやギメ、ホームたちは警鐘を鳴らしていたが、日本もまた機械化・効率化を目指し手仕事の大切さを軽く扱うようになっていった。

　イギリスでは、産業革命により質から量へと価値を転換し、そのなかで人間の労働ですら「部品化」していった。そのような状況を批判したのが、美術評論家・社会思想家として活躍したジョン・ラスキン（1819〜1900）やウィリアム・モリスであった。

　彼らは、「労働に喜びが生きていた中世の社会にならって、伝統的な職人技を見直し、芸術的な手仕事による美しい日用品や生活空間をデザインし供給することで、人々の生活の質を向上させる」という理想を抱いて、手仕事の復興を図る運動を1860年頃から始めている。これが「アーツ・アンド・クラフツ運動」であった。

　キプリングやホームもウィリアム・モリスたちの「アーツ・アンド・クラフツ運動」の理念に啓発を受けていたのだろう。近代化により失われていく日本の手仕事の美を愁いていた。

　日本でも大正末期になると「アーツ・アンド・クラフツ運動」は、柳宗悦や川井寛次郎、濱田庄司などにより、手作りの実用品に「美」を見出す「民藝運動」へと展開している。

　この3人に直接影響を与えていたのが、イギリスの近代陶芸の祖といわれているバーナード・リーチであった。

　「東洋と西洋の美の融合」を目指していたバーナード・リーチは、日本での民藝運動をこのように総括している。

　「訴えたことは同じものではないが、

ほぼ1世紀前に英国と西欧にモリスとラスキンが与えた審美哲学にある程度まで呼応するものであった」と、リーチも日本における民藝運動は、「アーツ・アンド・クラフツ運動」の一種として見ていた。

日光では、民藝運動よりも早く、明治中期になると木彫りの上に漆を重ね塗りする日光堆朱(ついしゅ)や日光焼きなどの手仕事による美を追求した、一種の美術工芸運動が興こっているが、これもまた、「アーツ・アンド・クラフツ運動」の一種といえるのだろう。

さて、キプリングやホームなどが宿泊した日光ホテルなど日光における初期の外国人用ホテルの整備状況や、その時代的背景はどうであったのだろうか。

2　日光ホテルと渋沢栄一

1979(明治12)年以降になると外国の貴賓が日本を訪れ、その多くが日光を訪問するようになっていった。

その中には先述したが、国賓として日本を訪れていた、アメリカ合衆国前大統領ユリシーズ・シンプソン・グラント[6]がいた。彼は南北戦争で北軍の将軍として活躍し、北軍を勝利に導いた中心人物であるため、愛称グラント将軍と呼ばれていた。

グラント将軍一行は、1979年7月20日に日光を訪問しているが、まだ日光には、本格的なホテルがなくパークス公使と同様に輪王寺の本坊に宿泊し、同行してきた陸軍卿の西郷従道(つぐみち)夫妻や、内務卿の伊藤博文たち随行員は、サトウの定宿であった鈴木ホテルに宿泊をしている。

日光の喫緊(きっきん)の課題は、外国貴賓を宿

濱田庄司とバーナード・リーチ(益子参考館所蔵)

泊させる本格的ホテルの建設であった。そのような時代的要請を受け、日光ホテルは創建されていった。

①日光ホテル建設と帝国ホテル

『中外物価新報』（現日本経済新聞）や『下野新聞』には、「日光ホテルは1888（明治21）年9月30日に落成式が行われ、その敷地は一万二千坪を占有し欧風の一大旅館を建設する」と、盛大に開業式が執り行われていたことが報じられている。

ホテルの建設地は四軒町の日光奉行所跡地に創建されていた。1889年7月16日の『下野新聞』では、トーマス・グラバーの投宿や、25日の記事には、イギリス人の多くが日光ホテルに投宿して、賑わっていることを報じている。

日光ホテルの会社定款によると、資本金3万円の「有限責任日光ホテル会社」の名称で設立され、設立者には、安生順四郎や加藤昇一郎[7]等がいる。

この2人は、1890（明治23）年の日本鉄道会社による日光線開通にも尽力していることから、日光ホテルは、日光線開通を見越してのホテル開業であった。さらに主な利用者を外国人としているホテルは、公共性が高いと認められたのだろう、ホテル設立の資金の一部は、渋沢栄一が出資援助をしていた（「渋沢栄一伝記資料」）。

この頃、渋沢栄一の尽力で外貨獲得や不平等条約解消を念頭とする、外国人観光客誘致のための最初の組織となる「喜賓会(きひんかい)」[8]の設立が検討され、併せて外国人観光客の宿泊施設などの整備が国内で進められている。

明治中期になると日本を欧米並みの文化国に押し上げようとした政治家や実業家たちがホテル建設を進めているが、渋沢栄一や井上馨などもその1人であった。

初代の外務大臣となった井上馨は、財界に声をかけて1887(明治20)年に、「有限責任帝国ホテル」を設立している。

出資者の主な顔ぶれは、渋沢栄一、岩崎弥之助、大倉喜八郎、安田善次郎、益田孝、浅野総一郎など財閥の創始者の名前が連なっている。また、喜賓会の設立についても井上大臣は積極的に支持していた。

井上大臣の尽力もあったのだろうが、ここで特筆できることは、帝国ホテルの筆頭株主が宮内省であったことである。

当時は、不平等条約改正交渉のため、鹿鳴館外交の推進や皇室外交が盛んに行われ、帝国ホテルは民間の経営であったが、その目的は、利潤を追求するものでなく、日本を訪れる外国人に快適な場を提供するとともに、日本文化を伝えることであった。半ば国家的事業の性格を持っていたので、宮内省は皇室財産として株を取得していた。土地についても日比谷の一等地を20年間無償で借受している。

帝国ホテルの建設計画と同時期に設立が検討されていた「喜賓会」も皇室外交の窓口である三宮義胤式部次官が幹事を務め、喜賓会の事務所も帝国ホテル内に置かれていることから、宮内省でも外国貴賓の受け入れを強く意識していたことが窺える。

この時代は、官民一体となって日本が文明国家であることを広く諸外国に示そうと努力していた時期でもあり、このような時代背景の中で、帝国ホテルや日光ホテルなどは計画され建設されていった。帝国ホテルの建設地は、難弱地盤であったため、途中建設計画変更などあったものの、1890年11月3日に開業している。外国貴賓を迎えるホテルの設備は、客室60室、朝食室、

井上 馨

帝国ホテル(設計者 渡邊譲 施工者 日本土木会社)
ネオ・ルネッサンス風の木造煉瓦造り3階建てのホテルは外堀に面し、その水面に壮麗な影を映していた。

臨時会食室、舞踏室、新聞閲覧室、談話室、撞球室などである。現在の機能一点張りのホテルでは考えられないほど、ゆとりある優雅な雰囲気を開業当時の帝国ホテルは持っていた。

日光ホテルも外国貴賓を迎える本格的ホテルとして、帝国ホテルと同様の性格を持って計画され、そのため帝国ホテルの理事長でもあった渋沢栄一は出資援助をしているが、なによりも、日光奉行所跡地にホテルが建てられているのは、帝国ホテル同様に半ば国家的な事業と見なされていたからである。

日光ホテルは、1891（明治24）年、大津事件[11]により日光訪問が中止されたが、ロシア皇太子ニコライ2世の日光での宿舎として計画され、その2年後には、オーストリアのフランツ・フェルディナント皇太子[12]の日光訪問の折には、日光ホテルが皇太子一行の宿舎とされるなど、当時の日光における迎賓館としての機能を果たしていた。

ホテル建設経緯

ロシア皇太子ニコライ2世が京都で宿舎とした常盤ホテルは、1889年、日光ホテル同様に渋沢栄一が出資援助をしている。さらに常磐ホテルの建設は、帝国ホテル同様に有限責任日本土木会社（現在の大成建設）が請負っていた。

帝国ホテルや常盤ホテルなどの建設を手掛けている有限責任日本土木会社は、1887年に渋沢栄一、大倉喜八郎、藤田伝三郎ら財界の大物によって設立された我が国最初の法人による請負業者であった。

渋沢栄一が出資している帝国ホテルや、常盤ホテルの工事請負が日本土木会社であることから、日光ホテルの建設も日本土木会社により請負われていた可能性はあるだろう。

明治21年5月29日の『下野新聞』には、「日光ホテル建築」に関する記事が

日光ホテル（北海道大学付属図書館北方資料室所蔵）
日光奉行所跡に建てられた日光ホテル、客室は20室と記録され、この時代の洋館の特徴となっているベランダコロニアル様式の建築物となっていた。

ホテル正面の鳴虫山
ホテルは、正面に鳴虫山を望む景勝地に建てられていた。田母沢御用邸でも鳴虫山を借景として庭園が造成されているが、ここでも鳴虫山を借景として池などの日本庭園が造成されていた。

掲載されており、「建築方一切を東京なる某技師に委託」と、報じていることなどから、元請は日本土木会社であったとも考えられるが、現場の工事施工は伝統技術を受け継いでいる、日光の匠の手によるものであったと推測できる。

その後、日光に造られるホテルや、外国人観光客を対象とした美術工芸品の展示場「鐘美館（しょうびかん）」などには、日光ホテルに見られるベランダコロニアル様式や、洋風建築の技術が多用されている。

明治20年代には、東京、日光、京都で、国家的なプロジェクトとして鹿鳴館にかわり、外国貴賓を迎える西洋式の国際ホテルの建設が進められ、その洋風建築の技術は地元の匠により広められていったと見ていいだろう。

②渋沢栄一の日光での足跡

渋沢は、ホテル建設とともに鉄道建設にも強い関心を寄せていた。1867（慶応3）年、徳川昭武（あきたけ）に随行してヨーロッパ各国を歴訪した際に、大量に物資を移動できる鉄道が経済発展の基盤であることを確信していた。そのためか1881（明治14）年に岩倉具視を中心に日本最初の民間鉄道会社、「日本鉄道会社」が設立されると、その3年後の1884（明治17）年には日本鉄道会社の役員となり、鉄道建設にも尽力している。

日本鉄道会社は、西南戦争後、財政が逼迫していた政府に代わって東京以北の鉄道建設の推進を担い、1883（明治16）年には上野から熊谷まで鉄道を開通させ、さらに1885年には、大宮を分岐して宇都宮まで路線が延伸されている。

1890年8月1日には、宇都宮・日光

白木屋ホテル（著者所蔵絵葉書）
白木屋ホテルには、アーネスト・サトウやオーストリア＝ハンガリー帝国公使館に勤めていたフランツ・フォン・シーボルトの次男であったハインリッヒ・フォン・シーボルト[14]（1852〜1908）も宿泊している。
建築様式は、日光ホテル同様に当時流行していたベランダコロニアル様式となっていた。

間が日本鉄道会社により全線開通され、鉄道の開通は「聖地日光」から「国際観光地日光」へと変貌する大きな転機となった出来事であった。

渋沢栄一は、日光までの鉄道開通の原動力ともなった「日光鉄道会社」の発起人の1人になるなど、日光との関わりが深く、1915（大正4）年には、徳川家康没後300年を迎え、「日光東照宮三百年祭奉斎会」を組織して政財界など各方面から多額の寄付を募っているが、奉斎会の会長としての渋沢栄一の尽力があったのだろう、皇室から奉斎会へ金1万円が下賜され、盛大な大祭が挙行されていた。

社会への貢献を信念とし、「日本資本主義の父」とも呼ばれた渋沢栄一の足跡として、日光には今でも東照宮の「武徳殿」など数多く遺されている。

日光ホテルは、日光に建てられた最初の本格的な洋風建築でもあった。宇都宮においても民間による本格的な洋風建築は、鉄道開通とともに、駅前に開業した白木屋ホテル[13]があった。鉄道の開通は、人の交流と文化も広めていった。

3　新井ホテルと鐘美館

①新井ホテル

1891年、四軒町の日光ホテルに隣接して新井秀徳経営の新井ホテルが新築され、翌年5月7日に開業している[15]。

『日本ホテル小史』には、建物は3棟、客室は16室で、畳式の日本間に寝台、椅子、テーブル、洗面台を備え付け、宿泊代は1円20銭～2円とある[16]。さらに、1894（明治27）年には、洋館2階建て（12室）を新築し、当時としては珍しいスプリング・ベッドを輸入して使用したと記録されるなど、本格的ホテルの経営を目指していた。

新井ホテルの広告

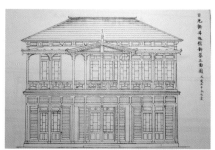

和紙に描かれた新井旅館正面図（篠原家所蔵）
外部にベランダが設けられたベランダコロニアル様式となっている。1894年に洋館1棟が新築されている。その時に計画したプランの一つだったのだろう。

1897（明治30）年には隣接地で営業していた日光ホテルを買収、この機に新井ホテルを日光ホテルに改名している。さらに、1907（明治40）年になると日光ホテルは利用者の増加に伴い増築を行い、客室総数61室の規模に拡大し、1910（明治43）年には資本金4万円の合資会社となり、1916年には株式会社に組織変更を行っている。しかし、理由は明らかではないが、1923（大正12）年には会社は解散し、翌年から新経営者、高橋常次郎と支配人・新井信夫の手で運営されるようになるが、1926（大正15）年1月の火災で焼失している[18]。

サトウは、駐箚特命全権公使として来日した後は、日光では新井ホテルを定宿としていた。

②篠原家文書

新井ホテルの増築を計画していた当時の、和紙に描かれた図面が、江戸時代から地元の匠町で大工の棟梁を務めていた篠原家に遺されていた。

図面には、日光ホテルと同様に明治10年代に横浜などに建てられた洋風建築のベランダコロニアル様式で設計されている。

実際に建てられた建物は、日光の気候風土に合わせて建てられたようであるが、1階部分には、当時の洋風建築の特徴となるベランダが設けられている。

新井ホテルの図面や木材の見積り・写真などが篠原家に遺されているところから、この洋風建築は、日光大工の篠原寅吉棟梁が関わっていたと見ていいだろう。

③守田兵蔵と鐘美館

1894年には、足尾銅山で鉱山技師を務めていた守田兵蔵により美術工芸

西町に建ち並ぶホテル
1892（明治25）年頃の西町の四軒町には、日光ホテルや新井ホテル、金谷カテッジインなど外国人用の宿泊施設が軒を並べていた。なお、鐘美館は、1894年からの開業となっている。

品陳列場「鐘美館」が四軒町に開業されている。

　鐘美館は、美術工芸品の展示販売所と同時に、次世代を担う工芸作家の育成の場でもあった。

　守田兵蔵は、「日光絵画」や「日光堆朱」、「日光焼き」などの日光ブランドの総合プロデューサー的存在で、各地から一流の職人を呼び寄せ、手仕事による美術工芸品を創りだしているが、これもアーツ・アンド・クラフツの理念に通じるものがあった。

　当時、すでに日光に在住していた五百城文哉やその弟子である小杉放菴も日光社寺を描いた水彩画である「日光絵画」を制作する部門を担当していたと伝えられている。

　鐘美館については、これまで地元でも忘れられていたが、守田兵蔵が壬生町出身であることなどから、2012（平成24）年、壬生町立歴史民俗資料館の調査により、その実態が浮かび上がり、2013（平成25）年、「壬生のサムライと日光の至宝」展が同館で開催されている。

　この企画展に展示されていた鐘美館の南面の一枚の写真に興味を覚えた。

　鐘美館の南面は鳴虫山を望み、その視点場としてベランダが設えてあった。

　この建屋は、地元の大工棟梁村松金八により建てられ（『足尾銅山をめぐる人々』）、ここでも日光ホテルと同様の建築様式が採用されている[20]。

　鐘美館の建築には、地元の大工小杉辰吉[21]も関わったといわれ、ベランダコロニアル様式は地元の匠の手により広められていったと見ていいだろう。

　小杉辰吉棟梁は、日光の宮大工であるが、東京本所で洋風建築などの修業をしていた人物でもあり、山内に1899（明治32）年に建てられた武田家別荘の大工棟梁も務めている。別荘建設には、新井秀徳も尽力しており、サトウ

の日記にも書き残されている。

サトウも1893（明治28）年8月から新井ホテル（後の日光ホテル）を定宿として利用しているので、ホテルの前にあった洋風建築の鐘美館も訪れていたであろう。

4　金谷ホテルと日光の匠

日光ホテルや新井ホテルなどの建設経緯についてみてきたが、ここでは、日光が国際観光地として変貌する中で大きな役割を果たしてきた、金谷ホテルと日光の匠の足跡をたどってみたいと思う。

①金谷ホテルの開業

金谷ホテルの前身となる「金谷カテッジイン」は、1873（明治6）年にヘボン式ローマ字の発案者で、当時横浜の十全病院の院長をしていたヘボン博士のアドバイスを受け、東照宮楽人であった金谷善一郎が四軒町の自宅で外国人専用宿泊施設として営業したのが始まりといわれている（『ホテルと共に七拾五年』）。ヘボン夫妻は、明治6年のひと夏を金谷カテッジインで過ごしているので、日光での最初の避暑客であった。

開業の翌年には、ヘボン博士の紹介により日光の国際観光地としての扉を開いた、パークス駐日英国公使夫妻などが訪れ、開業5年後の1878（明治11）年には、『日本奥地紀行』の著者であるイザベラ・バードも訪れている。

開業当時の利用者の大半は、東京、横浜方面の避暑客が中心であったため、営業期間が短く、経営は決して楽ではなかったようであるが、イザベラ・バードの『日本奥地紀行』が出版され、彼女の旅行記を通じて金谷カテッジインが世界に紹介されるようになると、外国人避暑客のほかに、グローブトロッター

鐘美館（猪瀬満枝氏所蔵）

ヘボン夫妻（横浜開港資料館所蔵）

（世界漫遊家）と呼ばれる観光客も増えていった。

1890年に鉄道が日光まで開通すると、多くの外国人が日光を訪れるようになっていったが、これに伴い外国人向けの本格的ホテルである、「日光ホテル」や「新井ホテル」が開業。新たな同業者が出現すると、「金谷カテッジイン」の事業も衰退の色が濃くなっていった。

神橋手前の高台に1888年、横浜のガイド田島幸吉、日光の飯村多三郎など数名が共同出資し、建設が進められていた、三角ホテルと地元で呼ばれ、建築途中で暴風雨に遭い、資金難などから工事が中止されていた建物があった。

日光ホテルや新井ホテルに対抗するためには、カテッジイン（民宿）ではなく本格的なホテルの営業が必要であると考えていた金谷善一郎は、知人の協力により三角ホテルを1892（明治25）年に買収することができ、その後、大規模な改修工事などが行われ、1893（明治26）年には、リゾートホテルとしての営業が始められている。

②日光匠による美の集大成

前述した匠町で大工棟梁を務めてい

1873年創業当時の金谷カテッジイン
（『日光金谷ホテル八十年』より転載）

1891年頃の金谷カテッジイン（『日光金谷ホテル八十年』より転載）1884（明治17）年には、西側に増築がされている。

1893年頃の金谷ホテル（『日光金谷ホテル八十年』より転載）

1904（明治37）年当時の金谷ホテル（『日光金谷ホテル八十年』より転載）

た篠原家には、「三角ホテル出面控帳」が遺されている。篠原寅吉棟梁も金谷ホテルの前身となる三角ホテルの建築にも関わりを持っていたと見ていいだろう。

1893年にホテルがオープンしてからも普請工事が進められ、多くの出入り職人が関わっているが、その中には、大工として、山内にあった武田家別荘や、鐘美館を建築した小杉辰吉棟梁や村松金八棟梁、石工としては、外国人別荘などを手掛けていた相ヶ瀬森次棟梁なども携わっていた。

1896（明治29）年頃には、ホテル営業も善一郎から眞一にバトンタッチされ、本格的なリゾートホテルとしての増改築工事が進められている。

当時の建築は、建て主がすべてを指示している。つまり職人と建て主が一体となり、建て主が建築現場の陣頭指揮を執っていた。

今でも世界からやってくるゲストに、日本本来の「美の空間」を味わっていただくことこそが、最大のおもてなしと考え、ホテル全体が日光の歴史や伝統文化を今に伝える博物館ともいえる建築物となっているのも、眞一と日光の匠による美の集大成だからといえるのだろう。

金谷ホテルをはじめ、明治・大正・昭和初期に建てられた日光の建築物を見ていると、西洋建築が圧倒的な勢いで流入するなかで、西洋建築の良い面を取り入れ、日光にふさわしい建築様式を構築しようとしていた、職人たちの進取の気性が感じられ、その多くの建物が現在では、国の登録有形文化財などに指定されているが、それは日光の匠の技術の高さを物語っているからである。

現在の金谷ホテル
（千葉崇則氏撮影／金谷ホテル所蔵）

三角ホテル出面控帳
（篠原家所蔵）

5　日光石工と外国人別荘など

　日光は「木の伝統文化」が継承されるとともに、「石の伝統文化」も江戸時代から息づいている。東照宮造営に際して全国から大工と同じくらい多くの石工が日光に集まり、石屋町と呼ばれる地区を形成していた。ここに住む石工たちが石の土台や石垣を築き、そして日光の多くの石造品を彫り上げている。

　イザベラ・バードも東照宮を参詣して「私はこれまで木・青銅・漆の美術工芸のすばらしさに感銘を受けてきたが、とても大きな石垣や石敷の参道、石段や石柵の柱石にも、それらに劣らず感服した」(金坂清則訳)と書き残しているが、今でもバードが技術の高さに感心した日光石工の伝統技術は伝えられている。

　明治期から昭和初期にかけて日光市内に造られている外国人別荘などには、この日光石工の技術が遺憾なく発揮され、次の石造建築物は、金谷ホテルの出入り職人であった相ヶ瀬森次棟梁が石工事を施工した代表的な作品といえる。

①旧ホーン家別荘

　アメリカ人貿易商フレデリック・ホイットニー・ホーンの別荘(現レストラン明治の館)は、明治末期頃に建てられている。

　F・W・ホーンは日本に初めて蓄音機を輸入し、1907年には、「日米蓄音機製造株式会社」を設立して国産レコードや、蓄音機の第1号を製造販売しているが、この別荘はこの頃、国内外の客人をもてなす迎賓館として建てたと伝えられている。

　別荘の外壁には稲荷川の安山岩を使用し、切石乱積みの精緻な石積み技法

金谷ホテルの暖炉
金谷ホテル本館のロビーやディサイトにあるライト風の幾何学的デザインが施された暖炉には、旧帝国ホテルと同様に大谷石が使われているが、これを手掛けた石工職人は、相ヶ瀬森次棟梁とその息子の相ヶ瀬昇棟梁で、日光に多くの石造建築物をのこしている。

が用いられ、石の色合いにも配慮されているためか、石の重量感とともに、軽快感さえも感じられる建造物となっている。

1階ベランダの中央に出入り口が設けられ、18世紀にイギリスで流行していた「ジョージアン様式」が用いられた純石造建造物である。地上3階建て、地下1階、2006（平成18）年には、国登録有形文化財となっている。

前庭は、洋館にマッチした芝庭となり毎年5月に北米原産の「トキワナズナ」が可憐な白い花を咲かせている。

ホーン氏の別荘として使用されていた当時、米国から運ばれた木箱の隙間（すきま）に破損を防ぐクッション代わりに草が詰められ、その中にトキワナズナも含まれていたことから、山内地区に定着したといわれている。

西側の庭園は輪王寺の支院藤本院の庭園として室町期に作庭されたと伝えられ、灯篭や池・流れなどが巧みに配置され、歴史を感じられる日本庭園となっている。

別荘の庭園は、洋式庭園と日本庭園が併置され、明治期の洋館に見られる「和洋併置式庭園様式」が、ここでも採用されている。日本における芝生庭園の始まりは、ジョサイア・コンドルが設計した岩崎邸がその始まりといわれているが、ホーン別荘の前庭も芝庭園となり、庭園様式などにコンドルの影響が感じられる。

重光葵外務大臣の疎開地

第2次世界大戦中に外務大臣を務め、敗戦国の全権として降伏文書に署名した重光葵（1887〜1957）は、戦禍で東京の自宅を失い、この邸宅に一時疎開をしており、1945（昭和20）年9月2日の米艦ミズーリ号における降伏文書調印式に際しては、この邸宅から東京へ向かったと伝えられている。

バードが感服した東照宮の石垣

レストランとして使われる明治の館とトキワナズナ

翌年には、A級戦犯として逮捕・起訴され、東京裁判で裁かれたが、他のA級戦犯と比べて例外的に刑は軽く、禁固7年であった。

これには、重光が平和探求の外交官で、「イギリスの真実の友」であったとする嘆願書が、日光との関係が深い、サー・フランシス・ピゴット少将や、元駐日英国大使を務めた、サー・フランシス・リンドレー、サー・ロバート・クレイギーなどからマッカーサー元帥あてに提出されていたからであった。(『断たれたきずな』サー・フランシス・ピゴット著　長谷川才次訳)

②日本聖公会日光真光教会

1914(大正3)年にジェームズ・マクドナルド・ガーディナーの設計により建築が開始された、「日本聖公会日光真光教会」の外壁もF・W・ホーンの別荘と同様に、切石乱積みで施工され、重厚なゴシック風教会建築様式となっている。

ガーディナーが最も愛した日光のために全力を傾注して設計し、自ら大谷川の河原に下りて、建材にする石を選んだといわれている。ガーディナーの後期代表作である。

日光に初めて教会が建てられたのは[23]、1899年、ガーディナーの設計による木造の礼拝堂が最初といわれている。その後、場所を変えて、日光にふさわしい石造りの教会に建て替えられ、それが現在の日光真光教会となっている。

切石乱積みの外壁には大谷川の安山岩を使用し、石材の表面は、割肌仕上げとなり、それが野趣に富み建物全体に重厚感を与えている。内部壁には白い板橋石を張り、そこに繊細なシザーズ・トラストが懸(か)かり、清楚な礼拝空間を構成している。

聖堂は東西に長い平屋建て、鐘楼部

明治の館の日本庭園にある灯篭

日本聖公会日光真光教会

分は3階建てとなり、1982（昭和57）年には、栃木県有形文化財に指定されている。

「思川桜」誕生の地

春に美しく咲く「思川桜」は、「日本聖公会日光真光教会」での2人の出会いにより誕生している。

「思川桜」を発見した久保田秀夫（1913〜2002）は、1948（昭和23）年、長野県から東京大学理学部附属植物園日光分園（通称日光植物園）に赴任し、日光地域を中心として、特に野生のサクラを中心に調査・研究を行い、新しい桜の発見やその記述を遺している。

敬虔なクリスチャンであった久保田秀夫氏は、毎週日曜日の礼拝には、家族を連れて日光真光教会を訪れていた。

当時の日光真光教会の礼拝式には、小山市東島田にある小山修道院（現小山祈りの家）から神父が月に2回来ていた。どちらからともなくサクラの話題となり、桜井神父から、小山修道院の庭には、春と秋に花を咲かす「十月桜」があることが告げられた。

後日、神父から「十月桜」の種子が届けられ、この種を日光で蒔いて育てたところ、数本の木に花が咲き、このうち1本から、特別に美しいサクラが咲き、学術的に調査をすると、サクラの突然変異で「十月桜」とは全く違ったサクラとなっていた。

この新種を小山市東島田の小山修道院の裏手を流れる思川から「オモイガワ」（*Prunus subhirtella* Miq. f. *omoigawa* H. Kubota）と名付け、1954（昭和29）年、学会に発表している。

「思川桜」は、種は小山で採種され、日光で育ち、人々のつながりの中で誕生していた。今では、小山市の花として多くの人々に愛好されている。

日光植物園には、日本に自生するサ

教会の鐘楼部

教会の礼拝堂

クラの暖地性のものを除いたすべての種があり、久保田秀夫氏の発見・命名した「ガンマンザクラ」や「ショウドウヒガン」など「100年の歴史を誇るサクラのコレクション」がある。春には鮮やかな彩りを添えているが、これも久保田秀夫氏の貢献するところが大きい。

③元ルーマニア公使館別荘

元ルーマニア公使館別荘は、1階が野面石積みで2階、3階が木造の「ルーマニアの農家」の代表的な建築様式となっている。この建物は1930（昭和5）年、ルーマニアとの通商協定が結ばれた翌年の1931（昭和6）年頃建てられたと伝えられている。

建物は老朽化が進んでいたが、改修工事が行われ、現在は個人の住宅として、往時の歴史を今に伝える貴重な建造物として遺されている。

トーマス・ベイティ博士

日本の外務省の法律顧問を約40年間にわたり務めていたイギリスの法律学者、トーマス・ベイティ（1869～1954）博士は、中禅寺湖畔の旧イタリア大使館別荘の南隣に、地元で「南六番」と呼ばれる別荘を持っていたが、年老いた博士には中禅寺湖畔の気候は厳しいものがあったのだろう。第2次世界大戦中には、金谷眞一の支援を受けて一時、ルーマニア公使館別荘に疎開をしていた。

ベイティ博士は、満州事変が起こった時に、東洋の平和を守るためには、満州は日本で守らなければならないと、世界の世論に訴えたが、この訴えは受け入れられず、第2次世界大戦後においては、日本の外交にアドバイスをしていたとして、英国政府からは戦犯扱いとされている。このため、旅券の発給なども拒否され、祖国イギリスへの

元ルーマニア公使館別荘

室内にある大谷石の暖炉
シンプルなデザインの中に気品を感じる暖炉となっている。

帰国を禁じられていた。1954年2月、千葉県の一宮で85年の生涯を閉じている。

博士の亡くなった1954年11月には、曽野綾子の初期の小説『海の御墓』が発表されているが、この小説のモデルは、晩年のトーマス・ベイティ博士であった。時代に翻弄され、年老いても母国に戻れない悲しい物語となっている。

中禅寺湖畔のベイティ博士の元別荘跡地から眺める夕景は、黄昏色に染められ物悲しく見えるのはこのためだろうか。

イギリス紳士として、学者として、多くの人々に愛され尊敬を受けた、ベイティ博士に対して金谷眞一氏も深い敬虔の念を抱き、ベイティ博士との交流について自己の回顧録である『ホテルと共に七拾五年』の中に書き残している。

④相ヶ瀬森次棟梁

元ホーン家別荘（現明治の館）や日光真光教会、元ルーマニア公使館別荘の石工事を担った相ヶ瀬森次棟梁はどんな経歴の人物であったのだろうか。知り得る範囲で、その足跡をたどってみた。

相ヶ瀬森次棟梁（1877～1936）は、金谷ホテルに勤務していた森淑吉とともに明治期に日光に来ている。

森淑吉は明治維新前には、烏山藩の寺社奉行の要職を務めており、森家と相ヶ瀬家は代々にわたり、交流があったようである。

森淑吉は維新後、横浜で貿易関係の仕事をしており、その仕事の関係で外国人を金谷ホテルに案内したことが縁となり、金谷ホテルに勤めるようになったと伝えられている。その後、森家では3代にわたり金谷ホテルに勤務している（『森と湖の館』）。

残照に照らされた元トーマス・ベイティ別荘跡地

相ヶ瀬家の次男であった森次棟梁は森淑吉との関係から日光に来て、板挽町で地元大工の取りまとめなどをしていた村松金八棟梁（鐘美館や大名ホテルを建て、武田家の山内別荘建設にあたっては工事の保証人となっている）に弟子入りし、棟梁の信頼も厚く、金八棟梁の長女トミさんを妻に迎え、日光の伝統技術とともに人間力を磨き、30歳代で石工棟梁として、日光を代表する石造建築物であるホーン別荘（現明治の館）や、日光真光教会を建てていった。

これらの建築物は、日光では初期となる石造りの本格的西洋建築で、基準寸法にも尺貫法でなくメートル法が使われていたことだろうから、施工にあたっては相当な苦労があったと想像できるが、日本の精緻な石積み技法と西洋の建築様式が融合した国際観光地日光の歴史に残る建造物を遺している。

相ヶ瀬森次棟梁のもとには、東照宮造営から続く伝統技術を継承する多くの日光石工がおり、これらの石工職人の手により、これらの建造物は造り出されていった。

特に、ホーン家別荘の石工事は、4年半という時間をかけ、こだわりをもって造られたと、今に伝えられている。

ホーン家別荘は、直線的で安定感のある左右対称を基調としたシンプルな構成を基本とする、「ジョージアン様式」が採用されている。

石造建築物でありならが石の色合いなどの配色から温かみや、軽やかな感じさえも受け、特に、3階部分のファサードは白い窓枠、シダーの木羽葺(こばぶ)きにモスグリーンの彩色が施され、建物に気品と品格さえ感じられ、明治の面影を色濃く残した建築物で、今でも多くの人々を魅了している。

これらの建造物のほかに相ヶ瀬森次

金谷眞一と相ヶ瀬森次棟梁（篠原家所蔵）
1924（大正13）年富士屋ホテルにて。
関東大震災で被災した富士屋ホテルの復興のため、金谷眞一をはじめ日光大工、石工が尽力していた。その石工の棟梁として相ヶ瀬森次は、富士屋ホテルを訪れ、眞一と記念写真を撮っていた。

棟梁は、旧大名ホテル（現日光市役所日光総合支所）、や、菖蒲ヶ浜の養殖研究所の土台工事、池の石積み工事など、日光の近代建築物の土台を担った人物でもある。

城郭風の石垣が見られる旧大名ホテルは、地元の名士であった小林庄一郎[24]により明治後期に着工され、1916（大正5）年頃に完成したと伝えられている。その後、古河電工に売却され、工員アパートとして使用されていたが、戦後の一時期は、進駐軍の社交場となっていた。

1948年には、日光町に寄付されて日光町役場として使われるようになり、1954年の市制施行に伴い、日光市庁舎として使われるようになった。

2006（平成18）年には、旧日光市と今市市、足尾町、藤原町、栗山村の市町村合併により現在は、日光総合支所となったが、新たな総合支所の建設に伴い、この木造4階建ての歴史ある建物も日光のシンボルとして再生・活用が検討されている。

日光総合支所は、2006年に国登録有形文化財となっているが、この時点では、大工棟梁は不明とされていたが、この建物の大工棟梁を務めたのは、鐘美館などを手掛けていた村松金八棟梁ともいわれている。[25]

現在、日光に遺されている多くの精緻で入念な仕事を物語る石造物も、真に美しいものを求め、高みを目指し努力していた日光石工などにより造り出されている。このため、今でもこれを目にする多くの人々に、深い感動を与えているのだろう。

〈補注〉

1) ピエール・ロチ（1850～1923）
　1885年と1900～1901（明治33～34）年の2度にわたり来日している。1885年

日光市役所日光総合支所

の来日時には、鹿鳴館のパーティにも参加し、その時の見聞を「江戸の舞踏会」に綴っているが、当時の欧米人特有の日本人に対する偏見が見られる。

2)『秋の日光』 ピエール・ロチ著　村上菊一郎、吉永清訳　角川文庫

3)『ジャングル・ブック』
　キプリングが1894年に出版した短編小説。オオカミに育てられた少年モーグリが、ジャングルでさまざまなことを学びながら成長する物語で、ウォルト・ディズニーのアニメーション映画になったことでも有名。

4) ラドヤード・キプリング(1865～1936)
　インド生まれの英国人作家。キプリングは1889年と1892年の2度来日している。彼の作品は、「多彩で光り輝く物語の贈り物」といわれ、1907年にノーベル文学賞を受賞している。

5)『キプリングの日本発見』ラドヤード・キプリング著　H・コータッツィ・G・ウェッブ編　加納孝代訳　中央公論新社

6) ユリシーズ・シンプソン・グラント
　(1822～1885)
　南北戦争の北軍の将軍および第18代アメリカ合衆国大統領。
　アメリカの南北戦争では、北軍の将軍として1865年、南部の首都リッチモンドを陥落させ南北戦争に勝利した。その後、第18代アメリカ大統領に就任し2期終了後に2年間の世界旅行に出ている。1879年6月に国賓として日本を訪れ、浜離宮で明治天皇に謁見している。
　日光を訪問の際には、神橋を渡ることを特別に許可されたが、これを恐れ多いと固辞したことで高い評価を受けている。
　世界最初の国立公園である、イエローストーン国立公園は1872年、グラント大統領により指定されている。このためか保晃会は、グラント将軍の日光訪問を機にアメリカの国立公園制度などを参考に構想が現実化していったといわれている。
　日光参拝の帰路、宇都宮では、1871(明治4)年にイタリア式の機械を導入し、創業していた近代的製糸工場であった大嶋商舎を訪れているが、これは日本の近代化と高品質な絹製品を広く海外に紹介するためのものでもあった。

7) 加藤昇一郎(1855～1920)
　栃木県議会議員、我が国初の酢酸工場の創設者。1883年、栃木県議会議員に初当選、以来7期にわたり県議を務めている。
　1893年落合村(現日光市小代)に加藤

加藤昇一郎

製薬所という我が国初の木材乾溜工場を設立して酢酸石灰、木精（メチルアルコール）、酢酸などの生産に着手した。1902（明治35）年東京に設立した日本酢酸製造株式会社に合併して発展的解消となっている。長男の武男は、岩崎小弥太の信頼が厚く三菱銀行取頭を務め、旧今市市の初代名誉市民となっている。

8)「喜賓会」

1893年に設置された我が国初の外客誘致機関。喜賓会は、当時の農商務省商工局長を務めていた「南貞助」の発案といわれている。渋沢栄一の回顧談には、「この南氏がしきりに設置を主張して周り、井上馨外務大臣がこの企画に賛同して自らも積極的に主張したため、私（渋沢）と益田孝が当時東京商工会議所の正副会頭を務めていた関係で資金関係を手伝うことになった」と設立に至る経緯を紹介している。（木村吾郎『日本ホテル産業史』より）井上馨が外務大臣を務めていたのは、1887年9月までであることから、喜賓会の発案は帝国ホテルの建設計画の時期と同時であったと見ていいだろう。

当時、フランスやスイスには地方レベルの観光協会はあったが、国レベルの外客誘致機関は、喜賓会が世界初であった。

喜賓会の事業内容は、日本の地図やガイドブックを外国語で作成・提供し、旅館や通訳案内人などの接遇上の勧告や指導をし、外客に対して様々な便宜の提供を行うもので、外客誘致機関のはしりにふさわしい事業内容となっていた。

喜賓会は、1912（明治45）年に鉄道局にジャパン・ツーリズム・ビューロー（日本交通公社）が設立されると、その事業はジャパン・ツーリズム・ビューローに引き継がれている。

9) 鹿鳴館外交

鹿鳴館は、1883年にジョサイア・コンドルの設計で建てられ、外国からの賓客や外交官を接待する社交場であった。この鹿鳴館を中心にした不平等条約改正のための外交政策を「鹿鳴館外交」と呼ぶ。ここでは、舞踏会だけではなく、皇族や上流婦人の慈善バザーも重要な催しであった。

10) 渡辺譲（1855～1930）

明治時代の建築家。工部大学造家学科（後の東京大学建築科）の第2期生でジョサイア・コンドルの教えを受けている。大学卒業後、工部省、内務省に勤め、ドイツに留学、帰国後は裁判所（大審院）や

学習院、竹田宮邸洋館などの建設に携わった。

11) 大津事件

ロシア皇太子ニコライは、シベリア鉄道のウラジオストックとハバロフスク間の起工式に、皇帝アレクサンドル3世の名代として臨席するため、その途中、見聞を広めるとともに、日露両国の友好関係を築くため1891年5月に日本を訪れていた。

ニコライ皇太子一行の日本での日程は、5月4日に長崎に赴き、その後、神戸から京都、大阪、奈良を遊覧し、海路で横浜まで行き、東京で明治天皇と会見を行い、江の島、鎌倉、箱根、熱海を遊覧し、5月25日に日光を訪れる予定となっていた。

5月11日、ニコライ皇太子は、琵琶湖で遊んだ後、大津を経て京都の常盤ホテルに帰る途中、警備担当の巡査であった津田三蔵に斬りつけられ、重傷を負うという大事件が起こり、これを「大津事件」と呼んでいる。

京都訪問以降の行事はすべて中止されている。この時に接伴係を担当していたのが、当時、宮内庁式部次長兼外事課長であった三宮義胤であった。

12) フランツ・フェルディナント皇太子（1863〜1914）

オーストリア皇太子フェルディナントは、1892年、約1年の歳月をかけ世界1周の見聞旅行に出かけ、その途上、約1カ月にわたり日本に滞在していた。

その行程は、長崎、熊本、下関、宮島、京都、大阪、奈良、大津、岐阜、名古屋、宮ノ下、東京、日光、横浜となっている。

東京で明治天皇との会見後、1893年8月21日、日光に到着している。日光では、東照宮、大猷院、三仏堂、裏見の滝などを見学し、8月22日の早朝、特別列車で横浜に向かっていった。

日光に対する印象については、自身の著書『オーストリア皇太子の日本日記』のなかで、「私は日光にすっかり魅了されてしまった。それは、この聖なる日光の大地、うつくしい夏の光輝をふっと吹きかけられた日光にただよう魔的な魅力のなせるわざだ」(安藤勉訳) と、記している。

この21年後、フェルディナント大公夫妻は、サラエボでセルビア人に暗殺されるといった悲運が起こっている。このサラエボ事件により、オーストリア＝ハンガリーがサラエボに宣戦布告し、これが、

第1次世界大戦を引き起こしている。
13) 白木屋ホテル

　宇都宮での駅弁・洋食の元祖。白木屋は、伝馬町で江戸時代から続いた旅館である。鉄道の開通と同時に駅前に支店を出し駅弁を製造販売していた。最初は、にぎりめしに漬物がついた簡単なものであったという。これが日本の駅弁の先駆けともなっている。

　白木屋ホテルは、日光見物の外国人が多く利用しており、洋食を提供するため、横浜からコックを雇い入れている。これが宇都宮での洋食のはじめといわれている。白木屋ホテルの主人は、シーボルトに影響され、ヤジリや土器などの蒐集をしていたと伝えられている。

14) ハインリッヒ・フォン・シーボルト（1852〜1908）

　日本の考古学・民俗学に造詣が深い外交官。江戸時代に来日した医者で博物学者のフィリップ・フランツ・フォン・シーボルト（1796〜1866）の次男で、東京のオーストリア＝ハンガリー帝国公使館で30年間勤務し、日本の古遺物の蒐集家としても有名で、現在、大英博物館に収蔵されている縄文土器は、彼が日本で蒐集したものである。

　兄のアレクサンダー・フォン・シーボルト（1846〜1911）は、1862（文久2）年に英国公使館特別通訳生として雇用され、生麦事件や薩英戦争などアーネスト・サトウとともに、通訳として立ち会っていた。1870（明治3）年8月には、英国公使館を辞任し、日本政府にお雇い外国人として40年間雇用され、この間、井上馨外務卿の秘書などを務め、日英通商航海条約の調印などに貢献している。

15) 『日光市史』下巻
16) 『日本ホテル小史』村岡實著　中公新書
17) 高橋常次郎

　事業家、政治家、第11代日光町長。

　西沢金山の経営者であった高橋源三郎の婿養子で日光銀行の頭取も歴任していた。

18) 『日光市史』下巻
19) 守田兵蔵（1844〜1925）

　旧壬生藩士・事業家。1844（弘化元）年、壬生藩士として生まれる。明治期に入ると工部省鉱山局に入り各地の鉱山を巡り、秋田県阿仁鉱山の払い下げとともに古河市兵衛の部下となり、1887年足尾銅山に転任。その後、日光で外国人向けの美術工芸品の販売や日光銀行の設立、田母沢御用邸の造営などにも関わってい

アレクサンダー・フォン・シーボルト
（横浜開港資料館所蔵）

る。特に郷土産業振興には力を注ぎ、奥日光御料地内の篠竹を利用した行李製造や西沢金山産出の粘土を利用した日光焼きの企画、日光堆朱塗りなどを興した。
20)「足尾銅山をめぐる人々その1」『栃木史心会会報』 稲葉誠太郎著
21) 小杉辰吉棟梁 (1868～1942)
　日光の宮大工。二荒山神社中宮祠の改修工事や金谷ホテルなども手掛けており、昭和2年に開校した日光高等女学校(現日光明峰高校)の大工棟梁を務め最晩年には、宇都宮護国神社や函館護国神社の大工棟梁を務めている。
22) F・W・ホーン
　アメリカ人貿易商。1896年来日したホーンは、横浜にホーン商会を設立。ベルリーナによって考案された円盤式蓄音器は、1903(明治36)年から日本にも輸入されるようになり、1906(明治39)年には、ホーンにより日本初の音響機器製造会社である日米蓄音器製造会社が設立。1909(明治42)年には国産蓄音器の製造が始められ、同年、日本コロンビアの前身である日本蓄音器商会が設立されている。
　この頃に客人をもてなす別荘としてこの建物を建てたのではないかといわれている。
　旧ホーン家別荘の設計者は誰であるのか不明であるが、左右シンメトリー(対称)となっており、ジョサイア・コンドルの設計により1917(大正6)年に建てられた旧古河邸を彷彿させるものがある。ホーンの帰国後は、1923年から三重県桑名市の大地主、諸戸家の別荘として使われるようになるが、桑名市にある2代目諸戸清六の邸宅もジョサイア・コンドルが設計しているためか、旧ホーン別荘にはコンドルなどの姿も色濃く見えてくる。一方、日光真光教会の設計者であるガーディナーの別荘がこの建物の近くにあり、ガーディナーとの関わりも考えられる。
　戦時中には重光葵外務大臣がこの館に疎開し、ミズーリ艦上での降伏文書の調印式には、ここから出発している。
　明治の館の設計者は不明であるが、庭園を見てみると日本庭園と洋式庭園が併置されており、どことなくジョサイア・コンドルの影も感じる建物となっている。
23) 日光の初めての教会
　1899年西参道の茶畑と呼ばれる辺りに、木造の教会を建てている。この付近は、ガーディナーが夏の別荘として借りていた安養院の寺領であったことから、

小杉辰吉棟梁

1940(昭和15)年に竣工した宇都宮護国神社(田中家所蔵)

この土地を借りたのではないかと推測されている。その後、この木造教会は、1912（大正元）年に現在の真光教会敷地に移転され、愛隣幼稚園の一部として使用されていたが、1947（昭和22）年春の火災で焼失している。

24) 小林庄一郎（1851〜1929）

政治家。日光で古美術品を扱う骨董商を営み、1908（明治41）年、第10回総選挙に立憲政友会より立候補して、日光初の衆議院議員となる。国会議員としては、1911（明治44）年、我が国初となる国立公園の請願陳情、日光町長から提出された「日光山ヲ大日本帝国公園ト為スノ請願」の紹介議員として、さらに国による観光振興事業に尽力した。

25) 村松金八棟梁の孫である村松次郎氏からの口伝による。

F・W・ホーン

第5章
サトウの山荘創建

イギリスは、日清戦争を契機として極東における外交関係の比重を中国から日本にシフトし、対ロシア対策のために、日英関係の強化を図ることとして、日本の事情に詳しいアーネスト・サトウを1895（明治28）年6月1日付で日本駐箚特命全権公使兼総領事に任命している。

サトウは来日すると自らの山荘を憧れの地であった中禅寺湖畔に創建することとなる。地元で、「南四番別荘」と呼ばれた中禅寺湖南岸の旧英国大使館別荘は、サトウの山荘から発展したものであった。

旧英国大使館別荘を最初に訪れた時、サトウはなぜヨーロッパ的風景地である中禅寺湖に日本風建築を建てたのか疑問を感じた。イタリア大使館別荘の復元工事でも同様な疑問を感じたが、イタリア大使館別荘は、設計者であるアントニン・レーモンドがモダニズム建築の原点は日本にあるとの確信から、この地に数寄屋風建築を遺している。それではサトウは、どの様な考えでこの建物を建てたのだろうか。山荘建築の経緯や、建設に関わった人々について『アーネスト・サトウ公使日記』などからその足跡をたどってみた。

1　サトウの山荘

サトウは1895年8月21日、中禅寺湖畔の伊藤浅次郎から借りた家で、古くからの友人でもあるフレデリック・V・ディキンズに、次のような手紙を書き送っている。

「私は良い航海を楽しみ、7月28日に横浜に到着しました。それ以来、毎日多忙で、天皇の拝謁のあと、いくつかの公式訪問が終わったので、数日前からやっと暇になりました。それで宮ノ下で2日ばかり過ごし、そこでチェン

改修工事完了後のイタリア大使館別荘記念公園

イタリア大使館別荘室内からの眺め（京谷昭氏撮影）

バレンに会いました。彼は目が不自由だという以外は、あらゆる点で元気そうに見えました。昨日、私は当地の湖畔の小さな家にきました。9月の末までここを借りています。あなたが中禅寺湖をご存じかどうか忘れましたが、こじんまりした静かな場所です。この付近に別荘を持っている外国人はグートシュミット（ドイツ公使）、ラウザー一家、カークウッド一家、それに名前の知らないドイツ人の学者です。景色は箱根より優れており、周囲の丘は深い山林に覆われて、高度は箱根より高く、雨はそれほど多くありません。私がこの国にこれから滞在する期間、夏を過ごす家を建てようと思っています」[1]

この手紙によると、中禅寺湖畔にはすでに数軒の外国人別荘が建てられ、サトウも白根山を望む景勝地である南岸に、夏の山荘を建てようとしていた。そのために宿は、中禅寺での定宿であった北岸にある米屋(こめや)ではなく、南岸付近にあったと思われる伊藤浅次郎の家を借りていた。

①伊藤浅次郎とサトウの山荘

サトウが借りた家の家主である伊藤浅次郎（1853～1914）について、下野新聞社発行の『郷土の人々』では、次のように紹介されている。

「馬返のつたや出身で若い頃は『中の茶屋』[2]の手伝いをしながら中禅寺にのぼり、現在地にあった外国人別荘を買い取り、1902（明治35）年に伊藤屋ホテルとして開業している。大正12年61歳で他界するまで、商売に徹したほか、中禅寺区長なども務めた」と記されているが、ホテル業を始めたのは意外に遅く49歳からであった。

伊藤浅次郎は、「中の茶屋の手伝いをしながら中禅寺にのぼり」と、あることから、中の茶屋での経験を活かし

イタリア大使館別荘記念公園から見た男体山

馬返のつたや（日光市立図書館所蔵）

て中禅寺湖畔でも茶屋を営み、夏のシーズン中は、建家を夏のコテージとして外国人に貸していたのではないだろうか。

2012(平成24)年1月にアーネスト・サトウを地元の視点から捉え直す企画展「地元史観からのアーネスト・サトウ」が、中宮祠自治会などの主催により日光自然博物館で開催されている。

この企画展で、展示の解説文を手掛けた郷土史家で同自治会長でもある小島喜美男氏は、「砥沢（とざわ）の位置は足尾道にあり中ノ茶屋の経営に関連ある伊藤屋（浅次郎）がささやかな茶屋ほどの家屋を所有していたものか。イギリス公使は高額所得者であり外貨が邦貨を圧倒していた当時、借家人サトウは金銭的余裕に十分で増改築は思うままであった」と、砥沢にあった伊藤所有の建家を増改築してサトウの山荘として使用したのではないかと推測している。

茶屋は、街道沿いの風光明媚な場所に建てられているもので、サトウの山荘は、茶屋の立地条件として最高の場所といえる。

1895年の8月から9月にかけての奥日光でのサトウの動向を日記からたどると、8月20日の夜、伊藤浅次郎の家に到着し、8月29日にはいったん東京に戻っている。

再び奥日光を訪れるのは、9月2日である。

9月5日にはパーロウとパーレットを同行して白根山登山を愉しみ、翌日は、男体山に登り、9月10日には東京に戻っている。

9月16日にパーレットとともに再び中禅寺湖に戻り、翌日の17日には、ドイツ公使であるグートシュミットのボートを借り、すでに建設中となった山荘に向かっているが、サトウは湖上から山荘建設地の景観全体を確認して

英国大使館別荘桟橋からの風景

中禅寺湖南岸から見た朝焼けの男体山

いたのだろう。

　サトウの動きを見ると山荘建設の土地の手配や、職人の手配など短期間に決めることは困難である。土地や職人などの手配もすべて伊藤浅次郎に一任していたと推測できる。

　いずれにしても、砥沢に建てられたサトウの山荘は、伊藤浅次郎が協力していたと見ていいのだろう。

②サトウの山荘建設経緯

　中禅寺湖畔に外国人として最初に別荘を構えたのは、スコットランド出身の司法省法律顧問であったカークウッドたちであった。この別荘は、米屋の主人が名義人となり許認可を受けていた。

　『下野新聞』では、1893（明治26）年11月8日の記事で中禅寺湖畔の外国人別荘をこのように報じている。

「外人が各国の名勝を選み婢妾れい僕の名を以て別荘を設け土地を有する等の怪事は往々見聞する処なるが県下日光中宮祠にも二ヵ所の家屋を有するものあり、其一は今を去る五六年前の建築にして同地湖水の北岸即ち日光町より登りて湖辺に出る道路と湖水の間にして日本風二層の高楼なり、地所は二荒山神社境内になるを同地旅店米屋政平の名を以て借請け一ヵ年地料其他米屋の外人より受領する金額二百五十円なりと云ふ而して十ヵ年の後には挙げて米屋に寄付するとの約ありとも云へり此所有人は司法省御雇カークード氏なりとす他の一ヵ所は同じ湖辺の字大崎と云へる湯元道に沿へる処にして御料地内に属す是も米屋政平の名前にて借地し前のカークード氏の周旋にて設けたる英国代理公使某氏の別荘本年の新築に係れり二者ともに湖水の北岸にして眺望最も佳なる処にあり邦人をして羨望に堪へざらしむる宏壮美麗の

元英国代理公使別荘付近からの夕景（現西六番園地）

建築何れも東京火災保険会社の保険付なり」

ここで報じられたカークウッドの斡旋により、御料地内の大崎に建てられた別荘は、地元で「西九番別荘」とも呼ばれ、サトウの着任まで代理公使を務めていたジェラルド・ラウザー(1858〜1916)が夏季別荘として使用している。

ラウザーはサトウの部下でもあり、サトウとカークウッドは親しい間柄であったことなどから、このあたりの情報はサトウに伝えられ、同じ手続きでサトウの山荘は、伊藤浅次郎がすでに借受していた御料地内の土地に建てられたとも考えられる。

2 ダヌタン公使夫妻が見た日光と山荘建設

サトウが駐日公使として勤務していた際に、外交官の中で最も親しい友人として交際していたのがベルギー公使のダヌタン夫妻であった。

①ダヌタン公使夫妻

ダヌタン公使(1849〜1901)と日本との関係は、1873(明治6)年2月に岩倉使節団がベルギーを訪れた際に、ダヌタン男爵が使節団の案内役を務めたことが縁となり、同年の6月にベルギー公使館の2等書記官として来日、1875(明治8)年には1等書記官に昇格している。その翌年には、3年余りの日本勤務を終えて帰国しているが、サトウとは最初の赴任の時から同僚としての交際がスタートしていた。

帰国後は、1886(明治19)年11月にロンドンで英国人のメアリー・ハガードと結婚、ウィーンなどの勤務を経て、1893年10月には、日本駐在弁理公使に任じられ再来日。翌年には、特命全権公使に任命されている。

湖からの旧英国大使館別荘(京谷昭氏撮影)
右手にボートハウスと桟橋が整備されている。サトウの山荘は、建物に続く3層のテラスが湖、庭さらに建物を一体的空間として構成させていた。山荘は高台に立つことでその美を結実させていた。設計者の意図するところだったのだろう。建物を風景の一部としている。

ダヌタン公使夫人 (1858～1935) の実家は、貴族ではないが、紋章の使用を許されたジェントリー階級の大地主ハガード家である。すぐ上の兄、サー・ヘンリー・ライダー・ハガードは、冒険小説『ソロモン王の洞窟』などで著名な小説家であった。このためなのか、公使夫人の日記(『ベルギー公使夫人の明治日記』)にも文学的な表現が数多く見受けられる。

コンドルも公使夫妻とは、親しく付き合いをしており、ベルギー公使館の設計もコンドルが実施している。そのため、公使館完成後にコンドルが執務中のダヌタン男爵を撮影した写真が残されている。

②ダヌタン公使夫妻の初来晃と中禅寺坂

先述したようにダヌタン公使夫妻は、来日翌年の1894 (明治27) 年8月には、日光での避暑を愉しんでいる。

日光の避暑で最初にメアリー夫人が感動した風景は、杉並木であった。特に、ラドヤード・キプリング同様に15世紀の後半に植林された「昌源杉」について、「いま私たちが滞在している日光は、筆舌に尽くし難いほど美しい。私は大きな杉の木が鬱蒼と茂った並木道を初めて見たときの印象を決して忘れないだろう。……この並木の中で最も壮大でロマンチックな並木は、有名な家康公の遺骨を安置した青銅製の質素な霊廟へ通じる青い苔むした石の手すりと無数の石段に沿って並んでいる並木である。丈の高い杉が暗く生い茂った参道が、墓所の中でも最も慎ましく簡素なこの墓へ通じている。このような参道を作ったのは、何と詩的な着想だろうと私は心を打たれた」(長岡祥三訳)と、奥宮参拝の際に目にした杉の巨木や東照宮の裏手にある滝尾(たきのお)神社の

ダヌタン男爵。公使館の書斎にて
(撮影者：ジョサイア・コンドル／公益法人東洋文庫所蔵)

杉の古木に大きな感動を覚えている。公使夫妻も風光明媚な日光に惹かれていった。

　公使夫妻は、日帰りであったが3人引きの人力車を利用して佳境の地として評判の高い、中禅寺湖を訪れている。

　馬返から中禅寺湖畔までの急こう配を直登する「中禅寺坂」と呼ばれていた登拝の道は、外国人には悪路として評判になっていたが、明治20年代前半には、新たに「つづら折りの新道」が開削され、人力車が登れるようになっていった。

　大津事件で取り止めとなったが、1891（明治24）年には、ロシア皇太子ニコライ一行が日光山内や、中禅寺湖を訪れる予定となっていた。日光町内では、ロシア皇太子の来晃にあわせ全面的な道路改修工事が行われている。この時に、「中禅寺坂」は、「第1いろは坂」の原形となる「つづら折りの新道」に改修されていった。

　中禅寺湖畔までの「中禅寺坂と中禅寺湖の風景」についてメアリー夫人は、このように記述している。

　「急流の縁に沿って人力車で山に登っていく旅は全く素晴らしかった。途中の茶屋のほとんどに立ち寄りながら三時間半かかって山を登り、一時少し前にカークウッドの日本式の家についた。この家は中禅寺で西洋人が建てた最初の家で、湖の岸に建っている。木が鬱蒼と茂った高い山を取り囲んでいる景色は、実に美しく平和そのものであった。この日は静かな夏の日で、湖は明るく晴れ渡り、水の色も一層青く見えた。この景色を見ていると、似かよった点の多いコモ湖の風景が私の心の中に浮かんできた。……夕暮れ時の景色は普段より一層美しく印象的だった。私たちは順調にホテルへ戻ったが、スプリングのない人力車の揺れ

人力車（『日光金谷ホテル八十年』より転載）

のせいでかなり疲れを覚えた。しかし毎年必ず（嵐で）壊されるという道は、聞いていたほどの悪路ではなかった」（長岡祥三訳）と、中禅寺湖の風景を北イタリアのコモ湖の風景と重ね合わせ、さらに改修された道路状況や人力車から眺めた夕景の素晴らしさを書き遺している。

中禅寺湖の風景も近代の科学や文学、絵画などの素養を身につけた欧米の知識人に賞賛されるようになると、日本人も新たなまなざしを投げかけるようになっていった。中禅寺坂には、深沢、剣ヶ峰、中、不動、座頭、見晴の六軒の茶屋があったが、夫婦は、すべての茶屋に立ち寄りそこからの眺めを楽しんでいる。

西洋的な「知と感性」により、見出された中禅寺湖の風景は、近代的風景と呼ぶことができるだろう。この近代的風景地を最初に発見したのは、サトウであり、彼のガイドブックにより奥日光は、風景地として広く世界に知られていった。

新たな風景地の発見や道路の開削は、中禅寺が「国際的避暑地」へと変貌する大きな要因でもあった。

③ダヌタン公使夫妻が見た
　サトウの山荘

メアリー夫人も北イタリアのコモ湖を思わせる中禅寺湖の風景が気に入ったのだろう、翌1895年の10月にも錦秋に彩られた中禅寺湖を再び訪れ、サトウの山荘建設の現地に向かい、赴任早々のサトウが山荘建設を進めていることに驚いているようである。同年10月21日の日記には、「湖の澄んだ静かな水に、紅葉の華やかな色が映えている景色は言葉にあらわせないほどの美しさであった。私たちは湖を真っ直ぐ漕ぎ渡り、サー・アーネスト・サトウ

剣ヶ峰茶屋跡から見た秋色

中禅寺湖東岸から見る夕景
湖を囲む山々が北イタリアのコモ湖に似ている。

の新しい家の場所まで行った。そこでは既に職人たちが忙しそうに働いていた」(長岡祥三訳) と、サトウの山荘建設が急ピッチで進められている様子が書きのこされている。

ダヌタン公使夫妻は、サトウがガイドブックで紹介している米屋に宿泊をしていたようで、宿の主人からサトウの山荘建築について話を聞いていたのだろう。早速、対岸となるサトウの山荘の建設現場を舟で見に出かけていた。

サトウの山荘建設に触発されたのか、ダヌタン公使夫妻も中禅寺湖畔の北岸に別荘を構えるようになった。この別荘建設には、米屋の井上政平（せいべい）の協力があったものと推測できる。

1896 (明治29) 年7月1日の日記では、「サー・アーネスト・サトウが日光の新井ホテルに現れた。彼は私たちより一時間早く中禅寺に向け出発した。私たちもそこで夏を過ごすために出かけようとしている。快晴に恵まれて峠の登りは楽しかった。美しい湖の端に建っている私たちの紙と木でできた小さな家はとても気に入った。それは思ったより広くて、二日前に家具や荷物と一緒に行かせた召使いが準備万端整えてくれていた」(長岡祥三訳) と、ヨーロッパ的風景地の中禅寺湖で、これから始まる避暑生活に心を躍らせていた。

新たに建てられた夫妻の別荘の場所については、「湖の端に建つ」と書かれていることから、中禅寺湖の湖水の唯一の出口となっている大尻川に架かる大尻橋 (現中禅寺湖橋) 付近に建てられていたのだろう。

サトウの山荘の整備状況について、7月16日の日記では、「今日はすばらしい上天気である。私は午前中ずっと湖の上で過ごした。午後私たちがサー・

中禅寺湖北岸大尻付近 (日光市立図書館蔵)

現在の大尻付近

アーネスト・サトウの家の敷地を通ると、彼は自分の素敵な家と庭を隈なく案内してくれた。両方ともほとんど出来上がっていた」(長岡祥三訳)と記している。

「サー・アーネスト・サトウの家の敷地を通ると」と、書かれているところからサトウの山荘の敷地内には、足尾に通じる「足尾道」が通っていたと考えられる。そして1896年の7月中旬には、ほぼ山荘の整備は完成していることが窺える。

サトウも前日の7月15日の日記に、「家の中はひどく散らかっている。しかし夕食までには綺麗に片付いた。居間、食堂、二階の二部屋に障子がはまり、階段もできて建具の残りも届いた」(長岡祥三訳)と山荘の完成が間近になった喜びを記している。

サトウもまた、ダヌタン公使夫妻同様に1896年7月15日から中禅寺湖南岸の自らの山荘で避暑生活を送るようになっていった。

サトウが日本を離れる1900(明治33)年の夏以降は、健康上の問題もあったのだろうが、ダヌタン夫妻も中禅寺湖の別荘には訪れなくなっていった。

伊藤屋ホテル

下野新聞社発行の『郷土の人々』の中で、伊藤浅次郎が外国人別荘を買い取り1902年に伊藤屋ホテルとして開業したことが紹介されているが、この買い取られた外国人別荘とは、ダヌタン公使夫妻の別荘ではなかっただろうか。

伊藤浅次郎が伊藤屋ホテルを開業した1902年9月25〜28日には、足尾台風と呼ばれる大型台風が襲来し、男体山南斜面が大きく崩れて中宮祠では土石流が発生している。

中禅寺湖に流れ込んだ土石が3メートルの高波を起こし、湖畔にあった旅館など多くの被害が出ているが、伊藤

1902(明治35)年、伊藤屋ホテルとして開業

建て替え後の伊藤屋ホテル(日光市立図書館蔵)

屋ホテルは、湖畔から少し離れた高台にあったため、湖畔沿いの旅館に較べて被害は少なかったと思われる。その後の伊藤屋ホテルは、中禅寺随一のホテルに成長していった。

3 イザベラ・バードの見たサトウの山荘

イザベラ・バードは日本に5度来日し、日光には3度訪れている。2度目の来晃は1896（明治28）年9月、朝鮮紀行の途上で日光を再訪問していた。1879（明治11）年に日光を訪れた時には、東京の英国公使館から日光まで人力車で3泊4日の旅であったが、1890（明治23）年8月1日には、上野から日光まで鉄道が開通し、5時間で到着できるようになり、交通事情は格段に改善されていた。

金谷カテッジインも1893年には、神橋手前の高台に金谷ホテルとして営業しており、バードは新築された金谷ホテルの洋室に宿泊していた。

バードが訪れた当時のホテルの規模は洋室が30室で、すでに日光では規模の大きな本格的ホテルとなっていた。

「イザベラ・バード略年譜」からの足取り

バードは、翌年の1894（明治29）年にも7月から9月にかけて日光に逗留している。武藤信義氏が1971年の栃木史心会会報第3号に寄せた「イザベラ・バード略年譜」には、バードの足取りがこのように書かれている。

「6月27日、上海を発ち日本に向かう。7月4日には東京に着いている。東京には10日間滞在、この間中国で撮影した写真の仕事に熱中する。東京では、アーネスト・サトウ卿の訪問をうけ、卿の中禅寺湖畔の夏の別荘を使うようにすすめられる。湯元温泉で温泉療法を試してみようという考えもあり、7月15日から8月1日までは、湯元温

イザベラ・バード
（金谷ホテル所蔵）
1896（明治29）年7月、横浜で撮影。

泉の"Namwa Shinjuro"の旅館に投宿。8月1日から9月中旬(?)まで、サトウ卿の別荘に滞在」と、奥日光では、南間新十郎が営む南間旅館(後の南間ホテル)とサトウの山荘に滞在していたことが、記されている。

サトウも7月15日の日記には、「馬返でビショップ夫人に会ったこと」や7月23日の日記には、「湯元でビショップ夫人やベルツと昼食を共にし、ビショップ夫人は8月1日から砥沢に来る予定だ」(長岡祥三・福永郁雄訳)と記している。

日記の中にビショップ夫人と書かれているのは、バードはイギリスに帰国後、1881(明治14)年にエジンバラ医科大学教授で妹ヘンリエッタの主治医でもあったジョン・ビショップと結婚している。この結婚は、夫ビショップの死去に伴い僅か5年で終わっているが、結婚後はビショップの姓を名乗っているので、サトウの日記にはビショップ夫人と書かれていた。

イザベラ・バードは、サトウの山荘完成後の最初のゲストであった。

バードはサトウの山荘に滞在中の8月16日、友人あての書簡に「景色が誠に素晴らしいところで日本の『小さな家』で静かで安らかな生活を送っています」と書いている。

バードがサトウの山荘滞在中に一緒になった英国聖公会宣教師チャムリーもまた、サトウ卿の「小さな半日本式の家」での客でした、と書きのこしている。これは、外観は和風住宅のようにも見えるが、暖炉やテーブルなど洋式機能も取り入れられていたので、「半日本式の家」と、書きのこしていたのだろう。

1899(明治32)年8月に撮影された山荘の写真が横浜開港資料館に残されている。これを見ると、奥行きが4間以

改修工事前の英国大使館別荘(北側から)

上あることが確認でき、湖側に1間半の広縁があることも確認できる。奥行が4間以上あれば「小さな家」とは言わないだろうが、バードやチャムリーは、イギリスを代表する駐日公使の山荘として、多くのゲストを招待するには、あまりにも「小さな家」であると思い、書きのこしていた。

4　山荘建設経緯の検証

サトウの日記や、アメリカ人女性紀行作家シドモアの日光を訪れた紀行文などから、山荘の建設経緯についてたどってみたい。

①足尾道の付け替えと石組み工事

1896年5月28日のサトウの日記には、皇后陛下の謁見の際に、「懸案となっている私の京都旅行や中禅寺の家のことなどをお尋ねになった」（長岡祥三訳）と記述している。

「中禅寺の家」は、すでに前年の9月から工事が行われ、5月28日の時点では建家として立ち上がっているので、ここでの懸案として考えられるのは、庭を造成するための新たな敷地の確保や、道の付け替えであった。このことが、皇后陛下の耳にも届いていたと推察できる。

しかしこの懸案が解決するのは、数年の時間を要している。

サトウの1897（明治30）年12月9日の日記には、「私が三宮宛の手紙で中禅寺の私の家の前の道路のことで書いたので、その件で長崎省吾（式部官）が訪ねてきた。」（長岡祥三訳）と、山荘の前を通っていた足尾道の付け替えについて、宮内省に申し入れをしていたことが書かれている。その翌年の1898（明治31）年8月10日の日記では、「歌の浜へ通じる小路の修理が終わり、費

1899（明治32）年8月25日撮影の山荘写真
（横浜開港資料館蔵）

2010（平成22）年譲渡時の別荘写真

用は五十円だった」（長岡祥三訳）とある。

「小路の修理」とは、サトウの山荘前を通っていた足尾道を土地の所有者である宮内省の了解のもと、山側に迂回させている。

横浜開港資料館の武田家文書の中に一枚の写真が保管されているが、ここに写された樹木の枝ぶりなどから、サトウの山荘南側の庭園造成中の写真と見ていいのだろう（山側の板塀らしきものは、1899〈明治32〉年撮影のサトウ山荘の写真にも山荘裏手に板塀らしきものが写されている）。

この写真から、道路付け替え工事の時期に、本格的な庭園の岩組み工事などが行われていた可能性も考えられる。現在ある湖側の3段の石垣も施工時期は定かではないが、石垣に使用されている石材には、現地発生材が使用されていることなどから、庭の石組み工事と同時期の施工とも考えられるだろう。

サトウも1898年8月25日の日記に、「砥沢の小川は水が溢れんばかりだ。庭の石組みの滝に水を流している家の裏手の泉は再び溢れ始めた」（長岡祥三訳）と、この時点で庭に石組みの滝や、その裏手には、水源となる泉があったことを書きのこしている。

滝の石組や3段の石垣は、サトウやコンドルの美意識が創り出した「用の美」といえるだろう。

②シドモアも聞いていたベランダ工事

1884（明治17）年の初来日以来、度々日光を訪れていたアメリカ人女性紀行作家、エリザ・ルーアマー・シドモア[6]（1856〜1928）によって書かれた『シドモア日本紀行』の中で「日本の家はすべて規格寸法に従い、ベランダやギャラリー（二階外廊下）は規格通り三フィート（0.9メートル）幅で作られ

明治期の歌ヶ浜の絵葉書

ています。かつて異質な九フィート(2.7メートル)幅のベランダに御執心の外人がいて、日光の大工に無理難題を押しつけ、たいへんな苦労をかけました。でも、大工たちはキセル煙草をふかし仲間と相談しながら製作し、その建築技術は小馬鹿にしていた外人の予想をひっくり返しました。請け負った大工は鋸で板や梁を長からず短からず切って、とうとう悪趣味な非日本調のベランダを上手に完成しました」(外崎克久訳)と、日光にあった外国人別荘のベランダ工事について書きのこしている。

『シドモア日本紀行』は、初版本が1890年に出版され、1902年には、改訂版が出版されているので、ベランダ工

事などについては、この間の日光での見聞を書きのこしてると見ていいのだろう。

サトウの山荘の広縁は半屋外の空間となっているためベランダと見ることができるだろう。山荘の広縁も0.9メートルの幅を、コンドルのアドバイスなどを受け、急遽2.7メートルに拡げた可能性もあるので、シドモアが書きのこしているのは、サトウの山荘のことではなかっただろうか。いずれにしても、サトウやコンドルなどの外国人は、別荘のベランダにこだわりを持っていたことが窺い知れる。

シドモアは、このような詳細な情報を旅のガイドから聞き及んでいた。シドモアのガイドを務めていたのは、イザベラ・バードの日本奥地紀行のガイドでもあった伊藤鶴吉であった。

伊藤鶴吉も外国人別荘のベランダ工事については、ホテルのオーナーから

写真上にはベランダがわずかに写っている(横浜開港資料館所蔵)

話を聞いていたものと考えられる。それは、新井ホテル（後の日光ホテル別館）などもベランダコロニアル様式であったからである。

新井ホテルのオーナー新井秀徳は、元日光奉行所に勤めていたことから、地元の大工棟梁などとも親しく、サトウや、その家族とも親しく付き合いをしている。1899年3〜7月にかけて建築された武田家の別荘を建てた大工、小杉辰吉棟梁の斡旋や、その土地の借り受け手続きなども新井秀徳が行っていた。

③旧英国大使館別荘調査結果からの検証

英国大使館別荘が譲渡された2010（平成22）年、栃木県により現況調査が実施されている。その中で、創建当時の復原平面図が報告されているが、建家の規模・構造については、1899年に撮影された山荘の写真などから想定されたもので、創建当初として想定した山荘平面図は次ぎの通りであった。

1階の間取りは、玄関が山側に設けられ、玄関を入ると中央部に廊下を通し、その左右に食堂、客間が配置され、客間に隣接して書斎となっている。食堂および書斎には煉瓦造りの暖炉が

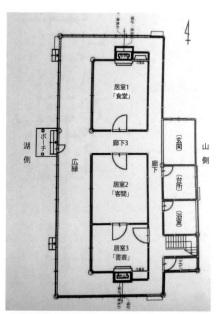

山荘創建時の推定間取り図1階（『旧英国大使館別荘現況調査報告書』より）

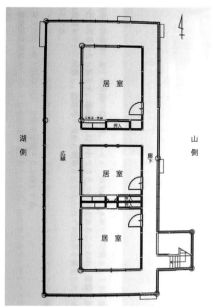

山荘創建時の推定間取り図2階（『旧英国大使館別荘現況調査報告書』より）

配置され、湖側に2.7メートル幅の広縁が設けられている。

2階には、3部屋の寝室とその周辺を広縁・廊下が廻り、湖側の広縁は1階同様に2.7メートルの幅となっていたと想定している。

このような平面様式は、日本家屋と異なり神戸や長崎にある異人館に類似している。サトウが駐箚(ちゅうさつ)特命全権公使として再来日して間もなく、山荘建築が行われているところから、山荘建築に協力していた伊藤浅次郎は、サトウに間取りなどの指示を受けて、地元の大工に和洋折衷の建屋を造らせていた。

1899年に山内に建てられた、武田家の別荘間取り図や契約書が、横浜開港資料館に所蔵されている「武田家文書」の中に遺されている。この間取り図を見ると、建物の中央部に内廊下を通し、左右に各部屋が配置され、サトウの山荘の間取りと似ている。この建物もサトウの指示により、新井秀徳の協力を得て、地元の宮大工であた小杉辰吉により建てられている。

④大工たちとその技法

中宮祠に大工集団が定住するのは、1914(大正3)年に発生した六軒茶屋の火災の復興に合わせて、定住するようになったといわれているので、サトウの山荘の建築を担った大工たちは、鐘美館やホテルなどの洋風建築を手掛けていた、地元大工町(現匠町)に居住する職人たちであったと推測できる。

小屋組みも京呂組み(きょうろぐみ)と呼ばれる伝統的な和小屋組みとなり、小屋組みに使われていた部材は、モミ・カラマツ材であったことから木材は、現地の立木を木挽(きびき)して用材として使用していた。

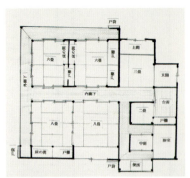

武田家別荘間取図
当時の町家建築では、部屋どうしが田の字型に接しており、こうした間取りではプライバシーがないなどの問題があり、日本では昭和になってから内廊下が取り入れられるようになるが、武田家別荘ではそれを先取りした間取りとなっていた。

旧英国大使館別荘の小屋組

小屋組部材の仕上げには、日本の伝統的大工道具の一種である手斧が使われ、さらに、創建当時の屋根は、木羽葺きであったといわれている。これらの建築手法・様式は、日光で一般に見られる町家建築と同様の様式となって いる。

一方、日光の町家建築との相違点も見受けられる。通常の古い木造建築では、敷居から鴨居までの高さ（内法）は、5尺8寸（176センチ）を標準としていたが、サトウの山荘は、6尺3寸（191

栃木県への譲渡時点の間取り図（『旧英国大使館別荘現況調査報告書』より）
［1階　現況間取り図］

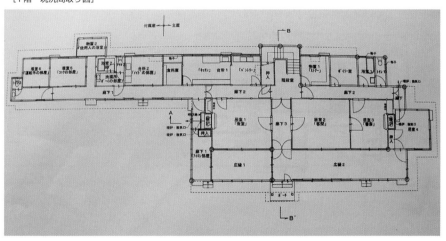

［2階　現況間取り図］

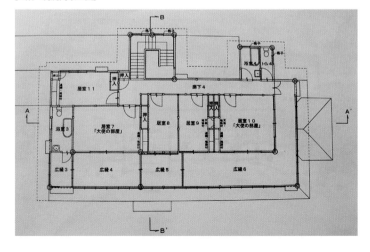

センチ）となっていた。これもサトウの指示であったのだろう。建物の外部が下見板張りの「日本風」の造りとなっていたのは、サトウの自然観はワーズワースの影響を受けていた。彼は、その著書『湖水地方案内』のなかで、「家屋は自然が作り上げたものと一体化する形や大きさ。色合いにすべきだ」（小田友弥訳）と、記述している。このため湖水の眺望地に建てる建屋は、周辺の自然にとけ込む、「日本風家屋」にしたものと私は考えている。

創建当初の山荘については、不明な点が多く残されているが、今後とも継続して調査することにより、新たな発見につなげたい。

5　奥日光の歴史遺産

サトウは、幕末期に2度ほど、長崎のグラバー邸を訪れているが、そこから見下ろす長崎湾を一望する風景に強い憧れを抱いている。そのため、ここでも中禅寺湖の風景の観賞に、こだわりを持っていたことが窺える。ベランダがそれである。ベランダから一望する中禅寺湖の眺望は、椅子に腰掛ける際に最も美しい風景が見えるように計算されている。

人間の視線は、首がやや前方に傾いているため、直立した人間の標準的な視線方向は俯角10度となり、座っている場合には、俯角は15度となるといわれているが、サトウたちは、体験的にこのことを知っており、中禅寺湖の風景を最も自然に美しく眺められる場所としてベランダを設えていた。

日本には、「座の視線で外の景色を切り取り、愉しむといった眺めの文化」がある。サトウも中禅寺湖の最も美しい風景を椅子に腰掛け愉しむため、英国人建築家コンドルのアドバイスを受

旧英国大使館別荘2階広縁からの眺望
ここからの眺望は一枚の絵画的風景となっている。

け、ベランダや湖側に3段のテラスを造っている。

　石垣により造成された3段のテラスが、山荘と湖を連続した空間として見せるイギリス風景式庭園独自の技法である「ハハー」(Ha－ha)[7]の役割を果たし、ベランダは、眺望と安らぎを得る空間として機能させるため、2.7メートルの幅が必要としていた。山荘のベランダは応接間でもあり、雨の日にはティールームとしても使用されている。

　2階ベランダから望む中禅寺湖は、目の前にコバルト色に輝く湖の風景が広がり、日没になると正面の錫ヶ岳に日が沈み、湖や山々・空が茜色に染められていく。

　ここは、中禅寺湖の風景を眺めるベストビューであり、ベランダーには、半屋外のリゾート地としての空間的演出が考慮されている。

　夜は、月や星を眺め、中空に昇る月を追い、天空の湖に映える月影を愉しむ場として使用していた。

　サトウの日記には、「三日月と夕べの星が足尾に続く山峡の上に懸かっていた」(長岡祥三訳)と、ここから月や星を眺めていたことが書き残されている。

　山荘はその後、多くの改造が加えられているが、風景を愉しんでいたベランダは当時の形態のまま使用されている。

　この建物は未だに明治時代の雰囲気が漂い、サトウやコンドルの愛着も感じることができる貴重な建造物であるとともに、明治期に始まる避暑地中禅寺を象徴する建造物でもあり、奥日光の歴史遺産ともいえるものである。

イギリス庭園のハハー断面
コッツウォルズ地方にあるヒドコート・マナー・ガーデン。ヒドコート・マナー・ガーデンは「アーツ・アンド・クラフト運動」の影響を受けたイギリス・ガーデンの最高傑作の一つにも挙げられている。

ハハーを設けることにより隣地と一体的空間となる。日本庭園の借景的効果を発揮している。

6 コンドルのアドバイス

ジョサイア・コンドル（1852〜1910）も建設中のサトウの山荘を訪れている。

1896年5月30日のサトウの日記には、「すばらしい朝だ。コンダーと家の敷地に行って、ボートハウスの位置を決め、家の裏手から丘の方へのびている小道を歩く。敷地の前は、拡げられるように三段のテラスを作ることにする。白や赤や薄紅色のつつじが花をつけていた」（長岡祥三訳）と、庭の造成などについて、コンダーのアドバイスを受けていたことが、記述されている。

サトウとコンダーは前日、中禅寺に登り六軒茶屋の米屋に宿泊していた。コンダーと書かれた人物は、「日本近代建築の父」とも呼ばれたジョサイア・コンドルである。

①建築家ジョサイア・コンドル

ジョサイア・コンドルは、1852年にイングランド銀行員であったジェントリー階級の父ジョサイアの次男としてロンドンのラッセルグローブ22番地に生まれている。

ジョサイアが11歳の時に父親が42歳の若さで急逝する。父親の突然の死によりジョサイア一家は、ジェントリー階級から一気に母子家庭になってしまった。

生活は苦しくなったが教育熱心な母親の努力により父の死の翌年、1865年に奨学金を得て名門ベドフォード商業学校で学んでいる。

その後建築家を志し、叔父のトーマス・ロジャー・スミスの建築事務所で働きながら建築設計を学んでいった。当時のイギリスでは、技術者は徒弟制度の中で技術を身につけていた時代であった。ジョサイア・コンドルも見習

いの修業の中で建築学を学んでいる。幸いなことにトーマス・ロジャー・スミスはロンドン大学教授で建築学会会長の肩書きなどを持つ学者タイプの建築家であった。このためジョサイアは見習い修業のかたわら、サウスケンジントン美術学校に通うことが許された。

　5年の見習い修業を終えた後、ゴシック・リバイバル建築で名を馳せていたウイリアム・バージェス事務所の助手として働きながらサトウと同じロンドン大学で建築学を学んでいる。

　バージェス事務所で1年助手を務めた後、1874年、グランド・ツアーに出かけている。このグランド・ツアーはゴシック・リバイバル建築を学んでいたコンドルには大きな刺激を与え、彼の生涯にわたり持ち続けた「デザインへのこだわり」は、このグランド・ツアーで学んでいたことと関係が深いのだろう。

　イタリア・ゴシック建築の代表とされるミラノ大聖堂は、ステンドグラスからさし込む光により祈りの空間が構成され、圧倒的な規模と荘厳な内部空間がコンドルをはじめ、イギリスの若手建築家に大きな刺激を与えていた。コンドルが本格的にステンドグラスの技術を学んだ理由もここにあったはずである。

　1875年にバージェス建築事務所を退職すると、翌年に王立建築家協会主催の設計コンペに応募、最も権威ある新人賞・ソート賞を受賞し、将来を嘱望される若手建築家となった。この頃、日本の工部省は、工部大学の造家（建築）の専任教授を探していた。

　ソート賞受賞・王立建築家協会会員となったコンドルに白羽の矢が立てられ、彼は東南アジアや日本に興味を抱いていたことから、日本からの招聘を受諾している。

ミラノドゥオーモ（2011〈平成23〉年9月撮影）

コンドルが工部大学校造家学科教師兼工部省営繕局顧問として来日したのは1877(明治10)年1月28日で、来日後は、大学教授とともに、官庁建築も手掛けている。

　この時期に築地訓盲院（くんもういん）や上野の帝国博物館など手掛けているが、特に有名なのが鹿鳴館であった。

　1888(明治21)年に官庁顧問を辞任して建築設計事務所を開設、岩崎邸を代表とする数多くの洋館を設計している。1890年には三菱の顧問となり、丸の内のビジネス街の設計を手掛け、1894年には、三菱1号館が竣工している。

　日本における近代建築は、ゴシック建築やルネサンス建築をマスターし、「アーツ・アンド・クラフツ運動」にも触発されていたコンドルによって、これらの思想が辰野金吾へ、さらに伊東忠太へと引き継がれ、築地本願寺など[8]に見られるような彼ら独自の建築進化論へと昇華している。

　中禅寺湖畔を訪れていた1896年は、彼の邸宅設計の最高傑作ともいわれる、台東区池之端にある岩崎久弥の邸宅が完成した年であり、忙しいなかではあったがサトウの依頼を受け、中禅寺に建築中であったサトウの山荘を訪れ、アドバイスをしていた。

②ジョサイア・コンドルと日光

　ジョサイア・コンドルが最初に中禅寺湖畔を訪れたのは、1885(明治18)年8月、日本画の師匠である河鍋暁斎（きょうさい）に同行して当地を訪れていたことがあった。

　河鍋暁斎に入門をしたのは、1881年頃といわれ、宮内庁に勤務していた山口融の紹介だったと伝えられている。この頃、コンドルは皇居造営顧問技師を務めているので、その縁で山口融と知り合って、河鍋暁斎を紹介されたの

1896(明治29)年竣工の旧岩崎邸
玄関には、コンドルが得意としていたステンドグラスが彩りを添えている。
岩崎邸の総建築費は、120万円ともいわれ、現在の価格では120億円の大豪邸である。

だろう。ちなみに1891（明治26）年に入籍した前波くめは、山口融の姪になる。

画家を一度は志し美術学校にも通ったことのあるコンドルは特に水彩画を得意とし、日本画の上達も早く、入門2年後の1883（明治16）年には、「暁英（きょうえい）」の画号を受けている。

コンドルたちは、上野～宇都宮間が鉄道で結ばれて間もない1885年8月1日から約1カ月間、暁斎とともに日光にスケッチ旅行に来ていた。この時の様子を伝えるものとして『日光地取絵巻』や『暁斎絵日記』などが遺されている。

『日光地取絵巻』（河鍋暁斎美術館蔵）第2巻の中には、「中禅寺湖ふち宿ヤ米ヤ政平」の図がある。縁側で湖水を写生する画家自身の姿も描かれ、自らの姿も中禅寺湖の風景に溶け込ませている。この中には、コンドルの姿は描かれていないが、日光に向け出発した8月1日の『絵日記』には、シルクハットに杖を持つコンドルの姿や、裏見の滝にスケッチに出かける暁斎とコンドルなどが描かれている。

この「裏見の滝探勝」の図には、コンドルの他にもう1人の外国人が描かれている。この時期コンドルは、今井町の官舎を引き払い、一時「ジャパン・ウィークリー・メイル」の経営者でもあったフランシスコ・ブリンクリー[9]の家に同居していたので、彼も日光行きに同行していたものと考えられている。

『日光地取絵巻』には、「華厳の滝」が描かれているが、当時は滝壺近くに下りる道はまだできていなかったが、滝壺近くから滝を見上げる迫力のある華厳の滝を描いている。

サトウが著した『中央部・北部日本旅行案内』には、華厳の滝を観瀑するためには、「中禅寺にあるいずれの茶屋でも案内人を得ることができるので、

コンドルと家族
（畠山憲司氏所蔵『鹿鳴館を創った男』より）

決して1人では下りようとしてはならない」との注意書きがあるので、現地の案内人を雇っていたのだろう。コンドルたちも日光の雄大な自然美には大いに魅了されていたに違いない。

『暁斎絵日記』には、8月9日、日光を出立とあるので、暁斎は、コンドルたちと別れてひとりで宇都宮に向かって行った。暁斎とコンドルの来晃については、1885年8月12日の下野新聞でも報じられている。

暁斎と別れたコンドルたちは、8月いっぱいを日光で過ごしていた。この時に描かれたと思われる「日光東照宮拝殿内部」の水彩画が東京藝術大学に所蔵されているが、この水彩画を見ると東照宮などの日光の建築物は、その後のコンドルの建築設計にも大きな影響を与え、特に、内装の精緻な仕上げなどには影響を及ぼしていることが窺える。

③サトウとコンドルの出会い

コンドルにとって中禅寺湖を訪れるのは11年ぶりとなる。米屋から眺める中禅寺湖の風景には懐かしいものがあった。コンドルもまた、故郷の湖水地方の風景と中禅寺湖の風景を重ね合わせていただろう。

コンドルとサトウの出会いの場は、日本アジア協会であった。コンドルは、来日直後に日本アジア協会に入会している。この日本アジア協会で活躍していたのが、サトウやアストン、チェンバレンであった。彼らにより発表される日本の見聞や事物などにより、コンドルは日本文化への強い関心と興味を抱いていった。

コンドルが初めて日本アジア協会での発表者となったのは、来日3年目を迎えた1880（明治13）年5月の例会で、『日本衣裳史』というタイトルで発表している。この中で日本の伝統的な着物

米屋旅館跡地

米屋旅館跡地からの中禅寺湖眺望

が廃れゆきつつあることを惜しんでいる。その後、「日本の風景庭園の技術」などを発表し、1893年には、論文を膨らませて仕上げた『日本の造園法』（Landscape Gardening in Japan）を出版しているが、この本は、日本庭園を体系的に英文で紹介した最初の本であった。

サトウもコンドルの庭園技術の造詣の深さに感心させられ、庭の造成を中心にコンドルのアドバイスを得ていた。コンドルがこだわりを持ったのは、中禅寺湖の風景の見せ方にあった。彼は、『日本の造園法』のなかで「庭とは、詩や絵画のようにある特定の連想を喚起するものである」と、記している。

建物と庭を一体的空間として考えていたコンドルは、建物に半屋外となるベランダを設けることにより、その実現を図ろうとしている。その結果、山荘は一種のベランダコロニアル様式となっている。

7　庭園工事と石垣

サトウの山荘の庭園と石垣には、日本の伝統的技法が使われていた。サトウやコンドルがこだわりを持った庭園工事や石垣工事の造成について、サトウの日記などからたどってみたいと思う。

①石垣工事

旧英国大使館別荘には、湖から3段の石垣が積み上げられていた。今回の旧英国大使館別荘の改修工事に伴い、石垣も積み直されている。

この石垣を調査するとそこには、穴生積みの技法の痕跡が遺されていた。

日光東照宮の石垣工事は、築城の名手といわれた藤堂高虎が縄張りを決め、生国の近江から穴生衆と呼ばれる石工を呼び、全国から集められた石工職人

整備前の旧英国大使館別荘の3段のテラス

積み直し後の3段テラス

の石垣普請の指導をしていたといわれている。[10]「東照宮造営帳」によると寛永の大造替においての石工事費は実に全費用の23％に達している。

穴生衆は、比叡山延暦寺の麓の出身者で、古くから寺院関係の石工を務め、その高度な技術力が買われ、安土城の石垣をはじめ全国の石垣普請を任されていた技術者集団である。

この穴生積みの伝統技法は、東照宮の造営とともに、日光石工と呼ばれる職人たちに伝えられている。旧英国大使館別荘の石垣にもこの穴生積みと呼ばれる技法の痕跡が遺されているので、この石垣は、地元の日光石工たちにより施工されたものと見ていいのだろう。

ここで使用された石材は現地発生材をあまり加工せずに積む野面積みと呼ばれる最も原始的な石垣であるが、石組においては高度な技術が必要とされ、今日では、野面を積める石工はほとんどいないといわれている。

石垣全体としての「バランス」と荷重が一点に集中しないよう「大中小の石材の配石」、一石一石のかみ合わせを考慮しながら、さらに、「石の奥行きを長く」取る。つまり外に出ている面より奥行きを長く、この奥行き部分を「控え」と呼び、控えを長く取ることにより安定性が確保できるよう考慮された穴生積みの技法がここには活かされていた。

石垣は、建物と共に中禅寺湖の点景ともなり、これも風景の見せ方としてサトウやコンドルが意図したものであった。

サトウやコンドルがこだわりを持った石垣は、日光石工の技術の高さを物語るとともに、重厚な美を作りだし、日光の歴史的遺産ともいえるものである。

穴生積みの技法は、1899年から開始

積み直しされる以前の石垣

されている稲荷川砂防工事の堰堤(えんてい)群にもその足跡を遺している。

1920（大正9）年に施工された現存する最古の堰堤である稲荷川第2砂防堰堤は、野面石や雑割石を、乱積みを主体に積み上げ、築石の控えを長く取るといったサトウの山荘の石垣と同様の手法が見られる。

堰堤群は、機能性だけではなく周辺の緑や山並みとの調和にも配慮され、石工の手作業の時代、石を切り出し、積上げるなどすべてが、日光石工の伝統技術により造り上げられた見事な構造物となっている。2002（平成14）年には、土木遺産・歴史的建造物として国の登録有形文化財に指定された。

②庭の造成と伊藤小右衛門

庭園造成についてのサトウの記録は、建物が完成した1896年7月30日の日記に次のような記述が見られる。

「伊藤小右衛門のところに行き、中禅寺の別荘の庭を見てきてくれと頼む」（長岡祥三訳）と記してある。

さらに、サトウが中禅寺の山荘に滞在している、同年8月2日の日記には、「小右衛門が息子を連れて庭のことでくる」（長岡祥三訳）と、サトウから依頼を受けた、伊藤小右衛門が中禅寺まで出向いて庭を見に来ていることが記されている。

サトウの日記から、山荘の庭の石組みなどは、伊藤小右衛門の指導のもとに行われていたと見ていいのだろう。

伊藤小右衛門は、1875年に、元幕臣で維新後は外務省に勤めていた宮本小一（1836～1911）の推薦で、皇居半蔵門近くにトーマス・ウォートルス（1842～1892）の設計で建てられた英国公使館の庭に植木を植えた植木職人で、その後の英国公使館の庭の管理なども行っていた。

稲荷川砂防堰堤群

サトウとは、1895年10月に染井村（現豊島区駒込）の植木園で偶然に再会していた。

その後、サトウはミットフォードから依頼された竹や燈篭をイギリスに送るため、染井村の伊藤小右衛門宅を訪れている。

伊藤小右衛門宅は、染井村のどこにあったのだろうか。

豊島区立郷土資料館で作成した「駒込・巣鴨の園芸地図」を見ると、伊勢津藩藤堂家下屋敷の前に伊藤小右衛門宅と記されていた。

伊藤小右衛門は、江戸で一番の植木職人と言われた伊藤伊兵衛の分家にあたり、初代伊兵衛は、藤堂家下屋敷の庭の管理をしていたと言われている。代々当主は伊兵衛を名乗り、特に活躍したのが4代目伊兵衛（1676～1757）であった。

4代目伊兵衛は、将軍吉宗の御用植木師となり、植物を愛好した徳川吉宗の命を受け飛鳥山にサクラを植え、滝野川にモミジを植林し、江戸庶民の行楽地の造成を手掛けるとともに、園芸全書である、『公益地錦抄』などを出版した園芸学者でもあった。

近年、ソメイヨシノは1730（享保15）年頃に4代目伊藤伊兵衛により人工的に交配させて作り出されたといわれる、「染井村作出説[11]」が広がっている。しかし文献等が遺されておらずその真意は定かではないが、伊藤一族は江戸屈指の植木職として重んじられ、小右衛門はその流れ汲んでいた。そのため、イギリス公使館の庭の植栽も依頼され、さらにイギリス公使館前の道路沿いにサトウが植えたソメイヨシノの植え替えなども伊藤小右衛門が手掛けていた。

サトウの1899年4月10日の日記には、「公使館の外側の桜の木を何本か植え替えることで、小右衛門に契約し

英国大使館前のサトウ公使植栽の桜

た金額よりも五十円余計にやる」と書きのこしている。当時の50円は大金である。これは、前年に小右衛門が成し遂げた山荘の岩組み工事などに対するサトウの感謝の気持ちであったのではないだろうか。

サトウが植えたサクラは見事な桜並木となったが、戦災で一度は枯れ、新たにサクラの苗木が植えられ、今でも皇居のサクラとともに、多くの人々に親しまれている。

1915（大正4）年3月31日のジャパンタイムスには、サクラの植栽はサトウ公使の日本への深い愛情の印として植えられたと報道されている。

③庭園工事写真の謎

横浜開港資料館に武田家文書の閲覧に行った際、庭園工事中の1枚の写真を見つけた。それ以来、写真の解明をしている。

山荘の庭園を工事した伊藤小右衛門は、武田家とも交際があり、特に植物学者となった武田久吉とは交流が深く、このため小右衛門により手掛けられたサトウの山荘の庭園造成中の写真が武田家に遺されていたとしても不思議ではない。

しかし、この写真は誰が撮ったのだろうか。工事中の写真は、当時の写真家では撮らないだろう。サトウが撮影していたとも考えられるが、写真中央の小右衛門らしき人物はパイプをくわえている。サトウが撮影したのならばこのポーズは取れないだろう。小右衛門には2人の息子がいたので両サイドの青年が息子と思われる。この2人はカメラを見つめている。

この写真から撮影者として考えられるのは、小右衛門の息子と同年輩のサトウの長男、武田栄太郎ではないだろうか。[12]

庭園造成工事（部分：横浜開港資料館所蔵）

1913（大正2）年6月撮影
左から久吉、栄太郎の妻ルーシー、栄太郎
（横浜開港資料館所蔵）

武田家では、山荘が完成した1896年の夏には、日光の古刹である浄光寺でひと夏を過ごし、1898年の夏は山内の浄土院で過ごしている。

栄太郎、久吉兄弟も足繁く中禅寺湖の父サトウの山荘を訪れているので、18歳になっていた栄太郎により撮影された可能性はあるだろう。さらに1899年8月25日のサトウの山荘の撮影者も、栄太郎ではないだろうか。この年には、山内に武田家の別荘が建てられ、その名義人も武田栄太郎となっている。

サトウの日記には書かれていないが、中禅寺湖の山荘で家族団欒の時間を過ごし、その際に庭の造成中の写真や山荘の写真を撮影していたと推測される。

④和洋併置式庭園

山荘の庭園は、コンドルのアドバイスを受けて築庭され、魅力ある庭園となっていた。

建物の南面庭園は、水、石、植栽、景物(けいぶつ)の日本庭園の4大要素がすべて揃っているところから、日本庭園であったと見ていいだろう。日本庭園は、自然の風景を手本に縮景して庭に再現するものであることから、その特徴は「見立て」にあるといわれている。「見立て」は日本人独自の美意識が作り出しているもので実体より奥深いものがある。

ここでの「見立て」は中禅寺湖を「海に見立て」作庭していたのではないだろうか。

サトウは、中禅寺湖の唯一の島である上野島を「台湾島」と呼び、八丁出島を「遼東半島」と呼んでいるところから、中禅寺湖を海に「見立て」ていた。作庭でも中禅寺湖を海に「見立て」築庭されていると考えられる。

庭の主役は滝である。滝の水源は山からの湧水を引き、滝岩組みにより造

南面庭園

遣水の跡

成されていた。この滝を「龍頭の滝」に見立てたのかは定かではないが、大海に注ぐ川は、風情を醸し出すため、曲線状に流す「遣水（やりみず）」となり、遣水には必ず板石状の石橋を低く架（か）けているが、ここにも板石状の石橋が設えられている。

コンドルの日本庭園論は、江戸時代の作庭書（伝築山庭造）を参考として著述されている。江戸時代の代表的作庭様式は回遊式庭園といわれているが、ここも一種の回遊式庭園となっており、流れや踏み石の躍動感が庭に息吹を与え、歩く人の移動につれて景観を断続させ、次の光景へと展開させている。桟橋やボートハウスのある浜辺は、湖水の全容を愉しむ眺望の場でもあった。

建物の前面となる湖側の庭園は、広場となり一段低く水仙やバラなどの花木が植えられた花壇が設えられ、英国流の自然観が反映された魅力ある庭園となっていた。

コンドルが設計している綱町（つなまち）三井邸（現三井倶楽部）や茅町（かやまち）岩崎邸（現都立岩崎邸庭園）、古河邸（現古河邸庭園）などは、洋館に芝庭、花壇が設けられ、隣接して日本庭園が併設される和洋併置式庭園となっているが、サトウの山荘の庭園も同様に和洋併置式庭園となり、ここにもコンドルの影響が窺える。

室内から見ると前庭は、白根山を借景として築庭され、イギリス庭園のハハーと日本庭園の借景の技法が巧みに織り込まれた庭園となり、サトウやコンドルが、建物よりも庭園に力を入れていたことが窺えるものとなっている。

南側庭園は、滝や流れを中心にシャクナゲ、トウゴクミツバツツジ、シロヤシオなどの花木が植えられ、周辺の自然に同化した庭園整備が行われていた。

土台に乗る形に築造された暖炉

暖炉の焚き口

化粧プレートとファイヤースクリーン

8　暖炉に使われた煉瓦

1階の食堂と書斎には、暖炉が設置されている。暖炉本体は煉瓦積みで造られ、正面には化粧プレートやファイヤースクリーン等が残されていた。

建物の譲渡を受けた当時は、壁で覆われていたが、解体調査の結果、暖炉全体が煉瓦積みで造られていることが確認できた。さらに、煉瓦積みの本体部分は土台に乗る形で築造されており、暖炉は、急遽変更により後付けされたことを物語っている。

暖炉の基礎周辺の煉瓦積みは粗(あら)い状態で積まれているところから、突貫工事で施工されていたのだろう。

暖炉は、日本家屋では床の間にあたる部分である。このためサトウは、暖炉にイギリスらしさを醸し出すため煉瓦を使用していた。

この煉瓦が、どこから搬入されていたのか調べてみたが、煉瓦の刻印が不明で搬入先は定かではなかった。

当時の直近の煉瓦窯は、1888年に設立された野木町の「下野煉化製造会社」がある。

下野煉化製造会社では、1890年には、「ホフマン式輪窯[13]」と呼ばれる、当時としては最新式の煉瓦窯が完成し、赤煉瓦製造が本格的に開始されている。赤煉瓦の年間製造量は1894年には475万個、1896年には619万個に増大、最盛期には800万個の生産が記録され、三菱1号館、日本銀行、東京駅などにも出荷されている。また、足尾銅山や金谷ホテルにも納品した記録が遺されているので、ここから搬入されていた可能性はあるだろう。

足尾には、明治期に建てられた赤煉瓦倉庫が当時の姿で残されている。

1911(明治44)年、銅山の新事務所[14]が建設され、その付帯倉庫として赤煉

旧下野煉化製造会社
煉瓦窯
1979(昭和54)年近代化遺産として国の重要文化財としての指定を受ける。

旧足尾鉱業所事務所付帯倉庫

瓦で建てられ、現在でも倉庫としてその役割を果たしている。

ここで使用された赤煉瓦も下野煉化製造会社から納品され、この赤煉瓦倉庫の設計者は、コンドルの弟子である辰野金吾[15]の設計事務所だといわれている。

サトウの山荘の煉瓦により造られた暖炉も、専門家の指導を受け築造されていたと思われるが、今では資料がなく、指導者は誰なのか不明であるが、暖炉裏手の煉瓦積みの積み方を見てみると、長手だけの段と小口だけの段を1段おきに積む、「イギリス積み」と呼ばれる積み方が採用され、コンドルが設計した三菱1号館なども同様の「イギリス積み」となっており、ここにもコンドルの足跡を感じることができる。

明治期に造られた煉瓦の建造物には、「イギリス積み」とともに、「フランス積み」による建造物も多く造られている。

2014（平成26）年にユネスコ世界遺産に登録された、「富岡製糸場」の煉瓦積みは、長手と小口が交互に積まれた「フランス積み」となっているが、「フランス積み」は、見た目には優美であるが、強度的には「イギリス積」が優れているため、コンドルたちの作品はすべてが「イギリス積み」となっている。

足尾の赤煉瓦倉庫の本体となる鉱山の新事務所は、1921（大正10）年には、足利市に5万5,000円で売却され、市庁舎として使われていたが、1974（昭和49）年には老朽化により取り壊されている。

明治期の代表的な建造物として再生・保存すべきとする要望書が提出されていたが、当時は、スクラップ・アンド・ビルドの時代で多くの明治期の貴重な建造物が取り壊されていた。

三菱1号館の煉瓦積み

冨岡製糸場東繭倉庫の煉瓦積

サトウの山荘の暖炉裏手の煉瓦積み

9　壁材として使われた和紙

　サトウの山荘には、内壁や障子などに和紙が使われていたが、これは、サトウやコンドルが和紙の優れた品質や美しさを理解していたためであった。

　障子や襖など日本の風景に彩りを添えてくれる和紙は、1300年以上の歴史を持つ日本の伝統工芸としてユネスコの無形文化遺産にも登録されているが、幕末から明治期に日本を訪れている欧米人も和紙の質の高さや、その用途の多様性に驚きを持っていた。

①オールコック・コレクション

　イギリスの初代駐日領事を務めたラザフォード・オールコックは、1860(万延元)年の富士登山の後、約半月間、熱海に滞在している。この滞在期間中に、1787(天明7)年に創業を開始した熱海雁皮紙(あたみがんぴし)つくりの工程を見学し、彼の日本滞在を記録した『大君の都』(山口光朔訳)の中にこのように書いている。

　「日本の紙のほとんど全部は木の樹皮からつくられ、ある品質のものはヨーロッパのどの紙よりも、とくに強さの点で、まさっている。薄い種類のものでもなかなか破れにくいし、強い品質のものはどんなに努力をしても破れない」と、和紙の強さを書いている。

　「強い品質のものはどんなに努力をしても破れない」と書かれているものは、「模造皮革」で、後に改良され壁紙として使われた「金唐革紙(きんからかわし)」であった。

　オールコックは、1862年に開催された第2回ロンドン博覧会にオールコック・コレクションとして67種の和紙を出品しているが、特にその中でも、室内装飾用として「から紙」や「模造皮革」が、ロンドン博覧会以降、イギリスでも関心を集めるようになっていった。

② パークスの「日本紙調査報告書」と
　彦間紙・程村紙

　1871（明治4）年には、イギリスの第2代駐日公使ハリー・パークスにより「日本紙調査報告書」がイギリス議会に送られている。

　この報告書は、412種の和紙の見本とともに、その製法などについても挿絵を入れてまとめられているが、パークスの報告書の中には、本美濃紙や細川紙などとともに、彦間紙や程村紙が含まれていた。

　「彦間紙」は、栃木県南西部の旧飛駒村（現佐野市）で生産されていた和紙の総称である。

　旧飛駒村は、1633（寛永10）年から明治維新まで彦根藩の飛び領地としてその統治下にあった。

　1657（明暦3）年頃に桐生川の上流、梅田より紙漉きが同地域に伝わると、彦根藩により和紙づくりの保護奨励が行われ、農閑期の副業として紙漉きが広がりをみせている。

　飛駒産の和紙は「飛駒八寸」として知られ、「八寸」とは障子の桟の寸法であり、彦間紙は主に障子紙や大福帳として使われていた。

　しかし、戦後は洋紙に押され、1968（昭和43）年にその歴史の幕を閉じたが、1992（平成4）年には、紙漉きの伝統技術を残そうと地元住民により、「飛駒和紙保存会」が結成され、和紙作り伝承の活動が開始されている。今後は、保存会の活動により「彦間紙」の復活が期待されている。

　一方の「程村紙」は、かつての境村（現那須烏山市）の程村地区が産地であったことに由来する。

　起源は奈良時代ともいわれ、烏山和紙を代表する紙で、那須楮を原料とする厚手で紙肌が緻密で丈夫であることから、襖や障子の建築部材を中心と

那須楮

して使われ、宮中歌会始の懐紙にも用いられていた。

程村紙の生産地である烏山地方は、和紙の一大生産地として海外にも明治時代には1千人近くの紙すき職人がいた。広く知られていたが、安価な西洋紙に押され、現在では1軒がその伝統技術を守っている。

パークスがイギリス議会に報告した、『日本紙調査報告書』の和紙の見本や製品は、現在ロンドンのヴィクトリア・アンド・アルバート美術館とキュー王立植物園に保管されているが、1994(平成6)年には、「海を越えた江戸の和紙」展が東京と岐阜で開催され、123年ぶりに里帰りをしている。(『和紙　多様な用と美』久米康生著)この展覧会により、明治初期に製造されていた和紙の品質の良さや、和紙職人の技術の高さが改めて認識されることとなった。

③ウィーン万国博覧会への和紙の出品

和紙の品質の良さが広く世界に認識されたのは、1873年5月から11月までオーストリア・ウィーンで開催されたウィーン万国博覧会からであった。

ウィーン万国博覧会の出品物の展示や構成については、オーストリア＝ハンガリー帝国公使館付通訳となっていたハインリッヒ・フォン・シーボルトが指導・助言をしている。

和紙は、博覧会でも実物展示を行いウィーン万国博覧会公式報告書では、「日本の展示品がウィーン万国博の参加者に与えた刺戟は、まさに全製紙工業の改革を迫る効果をもつほどのものであった。そしてその使用法には、ひろく見習うべきものがあり、われわれがよく理解して学べば、製紙工場で多様な素材をつくるのに役立てることができる」と、和紙製造の技術の高さを賞賛している。この博覧会には、彦間

第5章　サトウの山荘創建

紙とともに、烏山和紙（程村紙）も出品されていた。

ウィーン万国博覧会を契機として金革壁紙や薄紙類がヨーロッパに輸出される道が開かれている。

岩倉使節団一行もウィーン万国博覧会を見ていた。『特命全権大使米欧回覧実記』には、「和紙と麻の繊維には顧客が驚いていた。和紙は材料も漉き方も西洋のものとは異なるからである。越後の麻の白く光り輝いているのを見て、西洋人の中にはこれを使って絹織物の模造をしてみようと思いついたものがあるとのことである。楮（こうぞ）の樹皮も、おおいに尊重されていた」と、ヨーロッパの人々が和紙の素晴らしさを認識していたことが書き残されている。

④サトウの山荘に使用された和紙

コンドルも鹿鳴館の内装材としてウィーン万国博覧会に出品して好評を得ていた金唐革紙（きんからかわし）を使用しており、サトウの山荘のアドバイスをしていた年に完成した、「岩崎邸」の壁面にも華やかに飾った金唐革紙が使用され、和洋折衷住宅にその才を発揮した建築家コンドルも和紙の持つ優れた品質を理解していた一人でもある。

長く日本式住宅に住んでいたサトウも、和紙の持つ「調湿性」や「断熱性」などの「用と美」を熟知している。そのため、山荘の内壁には、和紙張付壁が採用されていた。

和紙張付壁とは、木ずりと呼ばれる木の下地に和紙を幾重にも張り重ねた壁で、皇室建築にも使われており、田母沢御用邸や北岳南湖閣の内壁などにも、この和紙張付壁が採用されている。

サトウの山荘の和紙張付壁は、4層に和紙が重ねられているが、北岳南湖閣もサトウの山荘と同様に内壁には、和紙が4層に重ねられていることが近

年判明している。

ここで使われていた和紙の生産地については、今となっては知るすべはないが、近い生産地から搬入されていたと思われる。田母沢御用邸復元工事における和紙張付壁には、程村紙(烏山和紙)も使われていた。

⑤和紙へのこだわり

半屋外となっているベランダと室内との仕切りには、障子が入り、中禅寺湖の風景や光を和紙という一枚のフィルターを通して室内に採り入れ、障子を閉めれば、白く輝くシンプルな空間となり、一転、開け放てば、中禅寺湖の秀逸な風景がパノラマのように広がりを見せている。サトウやコンドルのこだわりは、ここにあったのだろう。

和紙の美しさにこだわりを持っていたサトウは、1898年7月26日の日記に、「中禅寺の食堂の障子紙を注文した」と、わざわざ書きのこしているほどである。

今回の復元工事における内装工事では、サトウの時代にイギリスで興ったデザイン運動である、「アーツ・アンド・クラフツ運動」を主導したウィリアム・モリスのデザインしたクロスを壁面の仕上げ材として使用しているが、これもまた、中禅寺湖の風景にマッチし、英国文化を紹介する室内空間を演出している。

10　旧英国大使館別荘の復元・展示工事

①明治期の和洋折衷住宅の復元

旧英国大使館別荘の構造は、栃木県における調査の結果で、小屋組みは和小屋組みとなり、創建当時の内壁は、和紙4枚を重ね張りした壁であったことや、仕切りに障子が使われ、天井も竿縁天井であったことが判明している。

復元工事中の旧英国大使館別荘
外観は、明治期の日光地域で見られた和風住宅そのものとなっている。

完成した旧英国大使館別荘(北面側)

このような意匠・構造の建屋は、明治期に日光で建てられている和風住宅そのものであるが、一方では、平面構成がベランダコロニアル様式となり、高い天井や洋風ドア、煉瓦造りの暖炉の設置など洋館の設えも見られる和洋折衷の建屋となっている。

旧英国大使館別荘は、中禅寺湖畔の国際的避暑地の歴史・文化を物語る明治期の貴重な遺構であるとともに、サトウやコンドルの自然観やこだわりが優れた景観を生み出し、その実現には、伝統技術に培われ、真に美しいものを目指した多くの職人の姿があった。今回の復元工事では、サトウやコンドルのこだわりを踏襲しつつ、慎重に進められていった。

②復元・展示工事

復元工事においては、平成25年3月に栃木県により策定された、『旧英国大使館別荘整備基本計画』に基づき実施されている。

基本計画で提案されている整備計画は、次のようなものである。

○ サトウが建てた「明治期のイメージに復元する」とともに、その後、増築された北側1階建ての部分は、エントランスや管理ゾーンとして活用する。
○ 1階各居室（食堂、居間、書斎）は、展示ゾーンとして各種資料や、パネル等の展示を行う空間とする。
○ 2階北側の居間は、別荘時代の使用していた状態を復元し、眺望や休憩ゾーンとする。
○ 2階南側の居室および広縁は、「英国文化体験ゾーン」として居間の間仕切り壁は可能な範囲でなくし、紅茶の提供やレクチャールーム等の多様な利用に対応できるようにする。

復元された2階の英国文化交流室
ここの壁には、ウィリアム・モリスのデザインしたクロスが使用されている。

寄贈されたサイドボード

英国文化体験ゾーンは、建物の文化的価値に配慮しつつも、重点的に英国らしい雰囲気づくりを行うゾーンとして考えられ、雰囲気づくりに重要な展示物である家具は、ヴィクトリア朝のアンティーク家具で統一するなど、英国らしさを表現できるよう配慮する。

以上のような方針が示され、建物の復元工事・展示工事が行われている。

基本計画において家具類は、英国らしい雰囲気づくりの重要なツールとして位置づけられたが、大使館別荘が栃木県に譲渡された際には、別荘には家具類は何も置かれていなかった。その後、英国大使館から大使館で使用していた家具や、別荘で使っていた家具が栃木県に譲渡され、それらの家具をレストア（修復）のうえで、各居室に配置されている。各家具ともに重厚感を醸し出し、イギリスらしさを感じる空間を構成している。

展示工事においては、展示設計・管理を行った本田浩氏をはじめ、製作に当たった乃村工藝社のメンバーは、イタリア大使館別荘記念公園の展示工事も担当し、サトウと同様に、中禅寺湖の風景に魅了された人々が手掛けているため、風景への愛着が、ここに秀逸な作品を遺している。

展示工事の最終となる2016（平成28）年5月19日、20日の両日は、風もなく穏やかな日となっていた。真摯に取り組んでいた彼らへの感謝であったのだろう、英国大使館別荘記念公園から観る中禅寺湖の風景は、これまでにもない絶景であった。その写真が私の手元に届けられた。

英国大使館別荘記念公園から観た湖水の夕景
（2016年5月19日午後6時56分／本田浩氏撮影）
サトウやイザベラ・バードは、この夕景を眺めながらボートを漕ぎ出したしている。

英国大使館別荘記念公園から見た湖水と社山
（2016年5月20日午前8時17分／本田浩氏撮影）
鏡のような湖面に社山が写り込まれている。

第 5 章　サトウの山荘創建　　301

完成した旧英国大使館別荘
外装の黒と内装の白がマッチし、自然の中に溶け込む建屋となっている。

展示室1（幕末維新の英国外交官アーネスト・サトウ）
幕末維新期の政局を握った人々との交流や、サトウの日本人家族を紹介している。
部屋の中央部には、テーブルが置かれ、その上にはサトウが著した『日本旅行案内（中央部・北部日本案内）』、『公使日記』、『一外交官の見た明治維新』が置かれている。

展示室2(サトウの愛した奥日光)
明治になっての「日本学者」としてのサトウ足跡や、風景地中禅寺湖とヨーロッパの風景地の比較、日本の山々を踏破したサトウの足跡、植物愛好家であったサトウの交流していた人々、尾瀬の自然保護に尽力したサトウの次男武田久吉博士の足跡などが紹介されている。

本棚
展示室2には、ライティングデスクと本棚が置かれている。この家具は、武田澄江氏・林静江氏の寄贈によるもので、「武田久吉博士」が愛用していたもので、英国に留学中に父サトウからプレゼントされた家具で、1890年〜1910年頃のアーツ・アンド・クラフツ運動が盛んであった時代に英国で製造された貴重な家具である。

ライティングデスク

2階北側の居室
サトウが活躍した時代は英国文化の黄金期。別荘時代に使用されていた状態に復元され、アンティーク家具により英国らしさを感じる空間となっている。また、この部屋ではウイリアム・モリスなどによりイギリスで興ったアーツ・アンド・クラフツ運動やアフタヌーンティの歴史などが紹介されている。

第5章　サトウの山荘創建　303

英国体験ゾーンに設置されたテーブル、椅子
別荘で使われていた修繕前のオーク材の椅子。
修繕後のオーク材の椅子、椅子張地にはモリスのプリントが使用されている。

修繕前の椅子

修繕後の椅子

2階の通路の壁面には、栃木県立美術館所蔵のイギリス美術コレクションのうち代表的な3点の複製品が展示
ジョゼフ・マロード・ウィリアム.ターナー（1775～1851）の〈風景：タンバリンをもつ女〉（左上）、ジョン・コンスタブル（1776～1837）の〈デダムの谷〉（右上）、サトウの友人であったチャールズ・ワーグマン（1832～1891）の〈海岸風景〉（左下）

1階広縁
コンドルが得意としていたベランダコロニアル様式を体感できる空間構成となっている。
前面にサトウの憧れの山であった奥白根が正面に見える絶景となっている。

2階広縁
サトウやコンドルがこだわった中禅寺湖の風景が楽しめるよう広縁にはイギリス製のソファーが置かれている。ここでは、イギリス文化などを紹介する書籍を自由に閲覧できるようになっている。

サトウや伊藤小右衛門がこだわりを持った岩組が、規模は縮小されたものの再現されている。

英国大使館別荘からの夕景
錫ヶ岳に日が落ちる寸前、湖面が黄金色に染められ、白根山や温泉ヶ岳が夕空を背景にシルエットとなっていた。サトウたちもこの風景に魅せられていたのだろう。そして、この風景を眺めるため、建物や庭にこだわりを持ち整備していた。

〈補注〉

1) ディキンズへの手紙
  『アーネスト・サトウの生涯』 イアン・C・ラックストン著　長岡祥三、関口英男訳　雄松堂書店
2) 中の茶屋
  馬返から中禅寺湖の中間地点にあり、当地を訪れる多くの旅人が利用していた茶屋で、馬返の「つたや」で経営をしていたといわれている。
  中の茶屋の庭には、磁力があるといわれる巨石、「磁石石」があり、その巨石は現在でも残されている。
3) 南間旅館
  南間旅館は、江戸時代の文政年間(1818)年にはすでに旅館を営んでいたと伝えられている。バードが宿泊していた当時の経営者は、南間新十郎である。
  次の久吉の時代に南間ホテルの基礎が築かれ、外国人の誘客にも力を入れていった。1906(明治39)年にサトウや武田久吉が宿泊した時に旅館からホテルに切り替わっている。
  その後、婿養子として跡を継いだ、南間栄や三郎により湯元スキー場などの観光開発にも積極的に取り組みが行われ、湯元温泉の振興にも大いに寄与している。
  第2次世界大戦の終戦時には、皇太子殿下(現天皇陛下)が南間ホテルに疎開をされ、玉音放送はここで聞いていた。疎開されていた当時の建物は、1973(昭和48)年に益子町の塚本製陶所に移築され、「平成館」として保存されていたが、老朽化が進んだことから益子町に譲渡され活用されることとなった。
4) 「イザベラ・バード略年譜」武藤信義著
5) チャムリー
  1887(明治20)年来日、聖アンデレ教会牧師を務め、小笠原諸島開発について研究書を著している。その傍ら、東京専門学校で英語・英文学を教えていた。
  サトウとは、1895年8月2日に初めて会っている。その後、武田家との交流もあり、サトウが北京公使館に移った後、武田家の世話をする責任者となっている。1902年には、英国公使館の名誉牧師になっているが、これは、サトウの感謝の気持ちだったのだろう。
6) エリザ・ルーアマー・シドモア
  (1856～1928)
  米国地理学協会の初の女性理事でもある紀行作家で、大の親日家として首都ワシントンのポトマック河畔に1912(明治

中の茶屋

旧南間ホテル玄関

45)年、日米友好の桜を植えることに尽力したことでも知られている。

7) ハハー

ハハーの起原は、ストウ庭園を設計したチャールズ・ブリッジマンの創案ともいわれている。イギリス風景式庭園は、ハハーの出現によって「眺望をつなぐ」ことが可能となり、イギリスの造園史に多大な影響を及ぼした空間構成の技法である。つまりハハーの出現によりイギリス風景式庭園が誕生したともいえる。

8) 築地本願寺

1617（元和3）年に西本願寺の別院として浅草に建立され、その後、築地に移転され、1923（大正12）年には、関東大震災により焼失しているが、1934（昭和9）年に建築家の伊藤忠太の設計により再建されている。

その建築様式は、古代インド仏教の様式が導入され、これは、コンドルの建築デザインに採用されていたインド・イスラム様式に通じるものがある。

築地本願寺は、2014年に本堂、門柱、大谷石で造られた石塀が国の重要文化財に指定されている。

9) フランシス・ブリンクリー（1841～1912）

イギリスのジャーナリスト。

1841年、アイルランドのミース州の貴族の家に生まれ、1867（慶応3）年、香港経由で日本駐屯のイギリス砲兵中尉として来日している。

1881年にジャパン・ウィークリー・メイル紙（1870年創刊）を買収し、経営者兼主筆となって日本を広く海外に紹介している。1885年2月から9月まで今井町の官舎を引き払ったジョサイア・コンドルを飯田町にあった自宅に同居させていた。コンドルの影響を受け、1886年には、河鍋暁斎に日本画を学ぶなど、日本美術の愛好家でもあった。

10) 東照宮の石垣

1980（昭和55）年発行 『栃木県大百科事典』

「日光」 佐古秀雄著

11) 染井村作出論

明治初期に樹齢100年に達するソメイヨシノが小石川植物園に植えられていたという記録や染井村の植木屋の記録にソメイヨシノを作り出したという記録が発見されたことから、岩崎文雄氏らは、1730年代に人工的に作り出されたと唱えている。

ソメイヨシノは、栽培、増殖が容易で生育も速いことから、明治になって急速

平成館の正面玄関

築地本願寺

に日本全土に広まっていった。

12) 武田栄太郎（1880～1926）

1880年、サトウと武田兼の長男として飯田町6丁目20番（現千代田区富士見町2-9）で生まれる。元薩摩藩士の川上宗六が保証人となり学習院に入学したが、イギリスに留学させるために1896年5月1日に退学。（サトウは栄太郎をケンブリッジ大学に入学させるつもりであったが、健康上の理由から実現しなかった）

栄太郎は、1900年5月、ロンドンに赴任する駐英公使林薫に同行し、イギリスに渡航しているが、結核を発病し1902年2月からアメリカに渡り養生することになった。1907（明治40）年1月、父サトウの援助でデンヴァー近くに農園を購入し、アルフレッド・タケダ・サトウと改名。その翌年にアメリカ人女性ルーシーと結婚している。

1926（大正15）年6月15日、結核性腹膜炎のため46歳で亡くなった。

13) ホフマン式輪窯

ドイツ人技師ホフマンが考案し、1858年には、ホフマン式輪窯として特許を取得している。

ホフマン窯は、窯を環状に配置し、連続して大量に煉瓦を製造できるようにしたもので、日本への導入は、明治初期の銀座煉瓦街建設に際し、トーマス・ウォートルスが小菅にホフマン窯2基を設けたのが最初といわれているが、このホフマン式輪窯の導入により煉瓦の大量生産が可能となり、日本の各地に多くの煉瓦造りの建造物が建てられていく。

14) 足尾銅山の新事務所

1907（明治40）年、足尾銅山の暴動により本山鉱業所は焼失し、1911年に足尾銅山の迎賓館である掛水倶楽部の隣接地に足尾銅山の新事務所が建設された。設計は、煉瓦倉庫同様に辰野金吾設計事務所となっている。

1921年に足利市庁舎として売却され、1922（大正11）年1月1日には、新庁舎としてオープンした。

屋根上には多くのドーマを持った、伝統的ゴシック様式にイタリア・ルネサンスの装飾的要素を加えた、後期ゴシック様式であるイギリスのチューダー様式を彷彿する建物であったが、昭和49年6月に取り壊されている。

新事務所跡地は、現在テニスコートになっており、コートに隣接して赤煉瓦の倉庫だけが残されている。

15) 辰野金吾（1854～1919）

1756（宝暦6）年以前に植えられたといわれる小石川植物園の日本最古のソメイヨシノ

1854（嘉永7）年、佐賀県唐津に生まれ、1873年、19歳で工部省工学寮第1回入学試験に合格、1877年工学寮は工部大学校と改称され、ジョサイア・コンドルが教授として着任する。コンドルの授業は、構造や材料学中心の講義からデザインなどが加えられ、芸術教育へと転換していく。

　1879（明治12）年、工部大学校を首席で卒業すると、翌年にイギリスのロンドン大学に留学し、建築および美術について学んでいる。1882（明治15）年帰国の途についたが、途中、フランス、イタリアを廻り帰国をすると、1884年、ジョサイア・コンドルの後任として工部大学校教授に就任する。

　1892（明治19）年に銀座に辰野建築事務所を開設。さらに、1909（明治36）年には、辰野葛西建築事務所としてなっているため、足尾銅山の新事務所は、辰野葛西建築事務所で設計したものである。

　日本銀行をはじめ多くの建物の設計を行い、1919（大正8）年東京赤坂の自宅で66年の人生を閉じた。

辰野金吾

第6章
サトウのリゾートライフと武田久吉の日光

サトウの山荘が創建されると、同時期に夏季のみであったが、逓信省の電信事務が中禅寺で開始され[1)]、要人警護のためであったのだろう、臨時駐在所も設置されている。

1899（明治32）年に、外国人の国内旅行制限・居住制限が撤廃されると、中禅寺湖畔はヨーロッパの外交官を中心とする、「国際的避暑地」へと変貌し、それはあたかも、ヨーロッパのリゾート地のようだったといわれている。

彼らが中禅寺湖という風景地でどのようなリゾートライフを過ごしていたのか、サトウの日記などからたどってみたい。

また、日光の自然がサトウの次男、武田久吉にどのような影響を与え、植物学者へと育っていったのか、彼の登山史などからたどってみたいと思う。

1　山荘でのリゾートライフ

サトウの山荘は、1896（明治29）年7月15日にはほぼ完成し、サトウの中禅寺湖畔での本格的なリゾートライフがスタートしている。

東京でも自宅の裏手にある外堀などでカヌーを愉しんでいたサトウは、中禅寺湖でもボートを漕ぎ湖上からの移りゆく風景を眺めるのが何よりの愉しみとなっていた。

ここでの生活の模様について、山荘の最初のゲストであるイザベラ・バードは友人あてにこのような手紙を送っている（「イザベラ・バード略年譜」）。

「ここでの生活は、静かな毎日と大層魅力的な友人がいて、針の音こそありませんけど、時計仕掛けのように進んでいます。……5時に野外でお茶をいただきます。それから6時半頃まで湖でボートを漕ぎます。それから8時

の夕食まで私の部屋に行っています。夕食のあとは10時頃まで私たちはベランダで語り合います」

ここの生活は、イギリス流の生活が営まれていた。

バードは7月15日から8月1日まで湯元温泉の南間旅館に投宿し湯治をしていたが、8月1日から12日までの12日間と9月3日から9月17日までの14日間、合計26日間をサトウの山荘に宿泊している。

ここでは、朝鮮に関する著述なども行っていたが、朝鮮半島の旅の疲れを中禅寺湖の風景が癒していたのだろう。

当時、イギリスの上流や中流階級では、アフタヌーン・ティーの時間は午後5時頃が伝統とされていた。サトウやバードたちは、野外でアフタヌーン・ティーを愉しみながら中禅寺湖の夕景を眺め、そして残照を受け、黄金色に輝く湖上にボートを浮かべている。

中禅寺湖の大自然の中で、サトウたちは、何物にも得難い至福の時間を過ごしていた。

1899年のリゾートライフ

サトウの中禅寺湖畔での5年におよぶリゾートライフのうち、特に1899年は、四季を通じ足繁く日光を訪れ、その数は10回、延べ71日間にわたりリゾートライフを中禅寺湖畔で過ごしている。

1899年2月26日の『下野新聞』では、「英国公使サトウ氏」と題して「24日午後2時30分、日光停車場着の汽車にて登晃し、直ぐに中禅寺湖畔の別荘に赴かれし」と、報じているが、厳冬期におけるサトウのリゾートライフの模様を日記からたどってみたい（以下、長岡祥二・福永郁雄訳による）。

2月24日

「アンドリュ・ハガード大佐とパレットと共に、9時発の汽車で日光に行く。

旧英国大使館別荘桟橋からの夕景。ヨーロッパ的風景である

2時30分に歩き始め、湖についたのは7時であった。……湖尻からボートに乗る。東寄りの微風が吹き、空に月が懸かっている。男体と白根がはっきり見え、その他の低い山々では森がすっかり雪を被っていた」
2月25日
「寺が崎とこちらの入江の間に大きな氷の断片が浮いている。庭の石組みはほとんど雪の下に隠れ、木の板の上にはまるで白い鳩がいくつもとまっているかのように雪の塊がのっている。……午後、阿世潟までボートで往復する」

厳冬期でも中禅寺湖畔の山荘を訪れ、湖畔周辺の冬景色や、寒風の吹くなかボートを漕ぎ移りゆく風景を楽しんでいる。サトウにとって山荘でのリゾートライフは、何物にも代え難い生き甲斐ともなっていた。

同年の5月7日の下野新聞でも、「英国公使其他登晃」と題して、サトウ一行の日光訪問を報じているが、サトウは日記に次のように書き残している。
5月4日
「7時の汽車で日光へ行く。……深沢や中の茶屋で、桜の大木が満開だった。剣の峯の近くでは野生の桜が数本咲いていたが、花はほんの僅かしかついていなかった。待っていたボートに乗り、漕いで家に6時半に着く」
5月5日
「白根がよく見える。庭は芍薬、九輪草、鳥兜が生えだし、大きな弁慶草も生えている。寺が崎の東側で二輪草を見かけたが、一か所に群がって咲いていた。寺が崎の向こう側にたくさんの紫八潮ツツジが咲きかけていたが、一週間以内に満開になるだろう」

桜をはじめ、山荘の庭園に咲く植物や、湖畔周辺の萌え立つような新緑を観察して5月8日には帰京している。自然豊かな中禅寺湖畔は、植物愛好家

であったサトウとって、かけがえのない場でもあり、刻々と移り変わる山荘から望む中禅寺湖の雄大な風景は、故郷の湖水地方の風景を彷彿させ、56歳となっていたサトウの心と体をリフレッシュさせる楽園のような場所であった。

今でも庭の流れの脇には、サトウが植えた九輪草がひっそりと花を咲かせている。

サトウの自慢の山荘には、イザベラ・バードをはじめ多くゲストが訪れているが、1899年7月には、サトウの招待を受け、プロシアのハンリッヒ親王も山荘を訪れ、山荘への招待のお礼として、金谷ホテルでの晩餐会にサトウ一行を招待していた。

①金谷ホテルでの晩餐会

金谷ホテルのレジスターブックには、アーネスト・サトウのサインが一つ遺されている。

このサインは、1899年7月5日にプロシアのハインリッヒ親王主催の晩餐会が金谷ホテルで開催され、サトウはこれに招待されていたので、この晩餐会の時にサインをしている。

ハインリッヒ親王は、ドイツ皇帝ヴィルヘルム2世の弟で、ドイツ東洋艦隊司令長官を務めていた。日本へは公式訪問で来日し、6月30日には、明治天皇に拝謁をしている。

7月4日には、サトウの招きを受けたハインリッヒ親王一行は、中禅寺湖畔のサトウの山荘に止宿し、中禅寺湖の雄大な風景を愉しんでいる。ここでの最大のおもてなしは湖と山々の風景であった。この返礼としてサトウたちは、金谷ホテルでの晩餐会に招待されていた。

サトウの父は、ドイツ系イギリス人であったことなどから、ハインリッヒ親王に親しみを感じ、サトウの自慢で

サトウは、流れの脇にクリンソウなどの山荘を植え、足繁く山荘を訪れている

レジスターブックに遺されているサー・アーネスト・サトウのサイン（金谷ホテル所蔵）

あつた中禅寺湖の山荘に招待していたのだろう。

ベルギー公使夫人の日記にも、ハインリッヒ親王の中禅寺湖訪問がこのように記されている。

「ハインリッヒ親王は中禅寺湖にお出かけになって、サー・アーネスト・サトウの日本風の別荘にお泊まりになった。サー・アーネストは殿下とその一行のために自分の家を明け渡し、自分自身はその近くのチャーチル大佐の家に泊まった」（長岡祥三訳）

親王一行は、フォン・ヴィツレーベン大佐、ヒンツェ大尉、ライヒ博士の3人が随行していたので、4人がゲストとして山荘に宿泊をしていた。

英国公使の山荘としては手狭であったのだろう、サトウと英国公使館一等書記官のホワイトヘッド、ドイツ公使ライデン伯爵は、英国公使館付武官であったチャーチルの家に宿泊をしているが、この時点ではチャーチルの家はまだ自己所有の別荘ではなく、夏の間だけ借受していたものであった。

晩餐会が開かれた金谷ホテルの豪華なダイニングは、本格的な西洋料理を提供することで海外にも広く知られ、多くの賓客を集めている。当時すでに「ビーフステキ・ペリングソース」も提供されていたようである（『日光100年洋食の旅』）。

サトウも金谷ホテルの初代料理長である渡部朝太郎の本格的西洋料理を堪能している。

7月6日には、いったん東京に戻っていったが、翌日は日光に戻り、金谷ホテルの料理が気に入ったのだろう、ホテルで遅い昼食をとり、湖畔の山荘へと向かっていった。

ダンタン夫人の日記によれば1900（明治33）年の3月にもデンマークのヴァルデマール親王に別荘を提供した

ヨットレース（日光市立図書館所蔵）

とあり、サトウは、来日する賓客に対し風景地中禅寺湖での滞在を自身の山荘でもてなしている。

②ヨットレース

中禅寺湖にヨットが持ち込まれたのは、サトウの山荘が建てられた時期と重複している。

サトウのボートにも帆が付けられていたが、もっぱら手漕ぎで中禅寺湖の四季折々の風景を愉しんでいる。特に、湖から望む紅葉はお気に入りであった。

1899年8月16日のサトウの『公使日記』には、中禅寺湖でのヨットレースについてこのように記されている。

「8時頃虹がかかった。今日はヨットレースの日である。ホワイトヘッド夫妻と私は台湾島の近くの岸からレースを観戦した。湖の西端から風が勢いよく吹いている。ライデンとメイの乗ったボートが転覆して、カークウッドとダヌタン男爵夫人に救助された」(長岡祥三・福永郁夫訳)と波乱に満ちたヨットレースの模様を伝えている。

当時のヨットはボートに比べ帆が大きすぎてよく転覆をしている。サトウが観戦していたヨットレースには、ダヌタン男爵夫人も自己所有のヨット「アドミラル号」を操り参加しているが、このレースでも2隻のヨットが転覆している。

レースには、9隻のヨットが参加し、北岸からスタート、台湾島と呼ばれていた上野島を反時計回りに廻るコースで競技が行われていた。避暑地中禅寺湖を語るひとコマでもある。

1906(明治39)年になると、サトウの後任であるマクドナルド英国大使が初代会長となり男体山ヨット倶楽部が誕生している。

男体山ヨット倶楽部ができるとヨットレースに使われるヨットも統一され、

舟大工とゲタヨット
中禅寺湖の舟大工は、3代にわたりヨットや和舟を建造してきたが、ガラス繊維から作られる強化プラスチック製の舟が出現することにより、旅館業へと転業している。

長さ16フィート（約4.9メートル）のヨットがレースに使われるヨットとされ、ひと夏に15回ほどのレースが行われていた。

レース用のヨットの設計図はイギリスから持ち込まれ、その図面を参考に地元の舟大工によって建造されている。その艇体がゲタに似ていたことから「ゲタヨット」の愛称で呼ばれていたが、男体山ヨット倶楽部のルールブックでは「ひばり」と命名されている。

「ひばり」と呼ばれたレース用のヨットは、全艇で25隻程度造られ[2]、週末になると倶楽部会員によるヨットレースが行われている。

このヨットレースが中禅寺湖の夏の風物詩となって、ヨーロッパ的風景地に彩を添え、その賑わいは、昭和初期まで続いていた。

一時、中禅寺湖では動力舟が主流となり、ヨットは見かけなくなっていたが、近年、ヨットやカヌーなどの水上スポーツを楽しむ人々が増え、中禅寺湖畔ボートハウスが整備されると時期を同じく、毎年7月末にはヨットレースも行われるようになってきた。

コバルトブルーの水面と白い三角帆のヨットは中禅寺湖の風景にとけ込んでいる。そこには、明治から続くヨットレースの歴史があるからなのだろう。

③サトウの植物観察

サトウが中禅寺湖の山荘で愉しんでいたのは、ボートの次には植物観察であった。公使日記には、日光で観察した多くの植物が記されている。

ニッコウキスゲ

日光の山々は、江戸時代から留山（とめやま）として伐採が厳重に禁止されていたため、豊かな自然が残され、古くから植物学者が研究に訪れている。このため「ニッコウ」の名が付けられたニッコウキス

中禅寺湖のヨットレース（秋山治氏所蔵）

ゲやニッコウアザミ、ニッコウナツグミなどといった植物が約26種ある。

日光高原の夏を彩るニッコウキスゲ（日光黄菅）は、すでに江戸中期からその名が付けられていた。

1695（元禄8）年、3代目伊藤伊兵衛により刊行された「花壇地錦抄」に「日光黄菅　葉も花形もかんぞうのごとく、小りん、色うこん」とあり、1699（元禄12）年に刊行された4代目伊兵衛の『草花絵前集』にも挿絵とともにニッコウキスゲの記述がある。これも江戸時代より日光が多くの本草学者たちに注目されていた証しである。

ニッコウキスゲは「禅庭花」とも呼ばれているが、ニッコウキスゲが群生している霧降高原を日光山輪王寺の前庭に見立て、名前が付けられたのではないだろうか。

植物の種類の多い日光は、サトウにとって理想の場所であった。特に中禅寺湖の南岸の春は多くの花々が咲き誇り、公使日記にも日光で観察した多くの植物が登場している。

いろは坂途中の「中の茶屋付近」では、早春にカタクリやマンサクなどを観察している。

カタクリは、種子が地中に入ってから平均8年目でようやく2枚の葉を出して開花する。紅紫色の花を下向きに咲かせ、花が終わると実をつけ、間もなく葉は枯れる。

早春に他の花に先がけて花を咲かせ、まわりの木々や草が緑になる季節になると、地上からその姿を消す植物のことをヨーロッパでは、「スプリング・エフェメラル（春のはかなき命）」と呼んでいる。日本人が桜の花に対して抱く「はかなさ」と相通じるものがあるのだろう。

植物愛好家であったサトウは、早春の林内に可憐に咲く春の妖精ともいえ

ニッコウキスゲ

小田代のニッコウアザミ
（尾田啓一氏撮影）

小田代のニッコウアザミやノアザミは、一時はシカの食害で姿を消していたが、シカの防護柵の設置により復元してきている。

る「カタクリ」にどんな想いを寄せていたのだろうか。

日本植物友の会により編纂された『日本植物方言集』によると、日光地方ではカタクリを「ゴンベイル」と呼んでいたと記されている。「イル」とはユリの変化した言葉とみることができる。日光東照宮は権現様(ごんげんさま)であるから「ゴンベイル」という方言は「権現ユリ」の訛った言葉と考えられている。

産物の少なかった日光や栗山では、「カタクリ」も日光山への献上品の一つであった。

山荘の植物

サトウの山荘の庭には、多くの植物が植えられていた。

『公使日記』によると、5月上旬には、シャクヤクやクリンソウ、トリカブト、ベンケイソウが芽をだし、中旬には、イワカガミの花やツバメオモトらしき花、ミヤマエンレイソウ、ツクバネソウ、ユキザサなどが咲き、7月になるとユリやアヤメ、ショウキランなどの花々が咲き誇っていたことが記されている。その後、英国大使館別荘前の花壇にはスイセンやバラなども植えられていたことを記憶している。

南岸の紅葉

中禅寺湖南岸の狸窪(むじなくぼ)から阿世潟にかけての一帯には、貴重なブナ林が残されている。日光のブナ林域では、ブナよりもミズナラが多くを占めているが、このあたりではブナが多くを占め、早春の新緑は実に美しい。

さらに周辺には、アサノハカエデ、ヒトツバカエデ、ハウチワカエデ、ウリカエデなどのカエデの種類も多く、秋の紅葉シーズンには、見事な景観をつくりだしている。サトウも八丁出島へと続く入江を「紅葉(もみじ)の湾」と命名するほど、秋の中禅寺湖南岸の彩りには趣きを感じていた。

早春のカタクリ

奥日光の色鮮やかなクリンソウ

1899年10月20日の『公使日記』には、山荘周辺の紅葉についてこのように記述している。

「歌が浜まで散歩に出かけたが、片側が湖面まで崖になった森はあらゆる色に彩られ実に美しかった。ところどころで濾油(こしあぶら)の大きな葉が地面一杯に散って、まるで敷物を敷きつめたようだった」(長岡祥三・福永郁雄訳)と、彩り鮮やかな奥日光の秋に深い感動を覚えていた。

サトウは、特に八丁出島の紅葉には心を奪われていたようで、『公使日記』には、「寺が崎の紅葉は特に素晴らしく、淡い黄色から濃い赤まであらゆる色で彩られている。岬は我が家の正面にあるので、景色を楽しむには絶好の場所だ。岬まで歩いて尾根伝いに突端まで行く。白根の頂上は少し雪を被り、男体の頂上にもちらほら雪が見える」(長岡祥三・福永郁雄訳)と、八丁出島の燃え盛る紅葉の絶景とそこからの素晴らしい眺望を書き残している。

八丁出島の紅葉の秘密

八丁出島は中禅寺湖南岸に長靴状に延びた岬で、長さが8丁(約870メートル)に見えたことからその名前が付けられたともいわれている。実際には長さが約500メートルで、その面積は約4ヘクタールとなっている。

岬の先端には今では痕跡もなくなっているが「寺ガ崎薬師寺」があったといわれ、そのために岬の先端部を寺ヶ崎と呼んで、中禅寺湖畔の紅葉の名所となっている。

八丁出島の紅葉の色づきについて2008(平成20)年、日光自然博物館が実地調査を行っている。この調査結果について新聞では、次のように報道されていた。

「八丁出島の約4ヘクタールには、落

早春の中禅寺湖南岸のブナ林

早春の狸窪から望む白根山
八丁出島越しに白根山が望める。

葉樹と常緑樹合わせて44種類。このうち赤色を構成するのは13種類でヤマモミジ、ハウチワカエデなどのカエデ類のほか、ひときわ赤色がさえるナナカマドも岬の大部分で確認され、ヤシオツツジ、シロヤシオ、トウゴクミツバツツジなどのツツジ類も多くあることが確認された。

より多彩なのは黄色系だ。山地帯の湖畔を代表するミズナラやブナ、ホオノキ、リョウブなど26種。カバノキ科はシラカバ、ダケカンバに加えてウダイカンバ、オノオレカンバ、ジゾウカンバの5種類が確認できた。

常緑樹は4種。ウラジロモミ、コメツガのほか、ネズコに加え、葉先がとがっていることが特徴のハリモミもあった。緑色は赤色の補色で、互いに引き立てる効果があるといわれている。

白系と分類されたのがコシアブラだ。通常でも葉の裏側は白く、秋になると黄変して限りなく白に近づく。無彩色の白は、色のあるものと調和して、有彩色の輝きを増す効果がある」と、自然が生み出した配色の妙を紹介している。

サトウも約120年前に八丁出島の淡い黄色から濃い赤まであらゆる色で彩られた自然が織りなす絶妙な色彩を満喫していた。

④中禅寺湖での釣り

イギリス人にとって鱒釣りは紳士の嗜みとされ、スポーツや娯楽の中でも最も人気が高かったが、サトウはあまり釣りを得意としてはいなかったようだ。

1899年5月5日の『公使日記』には、「群をなして泳ぐ魚を観察した」と、中禅寺湖の魚影が濃いことが記述され、翌日には、「提督と私は釣糸を垂れながら入江を回って阿世潟へと漕いだが、

半月峠展望台から見た八丁出島

一匹も釣れなかった。そこで菖蒲ヶ浜まで漕ぎ渡り、川の出口から少し離れたあたりで小さな鱒を一匹釣った」（長岡祥三・福永郁雄訳）と釣果が記されている。

『公使日記』を見る限りでは、釣りについての記述はこの時の1回だけである。

中禅寺湖の魚類の歴史

先述したように中禅寺湖は、華厳の滝が魚類の遡上を阻止し、さらに宗教的霊地とされ、魚類の放流は固く禁じられていたため、魚類の生息しない地域であった。中禅寺湖は、どのようにして釣りの聖地と呼ばれる湖に変貌したのだろう。

1873（明治6）年に、当時の二荒山神社柿沼広身宮司が、宗教的戒律を解いて中禅寺湖への魚類の放流を許したといわれており、その由来の碑文が二荒山神社中宮祠境内に遺されている。

この年に、星野定五郎が大谷川で捕獲したイワナ2,200匹を放流したのが記録に残る最初の放流であった。

その後、1874（明治7）年には、コイ、フナ、ウナギ、ドジョウが放流され、1876（明治9）年にはウグイが放流されている。

「釣りの聖地」中禅寺湖の誕生

地元住民の熱意から、1881（明治14）年に当時の農商務省は、いろは坂下の深沢に孵化場を設置し、琵琶湖よりビワマス、北海道根室からサクラマスの卵を移入して、1882（明治15）年から3年にわたり、中禅寺湖に孵化放流を実施している。

放流結果は良好で、1886（明治19）年には、地元の有志により中宮祠漁業組合[3]が設立され、10月29日付の『下野新聞』には、農商務省で試験捕獲をしたところ、鱒は、1尺8寸（約54センチ）に成長していると報じている。放流さ

魚放流の碑

れた魚は、同年まで捕獲は一切禁止されていた。

翌年には、中宮祠漁業組合が、農商務省の斡旋でアメリカ・カルフォルニア州からニジマスの種卵、8,000粒を輸入して、4,000匹の稚魚を中禅寺湖と湯川に放流したことが記録されている[4]。

養殖技術が発達していない時代に、これを成し遂げた地元の人々は、日本における魚類の人工増殖の偉大な先覚者でもあった。

漁業組合の設立など地元の動きを受け、1890（明治23）年には、深沢の孵化場が中禅寺湖畔の菖蒲ヶ浜に移され、その運営は、組合が委嘱され行うこととなった。

1902（明治35）年および1904（明治37）年には、グラバーやパレットなどによりカワマスの発眼卵が輸入されて、菖蒲ヶ浜の孵化場で孵化された後に、湯川に放流されているが、発眼卵の孵化は、地元組合員の手で行われていた。これが日本で初めてのカワマスの放流であった。

カワマスの原産地は、アメリカ北東部およびカナダで、原名はブルック・トラウト（Brook trout）と呼ばれている。1902年には、アメリカ・コロラドから発眼卵2万5,000粒を輸入して、1万5,000匹を孵化させ、湯川に放流し、さらに1904年にも2万5,000粒を輸入し、稚魚2万2,750匹を放流しているが、この放流記録を見ると、確実に地元の人々の人工増殖技術は向上していった。

中禅寺湖やその流域は、ビワマス、サクラマス、ニジマスなどの放流により、サケ科淡水漁の繁殖地として広くヨーロッパにも知られるようになり、このことが、ヨットとともに国際的リゾート地として形成される大きな要因

菖蒲ヶ浜の孵化場
（『岩波写真文庫　日光』から転載）

さかなと森の観察園内にある「川鱒増養殖発祥の地」の石碑

ともなっていった。

1924年になると、内外の貴顕紳士を会員とする「東京アングリング・エンド・カンツリー倶楽部」が発足し、国際的リゾート地としての最盛期を迎えるようになっている。

中禅寺湖のような閉鎖的な水域に魚類が定着し、自然の生態系を形成するまでには、長期にわたる人工増殖の努力が必要とされ、現在でも地元の人々により、この努力は続けられている。

このような地元の人々の努力は、中禅寺湖が釣りの聖地と呼ばれ、日本のリゾートの発祥地へと発展させる大きな契機となり、その努力は結実していった。

しかし、2011年3月11日の東日本大震災により、中禅寺湖のマス類などから国の定める放射性物質基準値(100ベクレル)を上回る数値が検出され、ワカサギ以外の魚の持ち出しが禁止されている。

一時期は、釣り人も激減したが、幸いなことに、キャッチアンドリリースなどの新ルールの導入により、スポーツフィッシングの場として、若い釣り人でにぎわう風景が戻りつつある。

先人の努力に対しても、1日も早い「釣りの聖地」としての中禅寺湖の再生を願いたい。

2016年の1月から『下野新聞』で東日本大震災から5年を迎え、中禅寺湖の現状を「グラバーへの手紙」と題して特集が組まれている。その中で、閉鎖的水域である中禅寺湖の厳しい現状とともに、スポーツフィッシングの聖地として、釣り人が戻りつつあるとも報じている。一方で、生態系のバランスなどの問題も残されている。

2 登山と武田久吉

　サトウも若い頃には、北アルプスや南アルプスそして日光連山の山々を踏破し、日本へ近代登山を導入した1人であるが、52歳となりスポーツとして登山を愉しむことは少なくなっていた。

　それでも憧れの山である白根山や男体山の登山に挑んでいる。

　1895（明治28）年9月5日には、パーロウとパレットを同行して湯元から白根山へ登っている。

　サトウが白根山へ最初に登ったのは、1877（明治10）年9月で、片品側から白根山に登っていたが、この時は天候が悪く山頂から眺望は望めず、山頂から金精峠に向かう途中、道に迷い遭難の騒ぎとなっていた。そのような18年前の登山を想起していたのだろう。

　この日の白根登山は、天候に恵まれ山頂からは、360度の大展望が望め、「富士山、甲州白根連山の峰々、赤城山、男体山、女峰山、大真名子山、太郎山などの山々」を眺望していることが『公使日記』に記されている。長年、白根山にはもう一度登りたいと思っていた願いがようやく叶えられ、山頂からは足下に五色沼などの宝石をちりばめたような火山湖が点在し、その風景はアルペン的風貌を見せていた。さらに翌日は、男体山にも登っている。特命全権公使に任命された後の奥日光での登山は、この2回だけであった。

　健脚であったサトウは、もっぱら山荘周辺の阿世潟峠などへのトレッキングを愉しんでいる。このことが外交官としてのサトウの生活を支える根源であったのかもしれない。「登山はもう息子たちにまかせた」との彼の声が聞こえてくるようだ。

中禅寺湖の自然の中で釣りを楽しむ釣り人
（2015〈平成27〉年6月撮影）

白根山頂から男体山、中禅寺湖を望む
（日光自然博物館所蔵）

①武田久吉と日光

　武田久吉は『尾瀬と日光』の「序に代えて」の中で、自己の登山史をこのように書いている。

　「私の登山史は、日光の山から始まったといって好い。明治31年8月末、日光三山がけの時が最初であった。尾瀬への初めての旅は矢張り日光からである。……日光も明治40（35年？）の大暴風雨を最後として、段々足が遠ざかった。清滝に精銅所が出来て（明治39年5月）枯木の数が多くなり、足尾の毒烟に、中禅寺湖南岸の峰々が禿げるようになった、昔の日光を知るものにとって、少なからぬ淋しさを感ぜしめる。湯元も俗悪一方に馳り失望の感を深くさせられる外なかった。それにしても、私の心の奥には日光山の名は第二の故郷ともいふべき程の、反響を喚び起こすに十分である」と、青春時代の夏を日光で過ごしていたことを書きのこしている。

　最初となる日光での避暑生活は、サトウの山荘が完成した1896年の夏の約1カ月を日光山の古刹である浄光寺で過ごしている。

　当時の日本人で避暑生活を過ごしていた人は、ごく一部の人に限られていた。これも外交官サトウの家族だからできたことであろう。

　最初の日光での避暑生活では、鳴虫山の北斜面や外山に登っている。この夏の8月には、父サトウや母兼、兄の栄太郎と一家揃って日光湯元温泉へ1泊の旅をしているなど、日光は、サトウ一家にとって家族団欒の地でもあった。

　晩年の久吉は、「明治29年の夏を振り出しに日光山とは、深い縁で結ばれ……花の姿を求めて大小の山峰を上下すること70有余年」と、昭和46年に上梓した『明治の山旅』の中で日光の思

い出を記している。

本格的登山となる「日光三山がけ」は、1898（明治31）年8月31日から9月1日までの1泊2日の行程で、兄の栄太郎とともに案内人を従えて女峰山、大真名子、男体山の三山を踏破していた。久吉が15歳で栄太郎が18歳となった夏であった。

「日光三山がけ」の久吉たちがたどったコースは、案内人が裏見の滝にあった茶屋の主人であったため、裏見の滝からモッコ平、馬立を経由して唐沢小屋で休息後に、標高2483mの女峰山頂にアタックしている。

女峰山頂に到達した久吉たちには、山頂からの眺望を楽しむ余裕はなかったようだが、山頂付近で初めて目にしたハイマツの群落には大きな感動を覚え、山頂でしばらく休憩を取った後、帝釈山、富士見峠へと向かい、志津の行屋で一夜を明かしている。

志津の行屋では夏ではあったが、毛布などの用意もなく、焚き火で暖を取ったが寒さで眠れぬ一夜を過ごし、翌朝は、志津から2時間半をかけ男体山山頂に達している。

山頂からは、遠く富士山を望み、急峻な山道を中禅寺湖へと下っている。その後、湖畔にあった茶屋で遅い昼食を取り、山内の宿舎へと戻っていった。この時の山内の宿舎は、浄土院であった。武田家の山内の別荘は、この登山の翌（明治32）年に建てられている。

②日光は植物研究の実学の場

2度目の女峰山登山は、1901（明治34）年8月10日に父アーネスト・サトウがたどった二荒山神社・行者堂コースを採集胴乱を肩に単独で登っている。

その数日後には、植物学者の牧野富太郎に誘われ、山草家の城数馬など総

女峰山頂から望む奥白根
（1972〈昭和47〉年11月、著者の「日光三山がけ」の際に撮影）

現在の志津小屋

勢6人でコウシンソウの採取を目的に3度目となる女峰山への登山をしているが、途中、七滝の観瀑台では、東宮殿下（後の大正天皇）一行と遭遇し、滝を観瀑するよう勧められている。

その後、唐沢小屋付近の崖地で花は咲き終わっていたが、コウシンソウを採取し、女峰山山頂付近の高山植物の花々を愛でている。

女峰山には、その後も毎年のように登っており、武田久吉が植物学者・登山家になるきっかけとなった思い出深い山でもある。

ニョホウチドリの学名の由来

女峰山も白根山と同様に高山植物の宝庫で、明治以前から薬草の採取地として有名であったが、明治になり近代植物学が日本に誕生すると、矢田部良吉、松村任三、牧野富太郎など多くの植物学者が日光を訪れ、日光地方の植物を研究している。

女峰山で発見された代表的な高山植物には、ニョホウチドリがある。

武田久吉の著書『続原色日本高山植物図鑑』の中には、「紅色の地に濃紫紅色（こむらさきべにいろ）の点がある。花期は7月。……日光女貌山の中腹木坂と呼ばれる所で発見されたのでこの名がある。本来ニョボウチドリと称すべきであるが、同山を女峯山と書くこともあるので、ニョホウチドリと名付けられた。学名の種名は城数馬、五百城文哉両氏の記念名。城氏は山草観賞に熱心で、諸国の高山に登って材料を求め、五百城氏はその栽培に助力していた」と、記されている。

ニョホウチドリの学名は、1900年に牧野富太郎によって同定され、その学名には3人の名前がのこされている。(*Orchis joo-Iokiana* Makino) 武田久吉は、この新種の発見を間近で観て、図鑑に書き遺している。

トラキチランとムシトリスミレ

女峰山登山の翌年となる1902年には、太郎山麓で採集したランに、案内人であった日光七里の神山寅吉を記念して「トラキチラン」と命名し、1905（明治38）年には、白根山でムシトリスミレを採集、さらに同年、「日光山らん科植物目録」を発表しているが、松村任三の「日光山植物目録」に出てこない種を新たに4種追加している（『日光の植物研究略史』）。このように日光の山々は、武田にとって植物研究の実学の場であった。

ムシトリスミレについては、日本山岳会初代会長を務めた小島烏水（うすい）の著書『アルピニストの手記』に次のようなエピソードが記されている。「英国人サトウにも、たしか明治12、3年頃に八ヶ岳で未知の植物をみつけ、これを採集した。それがタヌキモ科のムシトリスミレの発見だったというのである。サトウはこの植物の同定を伊藤圭介に依頼したところ伊藤は、ミヤマミミカキグサと命名した。後に伊藤は粘液をもつ草といういみでネバリソウと改名した。明治17年に矢田部博士が戸隠山でこれを採集し、ムシトリスミレと名づけたので、これが一般に通用するようになった」と、サトウの新種植物の発見の話しが記述されている。このことは、当時サトウは日本人の間でも植物愛好家として知られていたことを物語っている。武田は父の植物に対する真摯な取り組みを目にすることにより植物学者への道を進んでいった。

③尾瀬への初めての旅

武田久吉が初めて尾瀬を訪れたのは、22歳となった1905年7月であった。

この時に参考としたガイドブックは父アーネスト・サトウがまとめた『中央部・北部日本旅行案内』第2版で

金精峠付近から見た湯ノ湖と男体山

あった。この中に記載されている尾瀬への紀行文は1896（明治9）年にエルヴィン・フォン・ベルツの日光から尾瀬そして日本海への行程を参考としているが、しかし武田は、「たとえ体験に基づいた記事にせよ、はなはだ簡単にすぎなかった」と、書きのこしている。当時は、尾瀬という地名すら世に知られず、東京大学で植物を学ぶ早田文蔵が1903（明治36）年に発表した「南会津並にその付近の植物」という簡単な報告書（ナガバノモウセンゴケの採集など）を目にし、尾瀬への旅を思い立っている。

この時の尾瀬への旅は、湯元温泉を出発し、金精峠を越え、戸倉で尾瀬の案内をする地元の熊猟を専門とする猟師を雇い、鳩待峠から尾瀬ヶ原、尾瀬沼へと入っていった。

初めて目にする尾瀬の美しい風景、変化に富む植物景にただただ驚嘆をしている。

尾瀬からの帰路は、三平峠から四郎岳の東肩あたりを越え、丸沼に出て金精峠を越え、湯元温泉に戻っている。4泊5日の夢のような山行であった。

この初めての尾瀬紀行で尾瀬が植物学的に貴重な場所で、他に見られない風景地であることを認識し、翌年に発行された「山岳」創刊号に「尾瀬紀行」として発表している。

これが尾瀬を紹介した本格的な最初の紀行文といわれ、この紀行文では、尾瀬の植物や景観をこのように描写している。

「チングルマの残花の黄色が、イワカガミの紅色と好対照をなしている。湿った木陰にキヌガサソウの白い花が、放射状に伸びる葉の真ん中に一つ咲く美しさは、たとえようもない」と、目にする植物の美しさを書きのこしている。

チングルマ

イワカガミ

キヌガサソウ

尾瀬の景観については、次のように描写している。

「尾瀬の景観を日光にたとえると、燧ヶ岳は男体山、尾瀬沼は中禅寺湖で、尾瀬ヶ原は赤沼ヶ原に似ている。しかし、尾瀬ヶ原の広さは戦場ヶ原など到底及ばない。ほんとうに汚れのない自然を愛し、仙境に遊ぼうと思う人は、俗悪な箱根に遊んだり日光の人工美を見るよりは、尾瀬山中で原始的な生活を営むべきである」と、尾瀬の自然美について細やかに観察し、その雄大な自然を賞賛している。

日光と比較して尾瀬を賞賛しているのは、当時の中禅寺湖南岸では、足尾銅山の煙害の影響が出ていた時期でもあった。

この尾瀬紀行文により、尾瀬の名は登山界に知れ渡っていった。その後、尾瀬の貯水化による発電所計画が持ち上がった折には、計画に反対する意見を著書や新聞紙上で展開し、現地で尾瀬の自然保護運動を牽引していた平野長蔵（尾瀬長蔵小屋主人）と交流を持ち、運動の指導的役割を果たしている。

④尾瀬の保護運動

当時の状況を武田は、日本自然保護協会機関誌「自然保護」第2号でこのように書いている。

「(尾瀬の水電問題は) 日露戦役（明治37〜38）年直後、企業熱が盛んであったころに端を発したらしく、最初は素人考えで、只見川源流を赤田代あたりでせき止めれば尾瀬ヶ原は格好な貯水池になると見当をつけたらしい。地質調査などもちろんやってみるはずがない。大正十一年であったか、今度は尾瀬沼にも飛び火して、沼をも貯水池としようとする計画があったので、それを阻止するには、この地を国立公

尾瀬沼と燧ヶ岳

『仙境 尾瀬の景観』

園にしてもらえたなら、あるいはどうにかなろうと、平野長蔵翁が私の所に相談に来たことがある」

ここから尾瀬を水力発電から守ろうとする平野長蔵や武田久吉の粘り強い尾瀬の自然保護運動が始まっている。

その後、尾瀬の国立公園指定に向け動いていたのだろう。

1928（昭和3）年6月には、東京営林局の嘱託を受け、国立公園行政で指導的役割を果たし「国立公園の父」とも呼ばれた田村 剛（たけし）林学博士（1890～1979）と尾瀬の調査を行い、共著となる『仙境 尾瀬の景観』を著している。本書は、1,000部ほど出版され、尾瀬の風景と植生は国宝であることを強調し、水力発電計画反対の世論を高める役割を果たしている。

この詳細な調査日記は、1930年（昭和5年）に武田により上梓された『尾瀬と鬼怒沼』の中に「春の尾瀬」と題して著し、その最後の行は、「こいねがわくはわが熱愛する尾瀬に、限りなき幸あれ！」という熱い想いで結ばれている。

国立公園制定の中心的役割を担った田村は、東京営林局の嘱託による現地調査時に、平野長蔵や武田久吉の考えを受けて、尾瀬を日光国立公園候補地に含めて、水力発電計画から守ることを決意していると見える[5]。

その結果、1934（昭和9）年に日光国立公園が指定される際に、尾瀬地域も日光地域とともに、日光国立公園として指定をされ、尾瀬の自然を愛する多くの人々により、その秀逸なる自然は保護されてきた。

一方で武田は、1924（大正13）年の尾瀬への2度目の訪問の途中、群馬県片品村鎌田の集落で、国立公園うんぬんという立て札を見て、「国立公園の意味も詮議しないで、一途に金のもうかる位に心得、小役人の扇動に乗った

尾瀬の美しい草紅葉と三本カラマツ

ヤナギランの丘にある武田博士追慕の碑

り、政党屋の食いものとなるもしらずに、期成同盟会などというものを設けて、さわぎまわる田舎人は気の毒なものである[6]」と、地元住民の国立公園誘致運動について辛辣に書いている。

⑤国立公園運動

日本における国立公園運動は、1911（明治44）年、日光町長であった西山真平[7]により第28帝国議会に国立公園の設立を要求する、「日光山ヲ大日本帝国公園ト為スノ請願」や、富士山を中心とした「国設大公園設置ニ関スル建議」から始まっている。

日光町からの請願は、日光山では明治以降荒廃が激しく、特に1902年に発生した「足尾台風」で、大谷川や稲荷川が氾濫してその周辺では大きな被害が発生している。その復旧・保全は地元の力だけでは困難であり、国が管理する公園として、「欧米ニ於ケル国ノ公園ニ遜色ナカラシ（そんしょく）」めてほしい、というものであった。この請願は、明治12年に設立された保晃会創設の背景にすでにあったものである。

その翌年にも請願は、帝国議会に提出されている。この請願では、景勝地の保全に加え、「名所旧跡ノ復旧ハ勿論其他ノ佳絶ナル勝地ヲ開発シ以テ内外各国人ノ遊覧所ヲ拡張」することを要求している。つまり、国においての日光山の復興・保全と観光開発を要求していた。

1920（大正9）年から内務省で国立公園調査が始められ、誘致運動が本格化してきているが、武田が書き残しているように、当時の地元住民の期待は、自然の保全よりも観光地としての開発にウエートがあったと見ていいのだろう。

田中正大氏の著書『日本の自然公園』の中には、1931（昭和6）年に公布され

1962（昭和37）年に発行された日光国立公園の切手

た国立公園法の背景には、世界大恐慌の時代、「外国人誘客を行い外貨獲得のために出てきたのが国立公園」であったと、明記されていることなどから、国際観光振興策の一環としての側面も国立公園の制定の背景にはあったものと考えられる。このため、植物学者である武田博士は、このような考えには反発していた。

日本の国立公園は民有地も含め公園として設定される、いわゆる地域性公園であることから、その大きな課題は、「保護と利用」とされているが、国立公園運動が始まった明治期からすでに、この相反する問題は内包され、地域住民は「利用」に軸足を置いていたことが窺える。

3　サトウの最後の日光訪問

サトウの最後となる日光訪問の様子を日記などからたどってみたい。

武田久吉が初めて尾瀬を訪れた翌年の1906年5月にサトウは、6年間の北京での勤務を終え、英国に帰国途中、家族の待つ日本に立ち寄っていた。

5月29日、サイベリア号で横浜港を出港する予定となっていたが、検疫の都合で10日間延長され、その期間を利用して、サトウは久吉とともに、サトウが愛した日光を訪ねている。

5月31日から6月5日までの5泊6日となる旅であった。これがサトウの最後の日光への旅となっている。

日光で定宿としていた日光ホテルの主人、新井秀徳が今市まで汽車を使い出迎えに来ていた。日光に到着すると、東照宮の裏手にあたる稲荷川の縁に新しく開設された高山植物園を見学し、懐かしい思い出が残る日光ホテルで一夜を過ごしている。

①日本初の本格的高山植物園

サトウと久吉親子が訪れた高山植物園は、我が国初の本格的な高山植物園となるもので、1902年に日光稲荷川畔の仏岩付近に開園された、東京帝国大学附属植物園日光分園である。

『日光市史』によると、当時の小石川植物園園長であった松村任三[8]は、会津出身である東京帝国大学総長の山川健次郎[9]から高山植物の研究・実習のできる施設を創るようにとの命を受け、同郷の水戸人で高山植物の画家でもあった五百城文哉や東照宮宮司を務めていた中山信徴(のぶあき)[10]など旧水戸徳川家の系譜の人々の協力や、五百城文哉と交流のあった山草会の城数馬[11]などの協力を得て開園されたことが書かれている。

小石川植物園が徳川幕府の薬草園を引き継いだのと同様に、徳川家の血族である親藩につながる人々により、徳川家縁故の地である日光に、1902年に日本初となる本格的な高山植物園が開園されている。

武田久吉は、「日本山書の会」が昭和45年に発行した機関誌『山と人・山岳』の「高山植物今昔談」の中で、東京帝国大学附属植物園日光分園の開園について五百城文哉が尽力していたことについてこのように記している。

「日光町の萩垣面(はんがきめん)は、稲荷川の左岸にあり、そこには興雲律院という名刹がある。その東北に当って少数の人家のある奥まった所に、画家五百城文哉氏が棲んでいた。……明治の中頃には、一時農商務省に仕官して森林植物などの図を描いていたとかいうが、日光に隠棲してからは、写真を基として、日光の廟社の絵を水彩に描き、鉢石町の外国人相手のキューリォショップに販(ひさ)いで、衣食していた。生来器用な人で、庭に種々の植物を植えている中、訴訟事件の事から城氏と知り、山草が

仏岩の六部天
仏岩の名前の由来は日光山の開祖、勝道上人の霊廟である開山堂裏側の切り立った断崖に仏に似た岩が並んでいたので仏岩と呼ばれていたが、地震で崩れてしまい、現在は六部天の石仏が安置されている。

好きでも適当な培養地に事を欠いた城氏の採品を預かって庭に植えていた。こんな事から、牧野先生も、此処を根城として日光に採集されたり、又同郷の関係から、松村任三先生も訪問されたりした、そして日光に大学の植物園が出来たについては、五百城氏の慫慂(しょうよう)や奔走(あずか)も与って力があったことと思われる」。

五百城文哉の邸宅は、当時の植物研究家たちの文化サロンともなっており、ここに集った人々、特に地元に居住していた文哉が中心となり、日本で最初の本格的な高山植物園を開設したことが、書きのこされている。

ここに書かれている「外国人相手のキューリォショップ」とは、1894（明治27）年に旧壬生藩士であった守田兵蔵(ひょうぞう)により開業された美術工芸品の展示販売を行っていた「鐘美館(しょうびかん)」のことだろう。

仏岩にあった高山植物園は、稲荷川の氾濫や敷地が狭かったことなどから、その後、1911年には田母沢御用邸に隣接した現在の花石町に移転しているが、この植物園は開園当時から一般公開をしていたようである。

1906年5月31日には、サトウと久吉親子が植物園を訪れ、サトウの日記には、「稲荷川の縁の仏岩に最近開設された高山植物園を見に行った。瓔珞(ようらく)ツツジが咲いている」（長岡祥三・福永郁雄訳）と、書きのこし、20数年前に小石川植物園でディキンズや伊藤圭介から植物について学んでいた日々を想い起こしていたのだろう。

②避暑地中禅寺湖の変貌

6月1日には中禅寺湖へと向かっていった。

新緑の美しい中禅寺湖で久吉とともにボートを漕ぎ、かつての山荘を訪れ

現在の東京大学附属植物園日光分園
日本最初となるロックガーデンは、1894（明治27）年、五百城文哉の自宅に造られたロックガーデンが最初といわれているが、日光植物園のロックガーデンも植物園の見所の一つとなっている。
日光植物園の東側が田母沢御用邸であることから、避暑で訪れていた大正天皇も好んで散策し、「お帽子掛けのクリの木」と呼ばれるクリの木が現在も遺されている。

ている。庭が見違えるように手が加えられ、たくさんのシロヤシオが咲いているのを見て、愛着を持って造成した庭が美しく管理されていることに安堵していた。

さらに日記には、「そこからチャーチルが使っていた家と、1900年に建てられたチータムの家に寄る。帰りは徒歩で帰ったが、歌の浜とホテルの間に2、3軒の新しい家が建っていた」（長岡祥三・福永郁雄訳）と、仲間の別荘に立ち寄っていたことや、新たな建物が建てられていることが記されている。

チャーチルは、英国公使館付武官であり、チータムも英国公使館2等書記官を務めていた。2人ともサトウが日本の公使時代に、中禅寺湖畔でともに避暑生活を送っていた仲間であった。

チャーチルの別荘建設については、1899年10月18日のサトウの日記に「紅葉の眺めを楽しんだ。岸に上がって、伊藤（浅次郎）、和泉屋、大工の棟梁を伴ってチャーチルの別荘予定地の区画を定める。それと砥沢の流れに架かっている現在の橋より一段と高い橋のことを相談する」（長岡祥三・福永郁雄訳）と、記されているところから、チャーチルの別荘は、六軒茶屋で宿を営んでいた和泉屋が、借受していた土地に建てられたのだろう。いずれにしてもチャーチル、チータムの別荘は、サトウの斡旋により1900年に建てられていることは間違いない。

1900年4月7日の日記には、「オトリーの家とチータムの地所を調べに出かけた」（長岡祥三・福永郁雄訳）と記されているが、この日光訪問が、駐日英国公使として日光を訪れた最後であった。

オトリーとは、この年の1月に赴任してきた、英国公使館付海軍武官であるオトリー大佐である。

湖畔にある外国人別荘の建設は、従来、地元の宿の主人が土地や、大工の手配をしていたが、英国公使館関係者の別荘用地などについては、サトウが直接調整をしていたことが、日記から窺い知れる。湖畔には、イギリス人の別荘が多く建てられていたが、これは、サトウの貢献するところが大きかった。

サトウは、これらの別荘の完成を見ずに1900年5月、日本を離れているので、どのような別荘になっているのか気になり、チャーチルとチータムの別荘に立ち寄っていたのだろう。

中禅寺湖畔に多くの外国人別荘が建てられた時期は、日露戦争以降といわれているので、サトウが最後に中禅寺湖を訪れていた頃が、別荘の建築ラッシュの時期であった。

皇室の侍医を務めていた、ベルツ博士の1904年7月5日の日記には、「外交官や在京外国人のお歴々が、半日本式の建家で夏を過ごし、乗馬やボート、ヨットなどを楽しんでいるが、日本人の上流階級はほとんど来ない。これらの外国人のあいだでは、窮屈に感じるからだ」と、記している。この時期は、日露戦争の最中であったが、中禅寺湖畔には、別世界が広がっていた。

田山花袋も1916（大正5）年に上梓した『田山花袋の日本一周』の中で、中禅寺湖と外国人についてこのように書いている。

「中禅寺湖と外国人、これが一種の色彩あるカラーを作っていると私は思っている。中禅寺湖は外国人の湖水であると言ってもよいほど、それに外国人と調和を保っている。外国人が二人ずれで、手を組み合わせて湖水の岸などを散歩しているのを見ると、ここは日本ではないのではないかと、思われるくらいである」と、田山花袋の眼に映る中禅寺湖の風景は、まるで外国

明治末の戦場ヶ原（三本松）から望む男体山
（『日光大観』より転載）

現在の戦場ヶ原（三本松）

のようで、大正初期には、国際的な山岳避暑地に変貌していることが記されている。

サトウと久吉は、この日、湖畔の東岸にあるレーキサイドホテルに止宿している。

6月2日には戦場ヶ原の植物を観察しながら湯元温泉に向かい、新しく建て替えられた南間ホテルに止宿している。湯元でも久吉とともに周辺の植物を観察しながらゆったりとした時間を過ごしていた。

翌6月3日には、残雪に覆われた金精峠に向かっているが、サトウは頂上まで行かずに久吉1人で頂上まで行き、アオジクスノキを初めて採取している。サトウは息子の成長を実感していた。

6月4日には、星野五郎平が7年の歳月をかけて華厳の滝を正面から観賞するための道を1900年に開削していたので、この道をたどり華厳の滝や、今までは見ることのできなかった、白雲の滝を観瀑しながら再度、日光ホテルの客となり、翌日の6月5日には日光鉢石の土産店で日光下駄を購入して東京へと戻っていった。これがサトウにとって日光との最後の別れとなった。

6月9日、サトウはサイベリア号で横浜を出港、アメリカに向かう。アメリカでは長男栄太郎に会い英国へと戻っていった。

英国に帰国後は、45年間に及んだ外交官生活を引退し、ハーグの国際仲裁判所の英国代表評議員に任命され、6年間その職にあった。

隠棲後の住居は、ロンドンの西南約240キロにあるデボンシャー州オタリー・セント・メリーで、煉瓦造りの瀟洒な家を購入し、庭には日本から取り寄せたソメイヨシノなどの木々を植え、読書と散歩の日々の中で、1921（大正10）年には、日本に初めて着任した、6年

湯元温泉と湯ノ湖

明智平から見る華厳の滝と白雲の滝
白雲の滝は中禅寺湖の浸透水が華厳渓谷の溶岩のすき間から流れ出ている。年間を通じて豊富な水量が落下し、華厳の滝とともにその美しい姿を眺めることができる。
白雲の滝は、五百城文哉と城数馬により「白雲の天上に登る如き」から、その名が付けられたといわれている（『日光四十八滝を歩く』）。

半の維新開国の激動の動きを詳細な記録で綴り、A DIPLOMAT IN JAPAN(『一外交官の見た明治維新』)と題してロンドンで出版している。「あの時期が最も光輝いた時」と、サトウは記している。1929(昭和4)年8月26日、忠実なバトラーであった本間三郎に看取られ86歳で永眠となった。

③武田久吉とサトウの想い

武田久吉は、サトウとの日光の旅の翌年となる、1907(明治40)年4月に札幌農学校講師として札幌に赴任し、本格的に北方の植物調査を進めている。

1910(明治43)年には渡英して、王立キュー植物園で植物の分類と形態を研究しながら、ロンドンの王立理工科大学に入学、植物学、木材学等を習得した後、同校で教鞭を取ること2年、さらにバーミンガム大学研究科で淡水藻類の研究を行い、多くの論文を発表しているが、特に1913(大正3)年に発表された『日本の植生』(Vegetation of Japan)は、当時は日本全体の植物が世界に紹介されていなかった時代で、この論文はその先駆けとなったものであった。同年には、渡英前に調査を進めていた「色丹島植物誌」をイギリスのリネン学会から発表している。

サトウにとって、久吉が植物学の分野でなお一層の研鑽を積むため、英国に留学し、次々に論文を発表していたことは、大きな喜びとするところで、自分の若き日々を想起していたに違いない。

この2編の論文を目にしたサトウは、久吉が一流の植物学者になったことを確信して、母の待つ日本に帰国するよう勧めている。アーネスト・サトウの最大の功績は武田久吉を植物学者・民俗学者として育てあげ、日本に帰国させたことである。

金精道路から仰ぐ金精山、2244m

1916年、日本に帰国した久吉は、理学博士を授与され、京都大、九州大、北海道大などで教壇に立ち、日本における植物学の普及に努めている。

　そのかたわら自然保護に尽力し、日本自然保護協会理事や国立公園協会評議員などを歴任し、日本植物学会および日本山岳会の名誉会員でもあり、1948（昭和23）年からは、日本山岳会の会長にも就任し、近代登山の普及啓発にも努めている。1964（昭和39）年には、勲四等旭日章を授与され、1978（昭和47）年に89歳で没している。日光の自然を愛したサトウの想いは、息子の久吉に受け継がれ、特に尾瀬の自然保護に尽力した功績が大きい。

　久吉も父サトウ同様に筆まめな人で、遺した著書は『明治の山旅』、『尾瀬と鬼怒沼』など20冊に余り、そのほか新聞や雑誌などの寄稿類も多く、この中で日光の山々を広く紹介している。

　特に、1951（昭和26）年に出版された『岩波写真文庫　日光』は、日光の山の神様とも称された矢島市郎と共同監修された小冊子であるが、単なるガイドブックではなく、日光の歴史、文化、自然が植物学者・民俗学者のフィルターを通して紹介され、2人の日光への熱い想いを今に伝える一冊となっている。

　この小冊子は、勝道上人の日光開山の歴史から始まり、二社一寺や日光の自然が記されており、アーネスト・サトウが著した『A Guide Book to Nikko』（日光案内）を見ているようでもある。

　日光や尾瀬をこよなく愛した武田久吉は、没後に遺族の手により分骨され、父アーネスト・サトウが愛した日光の地に眠っている。

サトウの原風景とその想い

　サトウの日本に抱いていた原風景は、

『岩波写真文庫　日光』

「青い海に洗われた、遠くにそそり立つ崖」であった。中禅寺湖には、サトウが日本に抱いていた原風景が遺されている。

中禅寺湖を海と見立てていたサトウの目に映る南岸の風景は、「青く透明な水、そそり立つ崖」として観ている。それは日本の原風景そのものであった。この風景地で過ごした時間は、サトウの生涯で忘れがたいものとなっている。

駐日英国公使を務めていた5年間で、延べ242日にわたり、中禅寺湖の山荘で過ごしていたのも、スコットランドや湖水地方の風景を彷彿させる、この風景があったからである。

武田久吉も1941（昭和16）年上梓した『尾瀬と日光』の中で、「風景に品格があるとすれば、中禅寺湖南岸の風景は、第1級の品格がある」と、称賛している。

日光での生活は、サトウや家族にとっても最も幸せな時間であった。それは、日光の自然が優しく包んでくれていたからである。

サトウは日本を離れるにあたり、「これから先、私がどこにいるにせよ、春になって桜が咲く頃には、きっとこの国と、この桜を思い出すだろう」という言葉を遺しているが、桜とともに、風景地日光で過ごした日々も想起していただろう。

中禅寺湖畔のオオヤマザクラも5月初旬には、美しい花を見せている。サトウの魂はどこにあっても、きっと今回整備された「英国大使館別荘記念公園」と、湖畔に美しく咲くオオヤマザクラを誇らしげに思っているに違いない。

オオヤマザクラと白根山

〈補注〉

1) 逓信省の電信事務
　中禅寺では、1896年5月16日より電信事務が開始されているが、サトウの同年3月3日の日記には、このように記している。
　「白根が中禅寺への電信線は、我々が夏にそこへ行くまでには必ず開通すると言った。横浜の領事館の電話も4月には開通するそうだ」(長岡祥三訳)
　ここで白根と書かれた人物は、第2次伊藤内閣で逓信大臣を務めていた白根専一である。大臣自らが、電信事務の開通について約束をしている。
　このことから、サトウの山荘建設にあたっては、日本政府も支援・協力していたことが窺える。

2) バッソンピエール大使回顧録 『在日十八年』 磯見辰典訳 鹿島研究所出版会

3) 中宮祠漁業組合
　同組合は、1886年に発足したが、その後、制定された漁業法により、公有水面以外の漁業組合の存立は認められなくなり、御料水面(皇室私有)であった中禅寺湖では、1907(明治40)年に漁業組合は解散となったが、しかし長年の放流事業などの実績が認められ、宮内省の漁業許可を得て、漁労に従事することができた。
　終戦直後の1947(昭和22)年、漁業許可を受けていた40人をもって、新たに中禅寺湖漁業組合が結成され、今日に及んでいる。(井上志朗氏の手記「漁業組合の興亡」より抜粋)

4)『日光の動植物』日光の動植物編集委員会　(株)栃の葉書房

5)『国立公園成立史の研究』 村串仁三郎著　法政大学出版局

6)『尾瀬と鬼怒沼』 武田久吉著　平凡社

7) 西山真平(1840〜1914)
　下都賀郡中泉村(壬生町)の出身。
　元老院書記官長を務め、退官後、1906年に日光町に住居を移し、それまでの中央の人脈を活かし日光電気軌道の設立に尽力をし、1910年7月には、日光・岩の鼻間、8キロの軌道敷を完成させ、その後、1913(大正2)年10月には、馬返まで2.2キロが延長されている。
　これまでの実績が買われ、1910年には、第8代日光町長に推され、1925(大正14)年まで町長を務めている。この間「日光を帝国公園とする請願書」を帝国議会に提出し、これが、1934年の日光国立公園の指定に結びついている。

8) 松村任三(じんぞう)(1856〜1928)

植物学者、茨城県高萩市出身。

常陸松岡藩の家老の長男として生まれ、東京開成学校(東京大学の前身)に学び、その後、ドイツに留学。

36歳で理学博士となり、東京帝国大学の植物学教室2代目主任教授、並びに東京帝国大学小石川植物園初代園長を務め、ソメイヨシノやワラビなど150種以上の植物に学名を付け、それまでの草本学と近代の植物学の橋渡しをした。また、植物解剖(形態)学という新しい学問を広めている。

1892(明治25)年には、『日光山植物目録』を著し、武田久吉などに大きな影響を与えている。

9) 山川健次郎(1854〜1931)

日本の教育者(東京帝国大学総長)。

会津藩士山川尚江の三男として生まれ、藩校日新館に学び、15歳の時に白虎隊に編入されるが、若年のためいったん除隊し、会津若松城での籠城を体験している。

1871(明治4)年、理学研究を志して渡米、エール大学シェフィールド理学校で科学を修め、1875(明治8)年に帰国。

帰国後は、東京開成学校の教授補を経て、東京帝国大学の最初の理学教授となる。

後に、東京帝国大学総長として、創設間もない近代日本の教育制度の維持と発展に貢献した。特に実験機器など物理学教育の礎を築き、湯川秀樹、朝永振一郎ら日本の物理学者は皆、山川健次郎の流れをくんでいる。

10) 中山信徴(のぶあき)(1846〜1917)

日光東照宮宮司。水戸藩付家老。1868(慶応4)年、新政府により常陸・松岡藩が立藩されると初代藩主となったが、翌年には廃藩奉還により藩知事となり、1871年の廃藩置県で免官となった。その後、日光東照宮の宮司、氷川神社大宮司を務め、1884(明治17)年には、長男の信実は男爵を受爵した。

11) 城数馬(1864〜1924)

法曹人、登山家、植物研究家。

趣味の植物採取が高じて日光、八ヶ岳などを歩き、山草会を設立。日本山岳会設立に際しては、後見人として参画している。

1902年5月には、五百城文哉や松平康民らと東京本郷で山草陳列会を開催、されに1904年7月、八ヶ岳に登山してウルップソウや祖父の名にちなんで命名し

たツクモグサなどの新種を発見し、武田久吉などの登山熱を刺激した。

12) レーキサイドホテル
　　（Lakeside Hotel）

　大田原の佐久山出身の坂巻正太郎により、1894年に創業された外人向けホテル。

　坂巻正太郎は、1885（明治18）年、サンフランシスコに渡りホテル業を学び、帰国後は、金谷カテッジインで通訳兼支配人を務めていたが、風光明媚な中禅寺湖に目を付け、外人向けホテルを建設している。

　ホテルは、中禅寺湖畔が国際的避暑地に変貌するとともに繁盛し、1899年には、ホテルの別館が完成していたことが、サトウの日記に書き残されている。

年表:アーネスト・サトウの生涯　※太字:日光とのかかわり

1843(天保14)年		英国・ロンドンに生まれる。
1859(安政6)年	16歳	ロンドン大学ユニヴァーシティ・カレッジ入学。
1861(文久元)年	18歳	英国外務省の通訳生試験に合格、日本領事部門通訳生として任命。
1862(文久2)年	19歳	北京などを経て9月8日に日本の領事部門通訳生として横浜に着任。
1863(文久3)年	20歳	薩英戦争に通訳生として参加。
1864(元治元)年	21歳	下関戦争に通訳生として参加。
1865(慶応元)年	22歳	日本語通訳官に昇進。
1866(慶応2)年	23歳	「英国策論」を発表、討幕派に大きな影響を与える。
1867(慶応3)年	24歳	徳川慶喜に謁見。西郷隆盛、勝海舟、木戸孝允らと会う。
1868(明治元)年	25歳	日本語書記官に任命される。パークスに随行し、大阪東本願寺で明治天皇に謁見、信任状を奉呈。
1869(明治2)年	26歳	パークスに随行し江戸城で明治天皇と謁見。休暇を取り翌年11月まで英国に帰国。
1871(明治4)年	28歳	武田兼と結婚。
1872(明治5)年	29歳	**アダムス、ワーグマンと初めて日光を訪れる。**
1874(明治7)年	31歳	**ヘイラー夫妻とともに錦秋の日光を訪れる。**
1875(明治8)年	32歳	**『日光案内』を刊行。**休暇を取り、英国へ2度目の帰国。スイス、イタリアへの旅行。
1877(明治10)年	34歳	帰任途中の上海で西南戦争勃発直前の鹿児島情勢を視察するよう指示を受ける。**9月から10月にかけディキンズと榛名、日光などの北関東の山々を縦走。**
1880(明治13)年	37歳	1月、長男栄太郎が誕生。**本間三郎を伴い足尾銅山から日光を訪れる。**
1881(明治14)年	38歳	アルバート・ホーズとの共著**『中央部・北部日本旅行案内』**を出版。

1882（明治15）年	39歳	12月31日、休暇を取り英国に帰国。
1883（明治16）年	40歳	3月、次男久吉誕生。大英博物館の日本書物の目録を作成する。
1884（明治17）年	41歳	バンコク駐在代表兼領事に任命される。11月、休暇を取り中禅寺湖を訪れ南岸の風景地を発見する。
1886（明治19）年	43歳	病気回復のため休暇を取り、6月から8月にかけて日本に滞在する。7月から8月の約1カ月間は箱根と日光で過ごす。
1888（明治21）年	45歳	ウルグアイ弁理公使に任命される。
1893（明治26）年	50歳	モロッコ駐箚特命全権公使に任命される。
1895（明治28）年	52歳	ヴィクトリア女王よりサーの称号を得る。日本駐箚特命全権公使として来日する。
1896（明治29）年	53歳	**中禅寺湖南岸に山荘を構える。**
1897（明治30）年	54歳	ヴィクトリア女王即位60年式典に出席する有栖川宮の案内役として英国に帰国。
1900（明治33）年	57歳	清国駐箚特命全権公使に任命され離日。
1906（明治39）年	63歳	外交官を引退。帰国途中に日本に立ち寄り、**次男武田久吉と日光を旅する。**
1907（明治40）年	64歳	オタリー・セント・メリーで引退生活。
1910（明治43）年	67歳	武田久吉が植物学を学ぶため渡英。
1916（大正5）年	73歳	武田久吉が植物学を修め、日本に帰国。
1921（大正10）年	78歳	『一外交官が見た明治維新』を出版。
1926（大正15）年	83歳	長男栄太郎がアメリカで死去。
1929（昭和4）年	86歳	オタリー・セント・メリーで死去。

参考文献

○アーネスト・サトウ

アーネスト・サトウ『一外交官の見た明治維新(上・下)』
(坂田精一訳、岩波文庫、1993年)

アーネスト・サトウ『アーネスト・サトウ公使日記(Ⅰ・Ⅱ)』
(長岡祥三訳、新人物往来社、1989年)

アーネスト・サトウ『日本旅行日記(1・2)』
(庄田元男訳、平凡社東洋文庫、2006年)

アーネスト・サトウ編『明治日本旅行案内(上・中・下)』
(庄田元男訳、平凡社東洋文庫、1996年)

楠家重敏『W・G・アストン』(雄松堂出版、2005年)

楠家重敏『アーネスト・サトウの読書ノート』(雄松堂出版、2009年)

庄田元男『アーネスト・サトウ伝』(平凡社、1999年)

萩原延壽『遠い崖—アーネスト・サトウ日記抄(全14巻)』
(朝日文庫、2007〜08年)

A・B・ミッドフォード『英国外交官の見た幕末維新』
(長岡祥三訳、講談社学術文庫、2001年)

横浜開港資料館編『アーネスト・サトウ 幕末維新のイギリス外交官』
(有隣堂、2001年)

イアン・C・ラックストン『アーネスト・サトウの生涯』
(長岡祥三、関口英男訳、雄松堂出版、2003年)

○日光を訪れた外国人

尾本圭子、フランシス・マクワン『日本の開国』(創元社、1996年)

ラドヤード・キプリング(H・コータッツィ編)『キプリングの日本発見』(加納考代訳、中央公論新社 2002年)

エルヴィン・クニッピング『クニッピングの明治日本回想記』(小関恒雄・北村智明訳、玄同社 1991年)

ジョサイア・コンドル『河鍋暁斎』(山口静一訳、岩波文庫、2006年)

エリザ・R・シドモア『シドモア日本紀行』
(外崎克久訳、講談社学術文庫、2002年)

エリアノーラ・メアリー・ダヌタン『ベルギー公使夫人の明治日記』
(中央公論社、1992年)

F・V・ディキンズ『パークス伝—日本駐在の日々』
(高梨健吉訳、平凡社、1984年)

イザベラ・バード『完結　日本奥地紀行(1～4)』
(金坂清則訳注、平凡社東洋文庫、2012年)

イザベラ・バード『極東の旅 1』(金坂清則訳注、平凡社東洋文庫、2010年)

バッソン・ピェール『在日十八年—バッソン・ピェール大使回想緑』
(磯谷辰典訳、鹿島研究所出版会　1972年)

サー・フランシス・ピゴット『断たれたきずな(上・中・下)』
(長谷川才次訳、時事通信、1959年)

メアリー・フレイザー (H・コータッツィ編)『英国公使夫人の見た明治日本』
(横山俊夫訳、淡交社、1988年)

トク・ベルツ編『ベルツ日記(上・下)』(菅沼竜太郎訳、岩波文庫、1951年)

H・G・ポンティング『英国人写真家の見た明治日本』
(長岡祥三訳、講談社学術文庫、2012年)

A・B・ミッドフォード『英国貴族の見た明治日本』
(長岡祥三訳、新人物往来社、1986年)

宮本常一『イザベラ・バードの「日本奥地紀行」を読む』
(平凡社ライブラリー、2002年)

エドワード・S・モース『日本その日その日』(石川欣一訳、平凡社、1991年)

エドワード・S・モース『日本のすまい・内と外』
(上田篤・加藤晃規・柳美代子訳、鹿島出版会、1979年)

オットマール・フォン・モール『ドイツ貴族の明治宮廷記』
(金森誠也訳、講談社学術文庫、2011年)

ジョン・ラファージ『画家東遊録』(久富貢・桑原住雄訳、中央公論社、1981年)

ピエール・ロチ『秋の日本』(村上菊一郎・吉永清訳、角川書店、1990年)

チャールズ・ホーム『チャールズ・ホームの日本旅行記』
(菅靖子・門田園子、彩流社、2011年)

〇日光

阿部昭編『日光道中と那須野ヶ原』(吉川弘文館、2001年)
石川正次『小杉放菴の原風景』(文芸社、2000年)
石倉重継『日光名所図會』(博文堂、1902年)
井戸桂子『碧い眼に映った日光　外国人の日光発見』(下野新聞社、2015年)
奥村隆志『日光四十八滝を歩く』(随想舎、2000年)
小野崎敏『足尾銅山物語』(新樹社、2007年)
河鍋暁斎記念美術館編『河鍋暁斎絵日記』(平凡社、2013年)
桑野正光『栃木の峠―峠をたどる暮らしと文化』(随想舎、2010年)
國府種徳『日光』(書報社、1915年)
小島喜美男『洛山晃　世界』(随想舎、1998年)
柴田宣久『明治維新と日光』(随想舎、2005年)
志村富寿『運命の風景　日光があぶない』(日本経済評論社、1983年)
下野新聞社『郷土の人々（鹿沼・日光・今市の巻)』(下野新聞社、1977年)
下野新聞社編『日光杉並木』(下野新聞社、1994年)
下山衣文『古代日光紀行』(随想舎、2007年)
菅原信海・田邉三郎助編『日光その歴史と宗教』(春秋社、2011年)
竹末広美『日光学　大王とみやまの植物』(随想舎、2012年)
手嶋潤一『日光の風景地計画とその変遷』(随想舎、2006年)
栃木県歴史人物事典編纂委員会編『栃木県歴史人物事典』(下野新聞社、1995年)
栃木県歴史文化研究会編『日光近代学事始』(随想舎、1997年)
栃木県歴史文化研究会編『続日光近代学事始』(随想舎、2004年)
栃木県歴史文化研究会編『人物で見る栃木の歴史』(随想舎、2011年)
栃木県大百科事典刊行会編『栃木県大百科事典』(下野新聞社、1985年)
日光街道ルネッサンス21推進委員会編『栃木の日光街道―荘厳な聖地への道』
(下野新聞社、2008年)
日光の動植物編集委員会編『日光の動植物』(栃の葉書房、1986年)

日光ふるさとボランティア編『もうひとつの日光を歩く』(随想舎、1996年)

長谷川順一『栃木県の自然の変貌』(私家版、2008年)

広瀬武『公害の原点を後世に』(随想舎、2001年)

福田和美『日光避暑地物語』(平凡社、1996年)

福田和美『日光鱒釣紳士物語』(山と渓谷社、1999年)

三木春男編『安川町百年史』(安川町創設百周年記念事業実行委員会、1998年)

村上安正『足尾銅山史』(随想舎、2006年)

名著研究所編『日本名所図會全集—日光山志—』(名著普及會、1928年)

読売新聞社宇都宮支局編『知られざる日光』(随想舎、1994年)

○明治時代に来日した外国人

秋山勇造『日本学者フレデリック・V・ディキンズ』(御茶の水書房、2000年)

片野勸『お雇い外国人とその弟子たち』(新人物往来社、2011年)

J・クライナー『小シーボルトと日本の考古・民俗学の黎明』(同成社、2011年)

・ヒュー・コータッツィ『ある英人医師の幕末維新』
(中須賀哲朗訳、中央公論社、1985年)

アレクサンダー・フォン・シーボルト『シーボルト最後の日本旅行』
(斎藤信訳、平凡社東洋文庫、1981年)

重富昭夫『ワーグマンとその周辺』(ほるぷ出版、1987年)

重富昭夫『ワーグマンと横浜』(暁印書館、1985年)

清水勲編『ワーグマン日本素描集』(岩波文庫、1987年)

芳賀徹・酒井忠康・清水勲・川本浩嗣・新井潤美編
『ワーグマン素描コレクション(上・下)』(岩波書店、2002年)

ロバート・フォーチュン『幕末日本探訪記』(三宅馨訳、講談社学術文庫、1997年)

R・H・ブラントン『お雇い外人の見た近代日本』
(徳力真太郎訳、講談社学術文庫、1986年)

村形明子『アーネスト・F・フェノロサ文書集成』(京都大学学術出版会、2000年)

山田　勝『イギリス紳士の幕末』(日本放送出版協会、2004年)

○登山

朝日新聞前橋支局編『はるかな尾瀬』(実業之日本社、1975年)

石黒健『登山の黎明』ペリカン社　1979年

ウォルター・ウェストン『日本アルプスの登山と探検』(青木枝朗訳、岩波文庫、1999年)

小泉武栄『登山の誕生』(中央公論新社、2001年)

小泉武栄『登山と日本人』(角川文庫、2015年)

庄田元男『日本アルプスの発見』(茗渓堂、2001年)

武田久吉『尾瀬と鬼怒沼』(平凡社、1996年)

武田久吉『日光と尾瀬』(山と渓谷社、1941年)

武田久吉『明治の山旅』(創文社、1971年)

日本山書の会『山と人・岳人』(日本山書の会、1970年)

布川欣一『明解日本登山史』(山と渓谷社、2015年)

平野長英・川崎隆章『尾瀬』(福村書店、1959年)

安川茂雄『近代日本登山史』(四季書館、1976年)

山崎安治『日本登山史』(白水社、1970年)

○風景

大井道夫『風景への挽歌』(アンヴィエル、1979年)

アレックス・カー『ニッポンの景観論』(集英社新書、2014年)

界　幸司・堀　繁『風景統合計画』(技報堂出版、1998年)

志賀重昂『日本風景論』(政教社、1894年)

篠原　修編『景観用語辞典』(彰国社、1998年)

中川　理『風景学　風景と景観をめぐる歴史と現在』(共立出版、2008年)

中村良夫『風景学入門』(中公新書、2000年)

西田正憲『瀬戸内海の発見』(中央公論社、1999年)

○ホテル

金谷眞一『ホテルと共に七拾五年』(金谷ホテル、1954年)

小山薫堂(監修)『日光100年洋食の旅』(エフジー武蔵、2014年)

砂本文彦『近代日本の国際リゾート』(青弓社、2008年)

常磐新平『森と湖の館』(潮出版社、1998年)

富田昭次『ホテルと日本近代』(青弓社、2003年)

富田昭次『ホテル百物語』(青弓社、2013年)

富士屋ホテル編『富士屋ホテル八十年史』(富士屋ホテル、1958年)

村岡　実『日本のホテル小史』(中央公論社、1981年)

○建築

桐敷真次郎『明治の建築』(日本経済新聞社、1966年)

永野芳宣『物語　ジョサイア・コンドル』(中央公論新社、2006年)

畠山けんじ『鹿鳴館を創った男』(河出書房新社、1998年)

藤森照信『日本の近代建築(上・下)』(岩波新書、1993年)

堀勇良『日本の美術第477号　外国人建築家の系譜』(至文堂、2003年)

三沢浩『A・レーモンドの住宅物語』(建築資料研究所、1999年)

村松貞次郎・近江栄『近代和風建築』(鹿島出版会、1988年)

アントニン・レーモンド『自伝アントニン・レーモンド』
(三沢浩訳、鹿島出版会、2007年)

○自治体史

栃木県史編さん委員会編『栃木県史』(全33巻、栃木県、1973～84年)

宇都宮市史編さん委員会編『宇都宮市史』(全9巻、宇都宮市、1979～84年)

日光市史編さん委員会編『日光市史』(上・中・下巻、日光市、1979年)

粟野町誌編さん委員会『粟野町誌　粟野の歴史』(粟野町、1988年)

○その他関連図書

青木宏一郎『江戸の園芸』(ちくま新書、1998年)

新井敦史『下野おくのほそ道』(下野新聞社、2015年)

泉三郎『堂々たる日本人』(祥伝社、2004年)

泉三郎『青年・渋沢栄一の欧州体験』(祥伝社、2011年)

井上　潤『渋沢栄一――近代日本社会の創造者』(山川出版社、2012年)

大場秀章監修・解説『シーボルト　日本植物誌』(ちくま学芸文庫、2007年)

国木田独歩『武蔵野』(新潮文庫、1949年)

久米邦武編『特命全権大使 米欧回覧実記 第2巻』
(水澤　周訳、慶應義塾大学出版会、2008年

田部重治選訳『ワーズワース詩集』(岩波文庫、1938年)

田山花袋『東京の三十年』(岩波文庫、1981年)

B・H・チェンバレン・W・B・メーソン『チェンバレンの明治旅行案内』
(楠家重敏訳、新人物往来社、1988年)

築地居留地研究会『近代文化の原点―築地居留地』(亜紀書房、2002年)

イアン・ニッシュ『英国と日本』(日英文化交流研究会訳、博文館新社、2002年)

日本植物友の会編『日本植物方言集』(八坂書房、1972年)

平岡ひさよ『コスモポリタンの蓋棺録』(宮帯出版社、2015年)

堀雅昭『井上馨　開明的ナショナリズム』(弦書房、2013年)

松居竜五・小山騰・牧田健史『達人たちの大英博物館』(講談社、1996年)

あとがき

　約3年間にわたり、サー・アーネスト・サトウなどの足跡を追い求め、イギリスのエジンバラや湖水地方、ロンドン、国内では、会津、京都、金沢、富山、長野、青森、尾瀬などへの旅を続けてきた。改めてサー・アーネスト・サトウの偉大さを感じる旅でもあり、外交官・日本学者として多方面にわたり活躍したアーネスト・サトウの足跡を追い求める旅は、今後も続くのだろう。

　今回の旅では、多くの方々のご支援ご協力があり、特に、「イタリア大使館別荘記念公園」や「英国大使館別荘記念公園」の展示計画などを担当した本田浩氏とは3年間にわたり、アーネスト・サトウの後ろ姿を追い続けてきた。ここにその足跡の一部をまとめることができたのも本田氏のご尽力に負うところが大きい。ここに謝辞を表しておきたい。

　タイトルの冒頭に「日光学」と付けたのは、次のような想いがあったからである。
　栃木県庁時代の先輩で、自然公園行政などに長く携わり、日本造園学会田村剛賞などを受賞している手嶋潤一氏は、1988（昭和63）年に「日光・宇都宮国際観光モデル地区実施計画」の策定業務を担当していた。本計画は、外国人が自由に一人歩きできる地域を目指したものであった。そこでは、「日光の歴史、外国人来訪史、国際リゾートのルーツなどを含む日光形成史」を「日光学」と位置づけ、「日光学センター」を提案していた。
　「日光学センター」は、情報取集・研修、さらに、その成果を情報として発信する機能を持つ、いわば、「日光の都市PRセンター」といってよいものであった。斬新な提案であったが、当時は受け入れられなかった。時期尚早であったのかもしれない。
　以前から日光の魅力の再発見と、その伝達・普及のためにも「日光学」という言葉で提案されている、日光の地域形成史の研究は必要であると感じていた。そのため、「日光学」をより具体的に進めるため、1990（平成2）年、栃木県土木部に在

職中に担当していた「県西大規模公園（だいや川公園）基本計画」において「日光学セミナーセンター」を取り上げたが、その対象とする窓口はあまりにも広く、また当時は、日光の近代史研究は体系的には整理されていない状況にあった。このため、基本計画で位置づけしていた「日光学セミナーセンター」としての具体的な取り組みを行うことができなかった。

1997（平成9）年、転機が訪れた。旧イタリア大使館別荘の整備を担当することとなった。さまざまな情報を発信するこの施設を「日光学センター」として位置づけることができるのではないかと感じていた。

2000（平成12）年に一般公開された「イタリア大使館別荘記念公園」は、当地域が国際的避暑地であった時代の情報を発信するとともに、リゾートライフを追体験出来る施設として、ご利用いただく方々から好評であった。風景に癒されたという利用者の書き残す言葉に後押しされ、さらなるチャレンジを決意していた。

2010年（平成22年）には、英国大使館別荘が栃木県に寄贈され、その活用計画を担当することとなった。まず、大使館別荘の現況調査や、サトウの日光での足跡調査からスタートしていった。

サトウの目を通して見た日光の自然・歴史・文化は新鮮で、新たな魅力に触れた思いがした。中禅寺湖畔には、サトウたちの足跡が今でも数多く遺されている。その歴史的遺産ともいえる「イタリア大使館別荘記念公園」や、新たに一般公開された「英国大使館別荘記念公園」などが連携して「日光学センター」として機能され、サトウが愛した中禅寺湖畔の自然環境がさらに保全されることを願って止まない。

本書のまとめにおいては、多くの方々からご指導ご助言をいただいた。特に、日光の郷土史家である塚原トモエさんからは、貴重なアドバイスや地元目線から見た日光史について多くのご助言をいただき、小杉辰吉棟梁や相ヶ瀬森次棟梁などの事績について掘り起こすことができた。このご厚情は忘れられないものとなっている。そして日光金谷ホテルの関根崇人氏には、金谷ホテル関係の箇所に目を通していただき、また貴重な資料の使用についてもご配慮いただいた。

日光近代史研究家の福田和美氏や郷土史家の小島喜美男氏、東京大学附属植物園日光分園の清水淳子博士からも貴重なご助言をいただき、また、1886（明治19）

年のサトウの日光の旅の邦訳においては、立川幸平氏や篠崎紀子さんのご協力をいただき、足尾や栗山村でのサトウの新たな事跡を掘り起こすことができた。心より感謝している。

　アーネスト・サトウやイギリス文化などに造詣が深い、私の敬愛する尾田啓一先生には、長年にわたりご指導ご助言を頂くだけでなく、尾田先生の日光やアーネスト・サトウ、武田久吉に対する熱い思いに背中を強く押され、脱稿までこぎつけられた。格別の謝辞を表したい。

　最後に、随想舎の下田太郎氏には、企画段階からご助言・ご協力をいただき、お世話になった。その懇切丁寧なご助言があったからこそ、本書を上梓することができた。御礼を申し上げる。

　　　　　　　　　　　　　　　　　　　2016(平成28)年　9月吉日
　　　　　　　　　　　　　　　　　　　　　　　　飯野　達央

図版等提供・協力者一覧（50音順・敬称略）

岩波書店　　　宇都宮市教育委員会　　　NPO法人足尾歴史館
大町市立大町山岳博物館　　　金谷ホテル株式会社　　　金谷ホテル歴史館
㈱乃村工藝社　　　㈱レーモンド設計事務所　　　公益財団法人 河鍋暁斎記念美術館
公益財団法人 渋沢史料館　　　公益財団法人 東洋文庫
公益財団法人 濱田庄司記念益子参考館　　　公益財団法人 三菱経済研究所
国立大学法人 東京大学大学院理科系研究科附属植物園日光分園
国立大学法人 長崎大学附属図書館　　　国立大学法人 北海道大学附属図書館北方資料室
篠原家資料　　　下野新聞社　　　淡交社　　　中禅寺湖漁業協同組合
豊島区立郷土資料館　　　栃木県経営管理部管財課　　　栃木県山岳遭難防止対策協議会
栃木県立図書館　　　栃木県立日光自然博物館　　　栃木県立博物館
栃木県立美術館　　　栃木県立文書館　　　長崎歴史文化博物館
日光市足尾総合支所　　　日光市立図書館　　　日本聖光会日光真光教会
日光総業株式会社　　　日光田母沢御用邸管理事務所　　　日光東照宮
日光二荒山神社　　　日光山輪王寺　　　三沢市先人記念館
壬生町立歴史民俗資料館　　　雄松堂書店　　　横浜開港資料館

相ヶ瀬 正史	秋山　治	安生 信夫	梅崎 良樹	尾田 啓一
落合 慈孝	京谷　昭	久保田 智	小島 喜美男	坂田 泰久
三宮 亨信	柴田 宣久	須藤 和民	高村 英幸	田中 ゆき子
千葉 崇則	塚原 トモエ	手嶋 潤一	畠山 憲司	濱田　稔
福田 和美	本田　浩	三木 春男	宮路 信良	若林　純

［著者紹介］

飯野達央（いいの　たつお）

1951年、栃木県宇都宮市に生まれる。

栃木県庁で長く自然環境行政に従事する。主な担当業務は次のとおり。

1990年度より県西大規模公園（日光だいや川公園）の基本計画策定等を担当。
1996年度に開催された「全国育樹祭」の会場整備を担当。
1997年度より「国際観光地日光活性化対策事業」・「緑のダイヤモンド計画事業」を担当。
2004年度に開催された「自然公園大会」開場整備等の総括を担当。

著書に『天空の湖と近代遺産―風景地日光とその周辺の人々』（随想舎）がある。

日光学　聖地日光へ　アーネストサトウの旅

2016年11月1日　第1刷発行

著　者 ● 飯野達央

発　行 ● 有限会社 随想舎
〒320-0033　栃木県宇都宮市本町10-3 TSビル
TEL 028-616-6605　FAX 028-616-6607
振替　00360-0-36984
URL http://www.zuisousha.co.jp/
E-Mail info@zuisousha.co.jp

印　刷 ● モリモト印刷株式会社

装丁 ● 栄舞工房
定価はカバーに表示してあります／乱丁・落丁はお取りかえいたします
© Iino Tatsuo 2016 Printed in Japan　ISBN978-4-88748-332-3